Bevölkerungswachstum und Umweltnutzung

Wirtschaftswissenschaftliche Beiträge

Informationen über die Bände 1–110 sendet Ihnen auf Anfrage gerne der Verlag.

Band 111: G. Georgi, Job Shop Scheduling in der Produktion, 1995. ISBN 3-7908-0833-4

Band 112: V. Kaltefleiter, Die Entwicklungshilfe der Europäischen Union, 1995. ISBN 3-7908-0838-5

Band 113: B. Wieland, Telekommunikation und vertikale Integration, 1995. ISBN 3-7908-0849-0

Band 114: D. Lucke, Monetäre Strategien zur Stabilisierung der Weltwirtschaft, 1995. ISBN 3-7908-0856-3

Band 115: F. Merz, DAX-Future-Arbitrage, 1995. ISBN 3-7908-0859-8

Band 116: T. Köpke, Die Optionsbewertung an der Deutschen Terminbörse, 1995. ISBN 3-7908-0870-9

Band 117: F. Heinemann, Rationalisierbare Erwartungen, 1995. ISBN 3-7908-0888-1

Band 118: J. Windsperger, Transaktionskostenansatz der Entstehung der Unternehmensorganisation, 1996. ISBN 3-7908-0891-1

Band 119: M. Carlberg, Deutsche Vereinigung, Kapitalbildung und Beschäftigung, 1996. ISBN 3-7908-0896-2

Band 120: U. Rolf, Fiskalpolitik in der Europäischen Währungsunion, 1996. ISBN 3-7908-0898-9

Band 121: M. Pfaffermayr, Direktinvestitionen im Ausland, 1996. ISBN 3-7908-0908-X

Band 122: A. Lindner, Ausbildungsinvestitionen in einfachen gesamtwirtschaftlichen Modellen, 1996. ISBN 3-7908-0912-8

Band 123: H. Behrendt, Wirkungsanalyse von Technologie- und Gründerzentren in Westdeutschland, 1996. ISBN 3-7908-0918-7

Band 124: R. Neck (Hrsg.) Wirtschaftswissenschaftliche Forschung für die neunziger Jahre, 1996. ISBN 3-7908-0919-5

Band 125: G. Bol, G. Nakhaeizadeh/ K.-H. Vollmer (Hrsg.) Finanzmarktanalyse und -prognose mit innovativen quantitativen Verfahren, 1996. ISBN 3-7908-0925-X

Band 126: R. Eisenberger, Ein Kapitalmarktmodell unter Ambiguität, 1996. ISBN 3-7908-0937-3

Band 127: M. J. Theurillat, Der Schweizer Aktienmarkt, 1996. ISBN 3-7908-0941-1

Band 128: T. Lauer, Die Dynamik von Konsumgütermärkten, 1996. ISBN 3-7908-0948-9

Band 129: M. Wendel, Spieler oder Spekulanten, 1996. ISBN 3-7908-0950-0

Band 130: R. Olliges, Abbildung von Diffusionsprozessen, 1996. ISBN 3-7908-0954-3

Band 131: B. Wilmes, Deutschland und Japan im globalen Wettbewerb, 1996. ISBN 3-7908-0961-6

Band 132: A. Sell, Finanzwirtschaftliche Aspekte der Inflation, 1997. ISBN 3-7908-0973-X

Band 133: M. Streich, Internationale Werbeplanung, 1997. ISBN-3-7908-0980-2

Band 134: K. Edel, K.-A. Schäffer, W. Stier (Hrsg.) Analyse saisonaler Zeitreihen, 1997. ISBN 3-7908-0981-0

Band 135: B. Heer, Umwelt, Bevölkerungsdruck und Wirtschaftswachstum in den Entwicklungsländern, 1997. ISBN 3-7908-0987-X

Band 136: Th. Christiaans, Learning by Doing in offenen Volkswirtschaften, 1997. ISBN 3-7908-0990-X

Band 137: A. Wagener, Internationaler Steuerwettbewerb mit Kapitalsteuern, 1997. ISBN 3-7908-0993-4

Band 138: P. Zweifel et al., Elektrizitätstarife und Stromverbrauch im Haushalt, 1997. ISBN 3-7908-0994-2

Band 139: M. Wildi, Schätzung, Diagnose und Prognose nicht-linearer SETAR-Modelle, 1997. ISBN 3-7908-1006-1

Band 140: M. Braun, Bid-Ask-Spreads von Aktienoptionen, 1997. ISBN 3-7908-1008-8

Band 141: M. Snelting, Übergangsgerechtigkeit beim Abbau von Steuervergünstigungen und Subventionen, 1997. ISBN 3-7908-1013-4

Band 142: Ph. C. Rother, Geldnachfragetheoretische Implikationen der Europäischen Währungsunion, 1997. ISBN 3-7908-1014-2

Band 143: E. Steurer, Ökonometrische Methoden und maschinelle Lernverfahren zur Wechselkursprognose, 1997. ISBN 3-7908-1016-9

Band 144: A. Groebel, Strukturelle Entwicklungsmuster in Markt- und Planwirtschaften, 1997. ISBN 3-7908-1017-7

Band 145: Th. Trauth, Innovation und Außenhandel, 1997. ISBN 3-7908-1019-3

Fortsetzung auf Seite 200

Frank Jöst

Bevölkerungswachstum und Umweltnutzung

Eine ökonomische Analyse

Mit 23 Abbildungen und 10 Tabellen

Physica-Verlag
Ein Unternehmen
des Springer-Verlags

Reihenherausgeber
Werner A. Müller

Autor
Dr. Frank Jöst
Ruprecht-Karls-Universität Heidelberg
Lehrstuhl für Wirtschaftstheorie II/
Alfred-Weber-Institut
Grabengasse 14
D-69117 Heidelberg
frank.joest@uni-hd.de

Als Habilitationsschrift auf Empfehlung der wirtschaftswissenschaftlichen Fakultät der Universität Heidelberg gedruckt mit Unterstützung der Deutschen Forschungsgemeinschaft

---

ISSN 1431-2034
ISBN 3-7908-1405-9 Physica-Verlag Heidelberg

Die Deutsche Bibliothek – CIP-Einheitsaufnahme
Jöst, Frank: Bevölkerungswachstum und Umweltnutzung: eine ökonomische Analyse / Frank Jöst. – Heidelberg: Physica-Verl., 2002
(Wirtschaftswissenschaftliche Beiträge; Bd. 184)
ISBN 3-7908-1405-9

Physica-Verlag Heidelberg
ein Unternehmen der BertelsmannSpringer Science+Business Media GmbH

Umschlaggestaltung: Erich Kirchner, Heidelberg

SPIN 10838934 88/2202-5 4 3 2 1 0 – Gedruckt auf säurefreiem und alterungsbeständigem Papier

Für Belinda und Anna-Lena

Vorwort

Das anhaltend hohe Bevölkerungswachstum wird in der Öffentlichkeit als eine der Hauptursachen für die Zerstörung natürlicher Ökosysteme diskutiert. Darüber hinaus gilt der Anstieg der Weltbevölkerung, der nahezu ausschließlich in den Entwicklungsländern stattfindet, als eines der Haupthindernisse für deren wirtschaftliche Entwicklung. Somit scheinen ohne eine Reduktion des Bevölkerungswachstums weder die globalen Umweltprobleme lösbar noch eine Überwindung von Armut in den sogenannten Dritte-Welt-Staaten möglich zu sein.

Im Gegensatz zur Aufmerksamkeit, die der Zusammenhang zwischen Bevölkerungswachstum, Umweltproblemen und wirtschaftlicher Entwicklung in der Öffentlichkeit erfährt, steht das Maß der Beschäftigung mit diesen Fragen in den Wissenschaften, insbesondere in der Ökonomik. Dies ist allerdings nicht wirklich überraschend, denn die Wechselwirkungen zwischen Bevölkerungsentwicklung, wirtschaftlichem Wachstum und der Umweltnutzung sind vielfältig und komplex. Deshalb lassen sich eindeutige Ursache-Wirkungsbeziehungen kaum formulieren. Diese sind aber eine Voraussetzung dafür, die Probleme im Rahmen ökonomischer Modelle zu untersuchen.

Neben der Komplexität der Analyse von Wechselwirkungen im Rahmen positiver ökonomischer Theoriebildung, entstehen Probleme bei der Entwicklung von Kriterien, mit deren Hilfe eine bestimmte Bevölkerungsgröße als zu groß oder als zu klein identifiziert werden könnte. Solche Kriterien sind immer auch von Wertvorstellungen geprägt, die sich- je nach kultuellem Hintergrund - erheblich voneinander unterscheiden können. Diese Kriterien sind aber notwendig, um beispielweise die Notwendigkeit bevölkerungspolitischer Maßnahmen zu begründen.

Die nachfolgende Studie ist der Versuch, die angesprochene Komplexität der Beziehung zwischen Bevölkerungswachtum, wirtschaftlicher Entwicklung und Umweltnutzung möglichst umfassend zu untersuchen, um damit einen Beitrag zum besseren Verständnis der Zusammenhänge zu leisten. Die Untersuchung erfolgt vor allem aus ökonomischer Perspektive. Sie intergriert aber auch philosophische und naturwissenschaftliche Erkenntnisse, um auf diese Weise zu einem umfassenderen Verständnis der Probleme zu gelangen, als dies bei einer Reduktion alleine auf die Sichtweise der Ökonomik möglich ist.

Die vorliegende Monographie ist die überarbeitete Version meiner Habilitationsschrift, die im Dezember 1999 von der Wirtschaftswissenschaftlichen Fakultät der Ruprecht-Karls-Universität angenommen wurde. Während der Entstehung der Arbeit habe ich von Freunden und Kollegen zahlreiche Anregungen und freundschaftliche Unterstützung erhalten. Vor allem der intensive und offene Austausch mit meinen Kollegen am Lehrstuhl Wirtschaftstheorie II des Alfred Weber-Institutes hat zum Gelingen der Arbeit beigetragen.

Mein besonderer Dank gilt Herrn Prof. Dr. Malte Faber. Die langjährige Zusammenarbeit mit ihm und das Arbeiten an gemeinsamen Veröffentlichungen zu Umweltthemen, in denen nicht nur die ökonomische Perspektive im Vordergrund stand, haben mich darin bestärkt, einen möglichst breiten Analyserahmen zu wählen. Seine Sorgfalt beim Lesen und sein Beharren auf einer möglichst ausführlichen Argumentation, haben wesentlich dazu beigetragen, daß die philosophischen, naturwissenschaftlichen und ökonomischen Elemente der Studie zu einer einheitlichen Argumentation zusammengeführt werden konnten.

Danken möchte ich auch Herrn Prof. Dr. Oskar Gans. Er war stets ein wohlwollender und kritischer Gesprächspartner. Seine konstruktive Kritik hat der Arbeit wichtige Impulse gegeben und so wesentlich zum Gelingen beigetragen.

Meine Kollegen Stefan Baumgärtner, Christian Becker, Rainer Manstetten, Thomas Petersen, Martin Quaas und Johannes Schiller haben immer wieder einzelne Teile der Arbeit gelesen und kritisch kommentiert.

Meiner Frau Belinda Spitz-Jöst möchte ich besonders für ihre Unterstützung danken. Sie hat immer wieder mit mir über meine Ideen diskutiert und die meisten Teile des Manuskriptes kritisch gelesen. Dies hat dazu beigetragen, daß der Blick für die wesentlichen Zusammenhänge nicht verloren ging und das Manuskript in weiten Teilen auch für Nichtökonomen lesbar geworden ist.

Schließlich gilt mein Dank der Deutschen Forschungsgemeinschaft, die die Veröffentlichung der Monographie finanziell gefördert hat.

Heidelberg, im Mai 2001 *Frank Jöst*

Inhaltsverzeichnis

1. Einführung in die Fragestellung

1.1 Einleitung

In der Öffentlichkeit wird häufig das hohe Bevölkerungswachstum in den Entwicklungsländern als eine der wesentlichen Ursachen für die Zerstörung von Ökosystemen angesehen. Somit erscheint das Bevölkerungswachstum als eines der Haupthindernisse für die Lösung globaler Umweltprobleme. Diese Ansicht wird oft mit folgender Argumentation begründet: Gerade Staaten mit einem nach wie vor hohen Bevölkerungswachstum - wie viele Staaten Afrikas - sind häufig kaum in der Lage, die elementaren Bedürfnisse ihrer Einwohner zu befriedigen. Eine Ausweitung der Produktion wäre daher nötig, um vielen Menschen das Überleben zu sichern - damit scheint aber zwangsläufig eine entsprechende Belastung der Umwelt verbunden. Orientiert man sich an der Art und Weise, wie sich die westlichen Industriestaaten entwickelt haben, dann ist die Befürchtung verständlich, daß eine dem Westen vergleichbare Entwicklung in den sogenannten Dritte-Welt-Staaten unweigerlich den Kollaps vieler Ökosysteme zur Folge hätte bzw. daß die Möglichkeit, in der Zukunft Umweltprobleme zu lösen, dadurch erheblich erschwert würde. Von daher ist es nicht überraschend, wenn gefordert wird, durch geeignete politische Maßnahmen das Bevölkerungswachstum zu begrenzen, um die Umweltbelastung zu reduzieren.

Auch im Abschlußprotokoll der Weltbevölkerungskonferenz von Kairo 1994 wird davon ausgegangen, daß Bevölkerungswachstum ein wichtiger Faktor der voranschreitenden Umweltzerstörung ist. Dort heißt es:

> "Around the world many of the basic resources on which future generations will depend for their survival and well-being are depleted and environmental degradation is intensifying, driven by unsustainable patterns of production and consumption, unprecedented growth in population, widespread and persistent poverty, and social and economic inequality." (UN-ICPD 1994:1)

Folgerichtig werden in dem Abschlußdokument Anstrengungen zur Reduktion des Bevölkerungswachstums gefordert. Die Weltbevölkerungskonferenz empfiehlt der internationalen Staatengemeinschaft:

> "... a set of important population and development objectives, including both qualitative and quantitative goals that are mutually

supportive and are of critical importance to these objectives. Among these objectives and goals are: sustained economic growth in the context of sustainable development; education, especially for girls, gender equity and equality; infant child and maternal mortality reduction; and the provision of universal access to reproductive health services, including family planning and sexual health." (UN-ICDP, 1994:3).

Das Aktionsprogramm der Weltbevölkerungskonferenz drückt einen Konsens bezüglich quantitativer und qualitativer Ziele für die Entwicklung der Bevölkerungsgröße und den wirtschaftlichen Fortschritt der Staaten aus. Dabei wird ein anhaltendes Wirtschaftswachstum unter Berücksichtigung ökologischer Restriktionen angestrebt und die Ausbildungsbedingungen insbesondere der Frauen sollen verbessert werden. Darüber hinaus werden Zugangsmöglichkeiten zu Familienplanungsprogrammen und Maßnahmen zur Verbesserung der reproduktiven Gesundheit gefordert. Die Empfehlungen der Weltbevölkerungskonferenz verfolgen somit das Ziel, die allgemeine wirtschaftliche Situation und insbesondere die Stellung der Frauen in den Staaten mit hohem Bevölkerungswachstum zu verbessern, ohne dadurch die Umwelt zu zerstören. Hierdurch wird eine Beziehung zu der UN- Konferenz über Umwelt und Entwicklung hergestellt, die 1992 in Rio de Janeiro stattfand.

Die konkrete Ausgestaltung und Schwerpunktsetzung bei der Implementierung der Empfehlungen der Weltbevölkerungskonferenz bleibt jedem Staat mit Rücksicht auf die ihn tragende Kultur und seine religiösen und ethischen Wertvorstellungen selbst überlassen. Dies zeigt, daß über die Umsetzung der Ziele der Konferenz kein Konsens besteht. Als Resultat der Weltbevölkerungskonferenz läßt sich somit festhalten: Es existiert zwar ein Konsens darüber, daß Bevölkerungswachstum gerade auch im Hinblick auf die ökologische Situation zu kontrollieren sei, die konkreten Maßnahmen der Umsetzung sind aber je nach religiösen und ethischen Überzeugungen umstritten.

Aus wirtschaftswissenschaftlicher und ökologischer Sicht ist jedoch zu fragen, ob die Diagnosen, die den Empfehlungen der Weltbevölkerungskonferenz zugrundeliegen, zutreffend sind. Denn die anscheinend allgemein akzeptierte Ansicht, daß ein hohes Bevölkerungswachstum zwangsläufig auch zu einer Übernutzung der Ressourcen sowie zu einer zunehmenden Umweltzerstörung führt und deshalb Maßnahmen ergriffen werden müssen, die das Wachstum der Bevölkerung begrenzen, wie sie auch in den Beratungen der Weltbevölkerungskonferenz zum Ausdruck gebracht wurde, kann mit guten Gründen in Frage gestellt werden. Es ist nämlich a priori keinesfalls sicher, daß Bevölkerungswachstum auch notwendigerweise zu einer stärkeren Nutzung der Natur führt. In der Regel beeinflußt die Bevölkerungsgröße nämlich die Inanspruchnahme der Natur als Rohstofflieferant und Schadstoffempfänger nur indirekt. In welchem Maße Rohstoffe genutzt werden und welche Emissionen entstehen, hängt unter anderem von den eingesetzten Produktionstechnologien und den Konsumgewohnheiten ab. Eine einfache Antwort auf die Frage, ob Bevölkerungswachstum Rohstoff- und Umweltprobleme verschärft oder zumindest die Lösung von Umweltproblemen erheblich erschwert und deshalb zu begrenzen ist, läßt sich jedenfalls nicht formulieren. Welche Rolle die Bevölkerungsentwicklung als Determinante von Umweltproblemen spielt, kann erst dann eindeutig geklärt werden, wenn zuvor eine detaillierte Analyse des Zusammenhangs zwischen Bevölkerungsentwicklung und Umweltnutzung stattgefunden hat. Erst im Anschluß an die Auswertung einer solchen Analyse läßt sich die Frage beantworten, ob bevölkerungspolitische Maßnahmen geeignet sind, die Umweltbelastung zu reduzieren.

1.2 Bevölkerungsentwicklung und Umweltnutzung - eine Problemanzeige

1.2.1 Globales Bevölkerungswachstum

Die Weltbevölkerung ist zwischen den Jahren 1950 und 1995 von 2,5 Milliarden auf 5,6 Milliarden angewachsen. Nach der mittleren Variante der Bevölkerungsprognose der Vereinten Nationen von 1996 werden im Jahre 2000 etwa 6 Milliarden Menschen auf der Erde leben. Für das Jahr 2025 werden 8 und für 2050 9,3 Milliarden prognostiziert (UN 1996). Diese Bevölkerungsprognose wird mit Hilfe sogenannter Kohorten - Komponenten Modelle berechnet. Ihr liegen Annahmen über die künftige Entwicklung der geschlechts- und altersspezifischen Fertilitäts- und der Sterberaten für unterschiedliche Weltregionen zugrunde (vgl. z.B. Birg 1995:91, Freijka 1996:8ff, Robinson 1998:6). In der mittleren Variante der UN-Bevölkerungsprojektion wird unterstellt, daß die durchschnittliche Lebenserwartung der Männer auf 82,5 Jahre und die der Frauen auf 87,5 Jahre bis 2050 steigt. Im gleichen Zeitraum soll die durchschnittliche Zahl der Kinder pro Frau von derzeit 2,9 auf 2,1 sinken.

Die durchschnittliche Kinderzahl wird in der Demographie als zusammengefaßte Geburtenziffer oder im englischen als 'Total Fertility Rate' (TFR) bezeichnet.[1] Um diese zu interpretieren, wollen wir zunächst fragen, wie viele Kinder eine Frau im Durchschnitt zur Welt bringen muß, damit die Bevölkerung stationär bleibt. Offensichtlich ist dies genau dann der Fall, wenn jede Frau im Durchschnitt gerade eine Tochter zur Welt bringt, die wiederum eine Tochter gebiert usw. Will man die Zahl der Kinder insgesamt angeben, dann muß zweierlei berücksichtigt werden: (i) Es werden im Durchschnitt aller Geburten etwas mehr Jungen als Mädchen geboren und (ii) nicht alle

[1] Hauser (1990b:44) weist zu Recht darauf hin, daß die Interpretation der TFR als durchschnittliche Kinderzahl einer Frau problematisch sein kann. Die TFR wird in der Regel als Summe der altersspezifischen Fruchtbarkeitsziffern zu einem Zeitpunkt berechnet; sie ist somit das Ergebnis einer Querschnittsbetrachtung, während die Interpretation als durchschnittliche Zahl der Kinder pro Frau eigentlich eine Längsschnittbetrachtung voraussetzt.

Töchter erleben wiederum ihre Reproduktionsperiode. Damit bei dem vorherrschenden Geschlechterverhältnis bei der Geburt und den gegenwärtigen Sterberaten eine Müttergeneration gerade durch ihre Töchter ersetzt wird und die Bevölkerung damit stationär bleibt, muß eine Frau im Durchschnitt 2,1 Kinder zur Welt bringen. Folglich muß die TFR also einen Wert von 2,1 aufweisen. Damit wird in der mittleren Variante der UN-Bevölkerungsprognose unterstellt, daß im Jahr 2050 die TFR erreicht wird, die nötig ist, um ceteris paribus eine stationäre Weltbevölkerung zu erreichen.

Die gegenwärtige durchschnittliche Wachstumsrate der Weltbevölkerung wird mit 1,3% angegeben. Damit liegt sie zwar um 0,7 Prozentpunkte niedriger als in der Periode von 1965 bis 1970, wo sie mit etwas mehr als 2% den bisher größten Wert aufwies. Die absolute Zunahme der Weltbevölkerung ist jedoch weiterhin hoch. Betrachtet man in Abbildung 1.1 die Änderungen der Weltbevölkerung für 5 Jahresperioden (linke Achse) seit 1950 und die entsprechenden durchschnittlichen Wachstumsraten (rechte Achse), so zeigt sich, daß bis zur Periode 1985-1990 die absoluten Zuwächse der Weltbevölkerung stets größer geworden sind; danach ergibt sich in der mittleren Variante der UN-Bevölkerungsprognose ein konstantes Niveau der Zuwächse bis zur Periode 2015-2020. Demgegenüber fällt die Wachstumsrate der Bevölkerung seit der Periode 1965-1970.

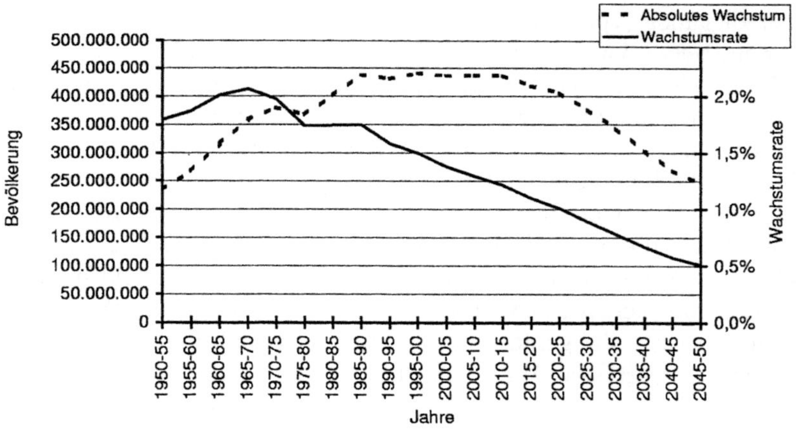

Abb. 1.1. Wachstumsrate und absolute Zuwächse der Weltbevölkerung zwischen 1950 und 2050. Quelle: Mittlere Variante der Weltbevölkerungsprognose UN (1996).

Die Ursache für die weiterhin hohen absoluten Bevölkerungszuwächse liegt in den vergangenen hohen Wachstumsraten der Bevölkerung. Hierdurch ist die Basis der Alterspyramide stets breiter geworden und damit wird - wie Abbildung 1.2 zeigt - die Zahl der Frauen, die ins gebärfähige Alter kommen, weiter ansteigen.

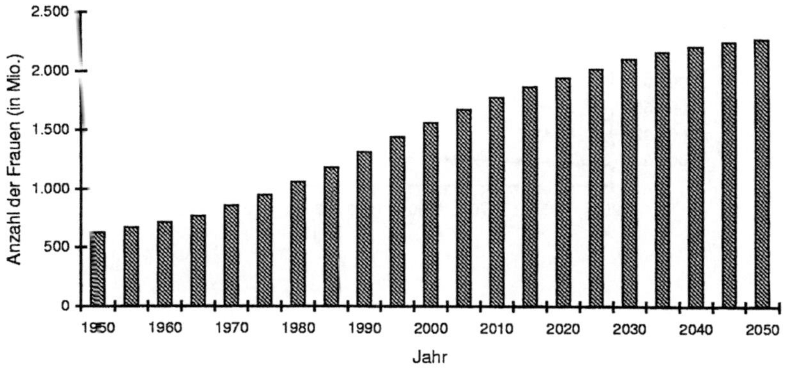

Abb. 1.2. Zahl der Frauen im gebärfähigen Alter in den Jahren 1950-2050. Quelle: Mittlere Variante der Weltbevölkerungsprognose UN (1996).

Folglich wird die Weltbevölkerung vorerst weiter wachsen, obwohl sich das Reproduktionsverhalten in den letzten Jahrzehnten stark verändert hat. So ist die Anzahl der Kinder, die eine Frau im Verlaufe ihrer Reproduktionsperiode durchschnittlich zur Welt bringt, in den letzten Jahren stark zurückgegangen. Die UN gibt hier einen Rückgang von durchschnittlich 5 Kindern pro Frau in der Periode 1950-1955 auf 2,9 Kinder zwischen 1990-1995 an (UN 1996). Allerdings bestehen nach wie vor große Unterschiede zwischen verschiedenen Regionen in der Welt. Die Unterschiede im Reproduktionsverhalten zwischen den Industriestaaten und den Entwicklungsländern führen dazu, daß das künftige Wachstum der Weltbevölkerung nahezu ausschließlich durch den Anstieg der Einwohner in den Entwicklungsländern erfolgt. Abbildung 1.3 illustriert dies für die mittlere Variante der UN-Bevölkerungsprojektion. Die obere Kurve zeigt den Anstieg der Weltbevölkerung in den vergangenen Jahren und die prognostizierte Entwicklung nach der UN-Projektion von 1996. Darunter ist jeweils das Wachstum der Bevölkerung in den Entwicklungsländern (Kurve mit Dreiecken) und für die entwickelten Staaten (Kurve mit Punkten) dargestellt.

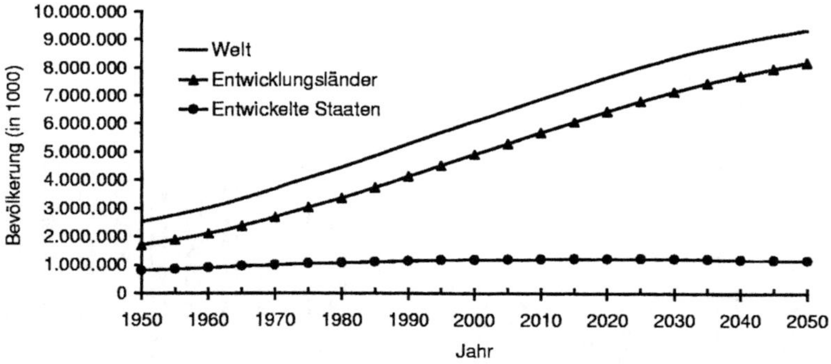

Abb. 1.3. Bevölkerungsprojektion nach Entwicklungsregionen für den Zeitraum 1950-2050. Quelle: Mittlere Variante der Weltbevölkerungsprognose UN (1996).

1.2.2 Mögliche Zusammenhänge zwischen Bevölkerungsentwicklung und Umweltproblemen

Auf der Basis der UN-Bevölkerungsprojektion lassen sich die eingangs erwähnten Befürchtungen über die Umweltwirkungen eines hohen Bevölkerungswachstums illustrieren und deren implizite Annahmen transparent machen. Treffen die Annahmen über die Entwicklung der Geburten- und Sterberaten zu, wie sie der mittleren Variante der Bevölkerungsprognose zugrunde liegen, dann wird die Weltbevölkerung bis zum Jahre 2050 fast doppelt so groß sein wie heute. Dabei erfolgt der Zuwachs überwiegend in Staaten, deren Einkommen wesentlich niedriger sind als die Einkommen in den industrialisierten Regionen. Vielfach bestehen in diesen Staaten schon gegenwärtig erhebliche Probleme, die Grundbedürfnisse der Bevölkerung zu befriedigen. Man kann daher davon ausgehen, daß künftig mehr Güter bereitgestellt werden müssen, um die materielle Versorgung der Bewohner dieser Regionen zu verbessern.

Nimmt man an, daß sich die Produktions- und Konsumweisen in den Entwicklungsländern dem Niveau der westlichen Industrienationen anpassen, so hätte dies bereits ohne ein Wachstum der Bevölkerung eine erheblich stärkere Inanspruchnahme der Umwelt als Rohstofflieferant und Schadstoffempfänger zur Folge. Ein weiteres Wachstum der Bevölkerung und eine gleichzeitige Annäherung an westliche Konsumgewohnheiten würden die Rohstoff- und Umweltprobleme folglich wesentlich verschärfen. Diese Befürchtungen lassen sich am Beispiel des Treibhauseffektes illustrieren, für den vor allem der Anstieg der anthropogenen Kohlendioxidemissionen verantwortlich gemacht wird.

Die erste Säule der Abbildung 1.4 zeigt die CO_2-Emissionen der Welt im Jahr 1990. Die zweite Säule gibt die hypothetischen CO_2-Emissionen wieder, wenn man unterstellt, daß die Pro-Kopf-Emissionen der gesamten Weltbevölkerung den realen durchschnittlichen Pro-Kopf-Emissionen eines Bundesbürgers im Jahr 1990 entsprächen. In diesem Falle wären die gesamten Emissionen um den Faktor drei höher. Der Unterschied zwischen den beiden Säulen illustriert den Umwelteffekt, der zu erwarten wäre, wenn sich die Produktions- und Konsumgewohnheiten der Welt, die hier durch die Größe Pro-Kopf-Emissionen abgebildet wird, dem Durchschnitt eines westlichen Industrielandes annähern. Die dritte Säule wurde berechnet, indem unterstellt wurde, daß die Bevölkerung die projizierte Größe der mittleren UN-Prognose für das Jahr 2050 erreicht und die Pro-Kopf Emissionen dem Wert für einen Bundesbürger im Jahr 1990 entsprechen. In diesem Fall wären die Emissionen um mehr als den Faktor fünf höher.

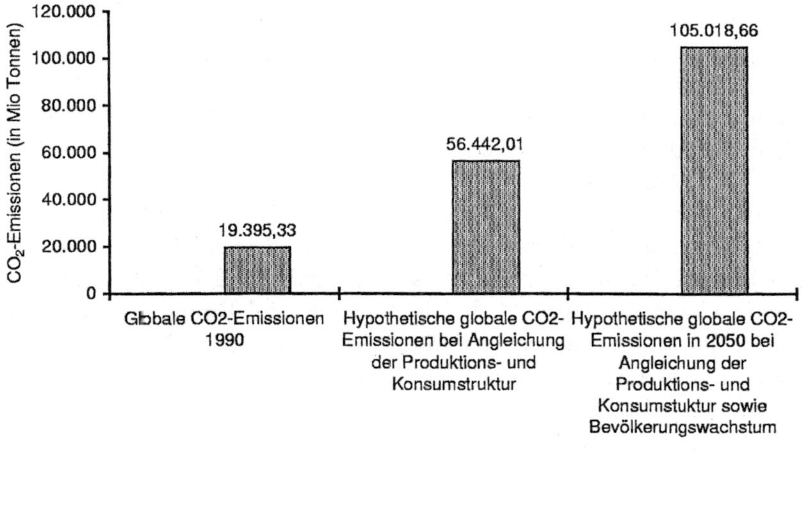

Abb. 1.4. Hypothetische Szenarien zur Entwicklung der weltweiten CO_2-Emissionen.

Die Abbildung 1.4 illustriert somit eine häufig geäußerte Befürchtung, daß nämlich die Produktionsweise und Lebensstile der Bewohner westlicher Industriestaaten nicht ohne große Gefahren auf alle Staaten der Welt übertragen werden können und daß eine wachsende Bevölkerung diese Risiken verstärkt. Eine solche Sichtweise ist jedoch nicht zwingend, denn sie vernachlässigt, daß eine Ausweitung der Herstellung von Gütern und Dienstleistungen nicht zwangsläufig dazu führen muß, daß größere Mengen an Rohstoffen extrahiert werden und mehr Schadstoffe und Abfälle entstehen. Es ist durchaus denkbar, daß eine solche Entwicklung tendenziell abgeschwächt oder gar verhindert werden kann. Dies könnte durch folgende Änderungen erfolgen:

- Der Einsatz neuer Produktionstechnologien oder die Substitution von Rohstoffen könnte zu einer Ausweitung der Produktion führen, ohne daß eine stärkere Inanspruchnahme der Umwelt als Rohstofflieferant und Schadstoffempfänger erfolgen müßte.
- Die Konsumgewohnheiten könnten sich derart ändern, daß die Konsumwünsche durch die Nachfrage nach Gütern befriedigt würden, bei deren Produktion weniger Rohstoffe eingesetzt und weniger Schadstoffe emittiert werden.

Die angesprochenen möglichen Veränderungen zeigen also, daß eine global wachsende Bevölkerung und eine bessere Güterversorgung nicht in entsprechendem Maße zu einer Verschärfung von Rohstoff- und Umweltproblemen führen müssen. Daß dies nicht nur theoretische Problemlösungen sind, zeigt die historische Entwicklung in den Industriestaaten. In diesen Ländern hat technischer Fortschritt und Strukturwandel dazu beigetragen, daß die Inanspruchnahme der Umwelt als Rohstofflieferant und Schadstoffempfänger nicht im gleichen Maße, wie das reale Sozialprodukt gewachsen ist. Betrachtet man stellvertretend für Rohstoff- und Umweltprobleme den Verbrauch fossiler Energieträger und die damit verbundenen CO_2-Emissionen, dann zeigt sich, daß beispielsweise in der EU und in den USA seit 1950 sowohl die CO_2-Emissionen pro Einheit eingesetzter Energie als auch die CO_2-Emissionen pro Einheit Sozialprodukt einen fallenden Trend aufweisen (vgl. Proops, Faber, Wagenhals 1993:38-39).

Solch eine günstige technische Entwicklung in wichtigen Industrieregionen ist für manche Autoren ein Indiz für eine Diagnose, die im Gegensatz zu derjenigen der Weltbevölkerungskonferenz in Kairo steht. Diese Autoren kommen zu dem Resultat, daß sich Rohstoff- und Umweltprobleme, wie sie im Laufe der Industrialisierung und bei einer wachsenden Bevölkerung auftreten, ohne bevölkerungspolitische Eingriffe, d.h. von allein lösen. Eine solche Sichtweise, wie sie beispielsweise von den Ökonomen Simon (1981) und Simon, Steinmann (1991) vertreten wird, kommt in folgender Argumentation der dänischen Ökonomin Boserup (1981:6) zum Ausdruck:

> "A growing population gradually exhausts certain types of natural resources, such as timber, virgin land, game, and fresh water supplies,

and is forced to reduce its numbers by emigration or change its traditional use of resources and way of life. Increasing populations must substitute resources such as labour for the natural resources which have become scarce. They must invest labour in creation of amenities or equipment for which there was no need so long as population was smaller. Thus, the increase of population within an area provides an incentive to replace natural resources by labour and capital."

Für Boserup (1981) stellen somit das Bevölkerungswachstum und die damit ausgelöste Knappheit an Nahrungsmittel und Rohstoffen einen steten Anreiz dar, neue Verfahren zu entwickeln, um die jeweilige Problemlage zu entschärfen [2] Solch optimistische Sichtweisen, wie sie häufig von Ökonomen vertreten werden, werden jedoch von vielen Ökologen nicht geteilt. Diese befürchten, daß eine weiter wachsende Bevölkerung und die damit notwendige Ausweitung der Produktion von Gütern und Dienstleistungen die Tragfähigkeit der Erde überfordert und damit für den Menschen lebensnotwendige Ökosysteme geschädigt oder zerstört werden (vgl. hierzu Ehrlich 1968 und Ehrlich und Ehrlich 1990). Holling (1994:84ff) führt diese pessimistische Position der Ökologen auf zwei fundamentale Axiome der ökologischen und evolutorischen Biologie zurück. In diesen Disziplinen wird angenommen, daß (i) Organismen 'überproduktiv' sind, und daß (ii) Grenzen für die Entwicklung von Organismen existieren, die durch Raum und Zeit sowie die Verfügbarkeit von Energie gesetzt werden. Folgerichtig kann es zu einer Populationsgröße kommen, die mit den vorhandenen Grenzen nicht kompatibel ist. Die 'überzähligen Individuen' werden dann sterben, bis eine Größe erreicht ist, die mit den vorgegeben Grenzen vereinbar ist.

Zwar hat sich das Bild von der Entwicklung von Populationen auch in der Biologie erweitert, wie Holling (1994:84) betont, indem vermehrt auf die Bedeutung der Variation in den Arten und das Auftreten von Neuheit hingewiesen wird. Auf diese Weise läßt sich erklären, warum die Ökosysteme bisher nicht kollabiert sind. Dennoch sind Argumentationsmuster, wie sie oben angeführt wurden, gerade in der ökologischen Debatte und in Bezug auf die Entwicklung der menschlichen Population nach wie vor von großer Bedeutung. So gehen Wissenschaftler wie Ehrlich und Ehrlich (1990) nach wie vor davon aus, daß der Bevölkerung eine starke Wachstumstendenz innewohnt, und daß keine autonomen Mechanismen existieren, die verhindern, daß sich die Bevölkerung an die durch die Natur gegebenen Grenzen anpaßt. Bei einer Annäherung an westliche Konsumgewohnheiten müßte es damit zwangsläufig zu erheblichen Umweltproblemen kommen, bis hin zum Kollaps essentieller

[2] Vergleichbare Argumentationsmuster finden sich bei Lele und Stone (1989). Ein weiteres Beispiel führen Faber, Jöst, Manstetten (1995:243) an. Die Holzknappheit im England des 18. Jahrhunderts war ein ständiger Anreiz, den knappen Rohstoff Holz durch die reichlich vorhandene Kohle zu ersetzen. Eine umfassende Diskussion dieser Sichtweisen findet sich z.B. in dem Forum "Economic Growth, carrying capacity, and the environment" in der Zeitschrift 'Ecological Economics', Vol. 15, No. 2.

Ökosysteme, wenn die Bevölkerungsentwicklung nicht durch geeignete politische Maßnahmen kontrolliert wird.

1.2.3 Die Schwierigkeiten der Untersuchung des Verhältnisses von Umweltnutzung und Bevölkerungsentwicklung

Die bisherigen Ausführungen zeigen, daß sowohl in der öffentlichen Diskussion als auch in der wissenschaftlichen Fachwelt unterschiedliche, ja sogar gegensätzliche Positionen bezüglich des Zusammenhanges von Umweltnutzung und Bevölkerungswachstum formuliert worden sind. Dabei lassen sich die Gegenpositionen vereinfacht als (i) die optimistische und (ii) die pessimistische bezeichnen:

Die optimistische Sichtweise geht davon aus, daß eine Verknappung von Ressourcen, deren Ursache auch in einer wachsenden Bevölkerung liegen könnte, sich z.B. in steigenden Preisen niederschlägt, die wiederum einen ökonomischen Anreiz darstellen, nach Alternativen zu suchen, um diese Knappheiten zu überwinden. Der so ausgelöste technische Fortschritt ermöglicht dann eine Verbesserung der Lebensbedingungen und stetige Einkommenssteigerungen, die letztlich auch zu einem Rückgang des Bevölkerungswachstums und damit zu einer Reduktion der Umweltbelastung führen.

Im Gegensatz dazu gehen die Pessimisten davon aus, daß die Gefahr der Umweltzerstörung durch eine wachsende Bevölkerung groß ist, da der technische Fortschritt nicht schnell genug eintritt oder gar durch das hohe Bevölkerungswachstum behindert wird. Deshalb muß durch politische Maßnahmen, die das Wachstum der Bevölkerung begrenzen, sichergestellt werden, daß die lebensnotwendigen Ökosysteme nicht zerstört werden.

Aus diesen hier dargestellten Positionen folgen letztlich ganz unterschiedliche Politikempfehlungen. Löst sich das Problem durch technisch-wissenschaftlichen und ökonomischen Fortschritt quasi von allein, dann sind keine auf eine Reduktion des Bevölkerungswachstums zielenden Politikmaßnahmen erforderlich. Kann demgegenüber nicht sichergestellt werden, daß der technisch ökonomische Fortschritt auch das Bevölkerungswachstum begrenzt, sind Maßnahmen erforderlich, die das Bevölkerungswachstum verringern bzw. stoppen, damit gegenwärtigen und zukünftigen Generationen genug Ressourcen zu Verfügung stehen, um ein menschenwürdiges Leben in einer intakten Umwelt führen zu können. Eine Bevölkerungspolitik, die darauf abzielt, das Bevölkerungswachstum erheblich zu reduzieren, ist aus dieser Perspektive eine notwendige Voraussetzung, um sicherzustellen, daß die Tragfähigkeit der Erde nicht überfordert wird.

Wenn die theoretischen Grundlagen für eine Entscheidung so kontrovers sind, wie in der vorangegangenen Darstellung gezeigt wurde, so sollte man aufgrund der Brisanz des Problems eine intensive wissenschaftliche Diskussion über den Zusammenhang von Bevölkerungsentwicklung und Umweltnutzung erwarten. Eine umfassende Sichtung der gegenwärtigen Publikationen zeigt indes, daß diese Fragestellungen in der bevölkerungswissenschaftlichen

Literatur bislang nicht sehr intensiv untersucht worden sind. In einer Auswertung zweier großer Datenbanken, in denen Studien über Umweltprobleme und Bevölkerungsentwicklung aufgelistet sind, kommt Stycros (1994) zu dem Ergebnis, daß die Zahl der Analysen, die sich mit diesen Themen beschäftigen, gering ist und auch nur langsam wächst. Dieses Bild bestätigt sich, wenn man nach entsprechenden Arbeiten in rohstoff- und umweltökonomischen Fachpublikationen sucht. So finden sich beispielsweise in der Zeitschrift "Ecological Economics" seit ihrer Gründung 1989 nur wenige Artikel zu diesen Fragen; das gleiche gilt auch für das "Journal of Environmental Economics and Management" und die Zeitschrift "Environmental and Resource Economics".

Erst in den letzten Jahren sind einzelne Monographien mit Beiträgen zu dieser Themenstellung herausgegeben worden. Zu nennen sind hier beispielsweise das Buch von Lindahl-Kiessling, Landberg (1994) "Population, Economic Development, and the Environment" und die Monographie von Ahlburg, Kelley, Oppenheim-Mason (1996) "The Impact of Population Growth on Well-being in Developing Countries". Allerdings sind die bisher zu diesem Thema veröffentlichten Studien meist allgemeiner Natur; systematische Untersuchungen wie die Ende 1995 erschienene Monographie von Cohen "How Many People Can the Earth Support?" oder die von Lutz (1994a) herausgegebene länderbezogene Studie "Population - Development - Environment: Understanding their Interactions in Mauritius" bilden die Ausnahme. Auch in dem von Rosenzweig, Stark (1997) herausgegebenen "Handbook of Population Economics" und in dem Journal of Population Economics sind diese Themen von untergeordneter Bedeutung.

Die bis heute eher zurückhaltende theoretische Beschäftigung mit dem Zusammenhang von Bevölkerungsentwicklung und Umweltproblemen ist wohl auf die Komplexität des Themas zurückzuführen: Einfache und eindeutige Beziehungen zwischen Bevölkerungsentwicklung und der Inanspruchnahme der Umwelt als Rohstofflieferant und Schadstoffempfänger sind nur schwer anzugeben. Diese Einschätzung wird von Wissenschaftlern unterschiedlicher Disziplinen geteilt. Davis (1991:1) beispielsweise leitet seinen Beitrag zur Konferenz am Hoover Institut der Universität Stanford im Februar 1989 zu diesem Thema mit der Aussage ein:

> "The interrelation between population and resources is a difficult subject."

Eine der Ursachen für diese Schwierigkeiten sieht Davis (1991:1ff) darin, daß bei der Analyse sowohl naturwissenschaftliche als auch sozialwissenschaftliche Erkenntnisse integriert werden müssen. Da die Methoden der Disziplinen verschiedenartig sind und ihre Grundbegriffe unterschiedlich präzise definiert werden können, ist die Integration naturwissenschaftlicher und sozialwissenschaftlicher Erkenntnisse bei der Untersuchung von Bevölkerungsproblemen schwierig. Zu einem vergleichbaren Schluß kommen die Ökonomen Robinson, Srinivasan (1997:1279) in ihrem Beitrag zum 'Handbook of Population and Family Economics':

> "The interaction between economic growth, population dynamics and resource use is complex and jointly endogenous outcome of the whole process of evolution and development of the economic and social system. (...) Unfortunately our empirical knowledge is very poor. Little is understood about the dynamics of growth or demography and even less about the relationships governing environmental resources."

Die wechselseitige Abhängigkeit von demographischer und wirtschaftlicher Entwicklung sowie die dadurch ausgelösten Veränderungen der natürlichen Umwelt erschweren es, eindeutige Ursache- Wirkung-Beziehungen zu identifizieren. Die Kenntnisse dieser Kausalitäten sind jedoch wichtig, um die Effektivität bevölkerungspolitischer Maßnahmen im Hinblick auf deren Umweltwirkungen zu evaluieren.

Die Sozialwissenschaftler Ness, Drake, Brechin (1993:2ff.) diskutieren in der Einleitung zu dem Sammelband "Population- Environment Dynamics" die Gründe für die Schwierigkeiten, die Zusammenhänge zwischen Bevölkerungsentwicklung und Ressourcen- und Umweltverbrauch zu untersuchen, in einem weiteren Horizont. Für sie treten bei der Analyse der Beziehung von Bevölkerung und Umwelt drei Arten von Schwierigkeiten auf:

1. *Konzeptionelle Ungleichgewichte.* Die Entwicklung der Bevölkerung läßt sich anhand weniger Variablen einfach beschreiben. Es sind nach Ansicht dieser Autoren vor allem sechs Größen, die hier von Bedeutung sind: Geburten, Sterbefälle, Migration sowie die Ausgangsgröße der Bevölkerung, das Alter und die Geschlechterstruktur. Demgegenüber ist der Begriff Umwelt konzeptionell wesentlich schwieriger zu fassen und damit auch nicht anhand einfacher Variablen zu beschreiben.
2. *Organisatorische Ungleichgewichte.* Hierunter verstehen die Autoren zum einen die Trennung der wissenschaftlichen Disziplinen, die bei der Untersuchung der Wechselwirkungen zwischen Bevölkerungsentwicklung und Umweltproblemen von Bedeutung sind, und zum anderen die Trennung der Institutionen, die für die Lösung von Umwelt- und Bevölkerungsproblemen zuständig erscheinen. Fragen der Bevölkerungsentwicklung werden vor allem in der Demographie untersucht. Zwar beschäftigen sich, so Ness, Drake, Brechin (1993:2), auch Ökonomen, Politologen oder Geographen mit Problemen der Bevölkerungsentwicklung, die Analyse dieser Prozesse wird jedoch durch Soziologen dominiert. Demgegenüber liegt die Untersuchung von Umweltproblemen vor allem in der Hand von Naturwissenschaftlern. Da die Paradigmen von Sozial- und Naturwissenschaftlern verschieden sind und die Disziplinen mittlerweile einen hohen Grad an Spezialisierung erreicht haben, ist eine Kommunikation zwischen den Wissenschaften schwierig. Diese ist jedoch eine wichtige Voraussetzung dafür, die Wechselwirkungen zwischen Umweltnutzung und Bevölkerungsentwicklung besser zu verstehen. Die Trennung von Aufgaben und Spezialisierung auf einzelne Problembereiche findet sich auch bei

Regierungsinstitutionen, die sich mit der Lösung von Umweltproblemen und mit Fragen der Bevölkerungsentwicklung beschäftigen.

3. *Machtungleichgewichte.* Ness, Drake, Berchin (1993:3ff) sind der Auffassung, daß umweltpolitische Maßnahmen einfacher durchzusetzen sind als bevölkerungspolitische, da letztere aus ihrer Sicht immer einen Eingriff in die Intimsphäre der Menschen darstellen.

Es sind somit konzeptionelle und organisatorische Probleme der Theoriebildung einerseits sowie Probleme der politischen Durchsetzbarkeit andererseits, die es erschweren, die Wechselwirkungen zwischen demographischer Entwicklung und Umweltproblemen zu untersuchen sowie Politikempfehlungen abzuleiten und umzusetzen. Es ist daher nicht weiter überraschend, wenn die Möglichkeiten, auf der Basis gegenwärtiger Erkenntnis Politikempfehlungen zu formulieren, zurückhaltend beurteilt werden:

> "Given our present knowledge, it seems unlikely that we could formulate an operationally convincing population or resource policy on basis of our evidence about these." (Robinson, Srinivasan 1997:1281).

Neben dem Problem, überzeugende und operationale Politikmaßnahmen auf der Basis von Erkenntnissen über die Wechselwirkungen zwischen Umweltnutzung und Bevölkerungsentwicklung abzuleiten, entstehen allerdings noch auf einer anderen Ebene Schwierigkeiten. Die bisher diskutierten Probleme werden im Rahmen deskriptiver (positiver) Theoriebildung untersucht. Um die Notwendigkeit bevölkerungspolitischer Maßnahmen zu begründen, sind darüber hinaus aber normative (präskriptive) Überlegungen von Bedeutung. Die Rechtfertigung bevölkerungspolitischer Eingriffe setzt Vorstellungen darüber voraus, was die richtige Bevölkerungsgröße einer Gesellschaft ist. Es besteht also nicht nur die Aufgabe zu untersuchen, welche Determinanten die Bevölkerungsentwicklung bestimmen, und wie hierdurch die Inanspruchnahme der Umwelt als Rohstofflieferant und Schadstoffempfänger bestimmt wird. Darüber hinaus muß die Aufgabe gelöst werden, auf welcher Basis sich normative Aussagen über die richtige Bevölkerungsgröße ableiten lassen, bzw. welche Probleme bestehen, solche Aussagen zu formulieren. Die spezifischen Probleme, die sich hieraus ergeben, wollen wir im folgenden diskutieren.

1.2.4 Die optimale Bevölkerungsgröße als Ziel bevölkerungspolitischer Maßnahmen

Wenn man, wie dies die Bevölkerungskonferenz in Kairo tat, unterstellt, daß das gegenwärtige Bevölkerungswachstum zu hoch ist, muß man eine Vorstellung davon haben, welche Anzahl Menschen in einer Region oder auf der ganzen Erde maximal leben sollten. Die Forderung nach der Implementierung bevölkerungspolitischer Maßnahmen setzt also implizit Vorstellungen über die maximal zulässige Bevölkerungsgröße voraus. Genauer gesagt: man muß eine Idee haben, wieviel Menschen eine Region oder die ganze Erde 'verkraften' kann. Ökonomisch gesprochen läßt sich die Frage der maximal zulässigen

Bevölkerungsgröße in die Frage nach der optimalen Bevölkerungsgröße umformulieren. Wir wollen darunter im folgenden die Bevölkerungsgröße verstehen, die sich aus der Maximierung einer Zielfunktion unter Nebenbedingungen ergibt, wobei die Zielfunktion unter anderem von der Bevölkerungsgröße abhängt; darüber hinaus kann diese Zielfunktion weitere Argumente enthalten. Von dem Ergebnis dieser Optimierung unter Nebenbedingungen und dem Vergleich mit der gegenwärtigen Situation hängt die Formulierung von quantitativen und qualitativen Zielvorgaben für die Entwicklung der Weltbevölkerung ab. Wie aber läßt sich eine optimale Bevölkerungsgröße im Sinne der maximal zulässigen Bevölkerungsgröße in der Realität bestimmen?

Die empirischen Studien, in denen versucht wurde, quantitative Politikempfehlungen zu formulieren, zeigen, daß in der bevölkerungswissenschaftlichen Literatur kein Konsens darüber besteht, wieviele Menschen auf der Erde leben können. Heilig (1996:196) gibt in einer Auswertung von 16 Studien, die in den letzten 100 Jahren hierzu durchgeführt wurden, Werte zwischen rund einer Milliarde (Pearson, Harper 1945) und 1000 Milliarden (Marchetti 1978) an; dabei liegt der überwiegende Teil der Studien in einen Bereich zwischen 6 und 30 Milliarden. Diese große Bandbreite in den Ergebnissen liegt hauptsächlich in den methodischen Unterschieden der Studien begründet. Es lassen sich nämlich verschiedene Weisen der Bestimmung der Tragfähigkeit der Erde unterscheiden. Dementsprechend ergeben sich unterschiedliche Restriktionen bei der Ermittlung der Zahl der Menschen die auf der Erde leben können. Von daher ist es auch nicht überraschend, daß die empirischen Studien unterschiedliche Ergebnisse liefern. Heilig (1996) unterscheidet fünf Weisen, die optimale Bevölkerungsgröße zu bestimmen. Die jeweils folgende unterscheidet sich von der vorhergehenden dadurch, daß zusätzliche Restriktionen eingeführt werden.

1. Den größten Wert für eine zulässige Gesamtbevölkerung erreicht man, wenn man als Restriktion nur die physikalischen und biochemischen Bedingungen der Nahrungsmittelproduktion berücksichtigt.
2. Berücksichtigt man zusätzliche Restriktionen, die sich aufgrund fehlender Infrastruktur und der Wachstumszyklen von Pflanzen und Tieren ergeben, dann ist das physikalisch-biochemische Maximum in der Regel nicht realisierbar. Eine so berechnete Bevölkerungsgröße ist daher kleiner als das hypothetische Bevölkerungsmaximum aus 1.
3. Zieht man darüber hinaus in Betracht, daß zur Ausweitung der Nahrungsmittelproduktion erhebliche Investitionen in Kapitalgüter erforderlich sind, die häufig aufgrund der wirtschaftlichen Situation vieler Staaten mit hohem Bevölkerungswachstum nicht durchgeführt werden können, ergeben sich weitere Einschränkungen hinsichtlich der Tragfähigkeit der Erde. Die Berücksichtigung dieser ökonomischen Restriktionen ergibt somit eine im Vergleich zu 2 niedrigere optimale Bevölkerungsgröße.
4. Darüber hinaus kann berücksichtigt werden, daß eine Ausweitung und Intensivierung der Nahrungsmittelproduktion unter Umständen erhebli-

che ökologische Folgewirkungen hat, so daß aus ökologischen Gründen die Zahl der Menschen, die auf der Erde ernährt werden können, noch geringer ausfällt.

5. Schließlich können auch soziale, kulturelle und politische Restriktionen berücksichtigt werden. Diese können z.B. dazu beitragen, daß eine Ausweitung oder Intensivierung der landwirtschaftlichen Nutzflächen aufgrund von ethnischen Konflikten oder bürgerkriegsähnlichen Zuständen kaum möglich ist.

Die hier dargestellten unterschiedlichen Weisen, die Tragfähigkeit der Erde hinsichtlich der Bevölkerungsgröße zu ermitteln, zeigen, daß die Ergebnisse wesentlich davon abhängen, welche Restriktionen bei der Untersuchung berücksichtigt werden und wie die jeweiligen Restriktionen quantifiziert werden. Da diese Restriktionen nicht immer nur durch naturgesetzlich beschreibbare Zusammenhänge, sondern z.B. durch ethische Vorentscheidungen und kulturelle Gegebenheiten bestimmt werden, hat die Ermittlung der optimalen Bevölkerungsgröße immer auch eine wissenschaftlich nicht abgesicherte Seite.[3]

[3] Die Bedeutung von sozialen und persönlichen Wertorientierungen in der Umweltdebatte untersuchen Faber, Manstetten und Jöst (1995:240ff). Die Bedeutung dieser Elemente für die Erklärung der Bevölkerungsentwicklung betont Sieferle (1990:56).

1.3 Die Beziehung zwischen Bevölkerungsentwicklung und Umweltnutzung

Wir haben in Abschnitt 1.2.2 argumentiert, daß sich unterschiedliche, sogar gegensätzliche Positionen bezüglich des Zusammenhanges von Umweltnutzung und Bevölkerungsentwicklung formulieren lassen. Wir haben diese vereinfachend als optimistische und als pessimistische Position bezeichnet. Beide Vorstellungen lassen sich jeweils innerhalb eines konsistent erscheinenden Theorierahmens begründen. Schwierigkeiten treten aber auf, wenn wir auf der Basis theoretischer Überlegungen über den Zusammenhang von Bevölkerungsentwicklung und Umweltnutzung bevölkerungs- oder umweltpolitische Empfehlungen ableiten wollen, denn die oben dargestellten Positionen führen letztlich zu unterschiedlichen Politikempfehlungen. Wir erinnern an dieser Stelle noch einmal an die gegensätzlichen Positionen: Entweder führt technischer Fortschritt und die hierdurch erreichbaren Verbesserung der Lebensumstände dazu, daß das Bevölkerungswachstum sinkt, dann sind keine auf die Regulierung der Bevölkerungsentwicklung ausgerichteten Politikmaßnahmen notwendig. Oder das hohe Bevölkerungswachstum verhindert gerade ökonomisch-technischen Fortschritt, dann ist die Regulierung der Bevölkerung eine Voraussetzung dafür, ökonomisch-technischen Fortschritt zu realisieren. Diese gegensätzlichen Ergebnisse zeigen, daß sich allein auf der Basis theoretischer Überlegungen eine Entscheidung darüber, welche Position die richtige ist, nicht treffen läßt. Damit liegt der Schluß nahe, daß es letztlich eine empirische Frage ist, welche der beiden Positionen zutrifft. Allerdings scheint auch hier Vorsicht angebracht, wie Keyfitz (1996:340) erläutert:

> "That one can so easily 'prove' that population growth is frighteningly high, and equally easily show that the problem is disappearing, tells us something about the nature of the debate. Meanwhile the reader is left to decide on his own whether it is the number of people or their percentage increase, that destroys forests, consumes fish and pollutes air and water. The fact that the same figures can be used for such different interpretations is one of the reason why a resolution of the question asked about population cannot be achieved from the study of numbers alone."

Damit stehen wir anscheinend vor einem Dilemma: Theoretisch läßt sich die Frage nach der Beziehung zwischen Umweltnutzung und Bevölkerungsentwicklung nur unzureichend beantworten, da die Theoriebildung unterschiedliche Annahmen über die Ursache-Wirkungsbeziehung voraussetzt. Auch die Empirie trägt hier nicht notwendigerweise zu Erkenntnisfortschritten bei; da nämlich die Beziehungen zwischen der Nutzung der Umwelt als Schadstoffempfänger und Rohstofflieferant und der Verteilung und Entwicklung der Bevölkerung komplex und in der Regel indirekter Natur sind, lassen sich eindeutige Zusammenhänge nur schwer identifizieren. Hier stellt sich nun die

Frage, auf welcher konzeptionellen Basis sich Aussagen über das Verhältnis von Umweltverbrauch und Bevölkerungsbewegung formulieren lassen und welche Bedeutung dies für die Ableitung von Politikempfehlungen hat.

Die bisherigen Überlegungen haben zweierlei deutlich gemacht:

1. Der Einfluß der Bevölkerungsentwicklung auf die Umweltnutzung wird in der Regel vermittelt durch die wirtschaftlichen Aktivitäten der Menschen sowie den institutionellen Rahmen, innerhalb dessen diese erfolgen. Hieraus ergeben sich vielschichtige, wechselseitige Abhängigkeiten zwischen Wirtschaft, Umwelt und Gesellschaft.
2. Eine umfassende Analyse dieser Beziehungen setzt die Integration von Erkenntnissen unterschiedlicher Disziplinen voraus.

Die Integration der Erkenntnisse verschiedener Fachdisziplinen zur Beschreibung der Veränderung in der Natur, Wirtschaft und Bevölkerung sowie der Wechselwirkungen zwischen diesen wird erleichtert, wenn eine einheitliche Perspektive anzugeben ist, aus der heraus sich die Veränderungen und Wechselwirkungen in Natur, Wirtschaft und Bevölkerung betrachten und beschreiben lassen. Eine solche Perspektive soll im folgenden entwickelt werden. In Anlehnung an Lutz (1994b:212) läßt sich Beziehung zwischen den drei Teilbereichen Natur, Wirtschaft und Bevölkerung, wie in der Abbildung (1.5) dargestellt, graphisch repräsentieren.

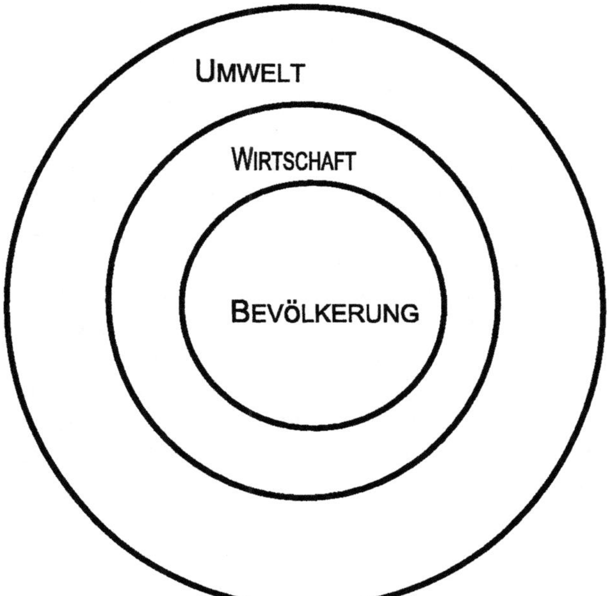

Abb. 1.5. Die Beziehung zwischen Bevölkerung, Wirtschaft und Umwelt

Hier sind die Umwelt, Wirtschaft und Bevölkerung als konzentrische Kreise abbildet, wobei unterstellt wird, daß die Beziehung zwischen Umwelt und Bevölkerung durch soziale, wirtschaftliche und kulturelle Aktivitäten vermittelt wird. Die Menschen befriedigen ihre Bedürfnisse durch Güter, die zum überwiegenden Teil produziert worden sind. Bei der Herstellung dieser Güter entstehen neben den gewünschten Produkten auch unerwünschte Nebenprodukte, die die Umweltqualität beeinträchtigen. Unterstellt man, daß die Haushalte nicht nur ihre Konsumwünsche, sondern auch die Lebensbedingungen ihrer Kinder im Blick haben, die unter anderem von der gegenwärtigen Umweltnutzung abhängen, dann ergeben sich zahlreiche Wechselwirkungen zwischen der Nutzung der Umwelt als Rohstofflieferant und Schadstoffempfänger, den Konsumwünschen der Eltern und ihrer Kinder sowie der Zahl der Kinder. Die Beziehung zwischen Bevölkerung und Umwelt ist in der Regel also indirekter Natur. Sie wird vermittelt durch wirtschaftliche und soziale Aktivitäten der Menschen und damit (i) durch die Art und Weise, wie die Mittel zur Bedürfnisbefriedigung bereitgestellt werden, (ii) durch die Art der Bedürfnisse und (iii) durch die Wertvorstellungen und Institutionen, innerhalb derer der Austausch zwischen Mensch und Natur organisiert wird.

Die jeweiligen Teilsysteme werden von verschiedenen wissenschaftlichen Disziplinen untersucht. Diese haben eigene Theorien formuliert, mit denen sich die Veränderungen in den Teilbereichen beschreiben lassen und die angeben, auf welche Weise Entwicklungen in den Subsystemen gestaltet werden können. Trotz der Unterschiede in der Art und Weise, wie die Teilbereiche in den jeweiligen Disziplinen analysiert werden, läßt sich *eine* verbindende Perspektive angeben: Der jeweilige Zustand der Umwelt, Wirtschaft und Bevölkerung läßt sich durch Bestandsgrößen beschreiben, die nur über die Zeit hinweg durch eine Veränderung der entsprechenden Stromgrößen beeinflußt werden können. Für jeden dieser Teilbereiche lassen sich dann Zeiträume angeben, in denen Veränderungen erfolgen, bzw. gestaltet werden können. Wir wollen dies als charakteristische Zeitmuster der Entwicklung der jeweiligen Teilbereiche bezeichnen und im folgenden erläutern, in welcher Weise sich hieraus eine einheitliche Perspektive für die Analyse der Wechselwirkungen zwischen Umweltnutzung und Bevölkerungsentwicklung ableiten läßt.

Veränderungen in Wirtschaft, Gesellschaft, Umwelt und in der Bevölkerungsgröße erfolgen jeweils innerhalb unterschiedlicher Zeiträume. Dies ist von Bedeutung, wenn man Entwicklungen in diesen Teilbereichen beeinflussen möchte. In diesem Fall muß man berücksichtigen, daß die Geschwindigkeit, mit der Veränderungen erfolgen, nicht nur durch die Art und Stärke des Eingriffes von außen, sondern auch durch die interne Dynamik des Systems bestimmt wird. Die Ausgangslage und die Dynamik des Systems beschränkt die Menge der Zustände, die ausgehend von der gegebenen Situation noch erreichbar sind. Das heißt, mit dem gegenwärtigen Zustand und der inneren Dynamik des Systems ist bereits ein bestimmter Korridor für die künftige Entwicklung festgelegt. Wir wollen dies für die drei Bereiche Umwelt, Bevölkerung und Wirtschaft im folgenden erläutern.

Die Umweltbelastung wird durch den Bestand an Schadstoffen in der Natur, den Immissionen, bestimmt. Die Immissionen ergeben sich aus den akkumulierten Emissionsströmen der Vergangenheit, wobei ein Teil davon - je nach Substanz - durch natürliche Prozesse abgebaut wird. Ein Beispiel für solch einen natürlichen Abbauprozeß ist der Kohlenstoffkreislauf, durch den die Konzentration des Spurengases Kohlendioxid in der Atmosphäre bestimmt wird, das zum überwiegenden Teil für den Treibhauseffekt verantwortlich ist[4] Eine Analyse des Kohlenstoffkreislaufs zeigt, daß zunächst nur ein Teil des emittierten Kohlendioxid in der Atmosphäre verbleibt, das wiederum mit einer bestimmten Rate abgebaut wird. Gegenwärtig verbleiben etwa 64 % der anthropogenen CO_2-Emissionen in der Atmosphäre, wobei ein CO_2-Molekül eine durchschnittliche Lebensdauer von 120 Jahren hat, was wiederum einer jährlichen Abbaurate von 0,0083 entspricht. Solche natürlichen Abbauprozesse lassen sich für zahlreiche Schadstoffe angeben, wobei sich die Abbauraten der Schadstoffe unterscheiden. Es gilt: je langsamer der Abbau vonstatten geht, desto stärker akkumulieren die Schadstoffe in der Natur. Die unterschiedliche Akkumulation von Schadstoffen in der Natur hat zur Folge, daß eine Veränderung der aktuellen Emissionen erst langfristig zu niedrigeren Schadstoffbeständen wie dies z.B. für die Treibhausgase zutrifft und damit zu einer geringeren Beeinträchtigung der Umweltqualität führen. Wenn es nicht möglich ist, die Schadstoffbestände in der Natur durch künstliche Entsorgungsmaßnahmen direkt zu reduzieren, ist die Umweltqualität nur über einen längeren Zeitraum hinweg veränderbar. Die vorhandenen Schadstoffbestände und die Bestandsdynamik legen somit einen zeitlichen Korridor fest, innerhalb dessen Einfluß auf die Entwicklung der Umweltqualität möglich ist.[5]

Ein ähnliches Phänomen läßt sich bei der Beschreibung der Bevölkerungsentwicklung identifizieren. Auch hier gilt, daß in der bestehenden Bevölkerungsgröße (Bestandsgröße) und deren Altersstruktur ein Teil des künftigen Bevölkerungszuwachses bereits angelegt ist (vgl. hierzu Lutz 1996:429ff, Birg 1995 und Dinkel 1989:160ff). Dies wird in der Demographie als Bevölkerungs–Momentum bezeichnet. Wir haben in Abschnitt 1.2 gesehen, daß selbst bei einem Rückgang der durchschnittlichen Kinderzahlen pro Frau aufgrund der vergangenen Entwicklung und der hierdurch determinierten Altersstruktur die Bevölkerung absolut weiter wachsen kann. Hinzu kommt, daß sich das Fertilitätsverhalten von großen Bevölkerungen nicht kurzfristig verändern läßt. Hieraus folgt, daß eine Politik, die zu einer Veränderung des Geburtenverhaltens führt, erst langfristig eine Stabilisierung oder gar eine Verringerung des

[4] Die naturwissenschaftlichen Grundlagen des Kohlenstoffkreislaufes sind ausführlich in IPCC (1990) dargestellt.

[5] Für die Wirksamkeit und das Timing umweltpolitischer Maßnahmen zur Reduktion des Treibhauseffektes wird diese Zeitstruktur in Jöst (1994:133ff) diskutiert.

Bestandes zur Folge hat. Damit sind auch die Möglichkeiten beschränkt, die künftige Entwicklung der Bevölkerung zu beeinflussen.

Schließlich gilt auch für die Entwicklung der Ökonomie, daß bestehende Kapitalgüterbestände in der Regel nur über einen längeren Zeitraum hinweg umstrukturiert werden können, wenn große Friktionen vermieden werden sollen. Mit der Entscheidung für eine Produktionstechnik und dem damit verbundenen Aufbau von Kapitalgütern ist häufig die Entwicklung von Sektoren einer Wirtschaft über einen längeren Zeitraum hinweg festgelegt. Wenn bestehende Kapitalgüterbestände umstrukturiert werden müssen und Strukturbrüche bei der Ablösung von Techniken weitgehend vermieden werden sollen, lassen sich Änderungen somit auch nur über einen längeren Horizont umsetzen (vgl. hierzu beispielsweise Jöst 1999, Faber, Manstetten, Proops 1996).

Man kann festhalten, daß Veränderungen in der Umwelt, der Bevölkerungsgröße und in der Entwicklung der Wirtschaft durch die internen Dynamiken des jeweiligen Systems entscheidend mitbestimmt werden. Die Möglichkeiten, zukünftige Entwicklungen zu gestalten, werden dabei wesentlich bestimmt durch die vorhandenen Schadstoff- und Kapitalgüterbestände, sowie die Altersstruktur der Bevölkerung. Diese jeweiligen Bestände und die Zeiträume, in denen Bestände zu verändern sind, müssen bei der Modellierung des Zusammenhangs von Umweltproblemen, Bevölkerungswachstum und wirtschaftlicher Entwicklung bedacht werden. Welche Folgerungen und Probleme sich hieraus insbesondere für die ökonomische Modellierung ergeben, werden wir in Kapitel 7 ausfuhrlich diskutieren.

Für die Beurteilung und Implementierung von umwelt- oder bevölkerungspolitischen Maßnahmen ist es von Bedeutung, die charakteristischen Dynamiken der Bevölkerungsentwicklung, der Veränderung der Umweltqualität sowie der wirtschaftlichen Entwicklung und deren wechselseitige Abhängigkeiten zu berücksichtigen. Unsere einheitliche Perspektive bezüglich der typischen Zeitmuster der drei Teilbereiche Umwelt, Bevölkerung und Wirtschaft mündet in der Leitfrage nach den Veränderungsmöglichkeiten der Entwicklungen in begrenzten, gegebenen Zeiträumen. Deren Beantwortung kann mit dazu beitragen, Beurteilungskriterien und Prioritäten für die Einführung von umwelt-, bzw. bevölkerungspolitischen Maßnahmen abzuleiten. Dies kann zwar aus der Perspektive der Ökonomik nicht das alleinige Kriterium für die Evaluation politischer Maßnahmen sein; denn aus der Tatsache, daß bestimmte Prozesse nur langfristig beeinflußbar sind, folgt nicht zwangsläufig, welche Politikmaßnahmen effizient sind. Es ist aber wichtig, diese zeitliche Dimension der Bevölkerungsentwicklung und der Umweltnutzung bei der Beurteilung von Politikmaßnahmen zu berücksichtigen. Dies schließt vor allem eine Beschäftigung mit den Übergangsphänomen, d.h. mit den Veränderungen vom Ausgangszustand hin zu dem gewünschten Endzustand, ein. Wenn es zutrifft, daß gerade die Analyse der Übergangsphänomene von entscheidender Bedeutung für die Beurteilung von Politikmaßnahmen sind, dann ergeben sich zusätzliche Probleme für eine modellgestützte Wirkungsanalyse unterschiedlicher Politikmaßnahmen. Ökonomen betrachten in dynamischen Modellen nämlich häufig nur 'steady-state' Lösungen (vgl. z.B. Barro, Sala-I-Martin 1995). Dies ist dann unproblematisch, wenn die Anpassungen an einen steady-state rasch erfolgen. Gerade dies ist aber aufgrund der Langlebigkeit der Schadstoffe im Umweltbereich und aufgrund der nur langfristig beeinflußbaren Bevölkerungsentwicklung in diesem Kontext zumindest unwahrscheinlich, wenn nicht sogar unzutreffend. Die Ergebnisse von dynamischen Modellen, sofern sie auf der Annahme eines steady-state abgeleitet werden, müssen daher durch Überlegungen über mögliche Probleme, die im Übergang zu solch einem Gleichgewicht hin auftreten, ergänzt werden.

1.4 Ansätze zur Analyse von Bevölkerungswachstum und Umweltnutzung

In den vorangegenen Abschnitten haben wir uns mit den grundlegenden Problemen beschäftigt, die bei einer Untersuchung des Verhältnises von Umweltnutzung und Bevölkerungsentwicklung auftreten. In diesem Abschnitt wollen wir die Ansatzpunkte für die nachfolgende Analyse präzisieren und einen Überblick über die einzelnen Teile der Studie geben. Bei der Analyse des Zusammenhangs zwischen Bevölkerungsentwicklung sowie Umwelt- und Rohstoffproblemen ist es sinnvoll, zwei unterschiedliche Fragestellungen, eine positive und eine normative, zu unterscheiden.

1. Positiv muß untersucht werden, inwiefern Bevölkerungswachstum Umwelt- und Rohstoffprobleme verursacht und welche Auswirkungen Rohstoff- und Umweltprobleme auf die Entwicklung und Verteilung der Bevölkerung haben.
2. Normativ müssen Kriterien entwickelt werden, die es erlauben, die Einführung bevölkerungspolitischer Maßnahmen zu rechtfertigen, und es ermöglichen, verschiedene Maßnahmen miteinander zu vergleichen.

Es geht also einerseits darum, Bestimmungsgründe der Bevölkerungsentwicklung und der Umweltnutzung zu identifizieren, damit wir in der Lage sind, in Form von Wenn–Dann Aussagen die mögliche Entwicklung von Bevölkerung und Umweltqualität anzugeben. Solche Untersuchungen sind die Voraussetzung dafür, künftige Entwicklungen zu prognostizieren und die Wirkungen von bevölkerungs- bzw. umweltpolitischen Maßnahmen anzugeben. Wissenschaftstheoretisch betrachtet, handelt es sich hierbei um Fragestellungen, die im Rahmen deskriptiver oder positiver Theorien untersucht werden.

Andererseits kann man fragen, ob der gegenwärtige Zustand der Bevölkerungsentwicklung und der Umweltqualität erwünscht ist. Dies sind Fragestellungen der normativen Theorie. Zu ihrer Klärung müssen Kriterien zur Beurteilung der beobachteten Bevölkerungsentwicklung und der Veränderungen in der Umweltqualität entwickelt werden. Dies ist eine Voraussetzung dafür, bevölkerungs- oder umweltpolitische Maßnahmen zur Korrektur des Ergebnisses individueller Handlungen zu postulieren. Zusammen mit den Erkenntnissen der positiven Theorie können dann unterschiedliche Politikmaßnahmen hinsichtlich ihrer Wirksamkeit im Blick auf die gesetzten Ziele verglichen und geordnet werden. Eine umfassende Analyse des Zusammenhangs zwischen Bevölkerungsentwicklung und Umweltverbrauch muß beides enthalten: positive Theorie und normative Überlegungen.

Die bevölkerungswissenschaftliche Literatur bietet zwei Anknüpfungspunkte, Fragen nach dem Verhältnis von Umweltverbrauch und Bevölkerungsbewegng zu untersuchen, die den Kategorien positiver und normativer Theorien zugeordnet werden können:

1. Die Theorie des demographischen Übergangs, die im wesentlichen in den Bereich der positiven Theorie fällt.
2. Die Theorie der optimalen Bevölkerungsgröße, deren Schwerpunkt normative Fragestellungen sind, wobei - wie in Kapitel 5 ausgeführt wird - auch Elemente positiver Theoriebildung mit bedacht werden.

Die Fragestellungen dieser beiden Felder sollen hier kurz dargestellt werden werden.

Die "Theorie des demographischen Übergangs" hat ihren Ausgangspunkt in den in der Vergangenheit beobachteten realen Veränderungen der Bevölkerungsentwicklung der Industrienationen. In diesen Staaten fand ein Übergang von einer quasi stationären Bevölkerungsgröße, in der die Geburten- und die Sterberaten hoch waren, zu einem Zustand statt, der wiederum quasi stationär ist, in dem aber nun die Geburten- und die Sterberaten niedrig sind. Die Auswertung der Bevölkerungsgeschichte der Industrienationen zeigt ein typisches Muster des Überganges: es setzte zuerst ein Rückgang der Sterberaten ein; dann erst sanken die Geburtenraten; dadurch nahm zunächst das Wachstum der Bevölkerung zu, um nach dem Rückgang der Geburtenraten wieder zu sinken. In den Arbeiten zum demographischen Übergang wird nun untersucht, welche Faktoren diesen Prozeß erklären können. Üblicherweise wird ganz allgemein die Modernisierung der Gesellschaft als die entscheidende Ursache der Veränderung der Bevölkerungsentwicklung betrachtet. Da hierzu auch Veränderungen in der Wirtschaft gehören, die wiederum Rückwirkungen auf die Inanspruchnahme der Umwelt als Rohstofflieferant und Schadstoffempfänger haben, ist es naheliegend, die Wechselwirkungen zwischen Umweltnutzung und Bevölkerungsentwicklung im Rahmen der Theorie des demograhischen Überganges zu untersuchen.

An dieser Stelle läßt sich an eine Diskussion anschließen, die gegenwärtig in der Umweltökonomie von Bedeutung ist, nämlich die Debatte um die sogenannte 'Environmental-Kuznets-Kurve', die einen Zusammenhang zwischen wirtschaftlicher Entwicklung und Umweltverbrauch behauptet, der einer umgekehrten U-Kurve folgt. Die Ergebnisse bevölkerungswissenschaftlicher Untersuchungen zum demographischen Übergang sowie die Verbindungen zur Debatte über die 'Environmental-Kuznets-Kurve' sollen in Kapitel 2 und

3 der Arbeit dargestellt werden. Dabei werden wir in Kapitel 2 die historische Entwicklung der Bevölkerungsbewegung in den Industriestaaten und die Bevölkerungsentwicklung in den Dritte-Welt Staaten untersuchen. Anhand der historischen Entwicklung der Bevölkerung und des Energieverbrauches im Vereinigten Königreich (UK) werden wir mögliche Zusammenhänge zwischen Bevölkerungsentwicklung, Umweltverbrauch und wirtschaftlicher Entwicklung diskutieren. In Kapitel 3 wenden wir uns der detaillierten Analyse der Bedeutung der Bevölkerungsentwicklung bei der Inanspruchnahme der Umwelt als Schadstoffempfänger zu. Stellvertretend für die Umweltnutzung werden wir die durch die Nutzung fossiler Energieträger verursachten CO_2-Emissionen betrachten. Es wird ein Ansatz entwickelt, der es erlaubt, Veränderungen der CO_2-Emissionen auf Änderungen in der Wirtschaftsstruktur und der verwendeten Produktionstechnologie, Änderungen im Pro-Kopf-Sozialprodukt sowie Veränderungen in der Bevölkerungsgröße zuzurechnen. Dieser Rahmen wird verwendet, um die beobachteten Veränderungen der Emissionen in Afrika, Lateinamerika und den OECD Staaten in dem Zeitraum von 1965-1989 zu untersuchen.

In den nachfolgenden Kapiteln der Arbeit wenden wir uns der normativen Analyse zu. Wir wollen untersuchen, inwieweit Bevölkerungstheorien von der Vorstellung einer optimalen Bevölkerungsgröße geleitet werden und in Bezug auf welche Ziele die Bevölkerungsentwicklung optimal sein soll. Damit eng zusammen hängt die Frage, ob die Bevölkerung ihre optimale Größe zwangsläufig erreicht und, wenn ja, welche Mechanismen dies sicherstellen könnten, oder ob das Optimum nur durch entsprechende bevölkerungspolitische Maßnahmen garantiert werden kann, weil keine Mechanismen existieren, die zum Optimum führen.

Diese Fragen sollen anhand ausgewählter Bevölkerungstheorien von der Antike über die Neuzeit in Kapitel 4 bis in die Gegenwart in Kapitel 5 untersucht werden. Dabei sind die Beispiele für die modernen Bevölkerungstheorien der Ökonomik entnommen, da sich die gesamte Arbeit letztlich mit der Bevölkerungsproblematik aus der ökonomischen Perspektive beschäftigt. Der Überblick über die modernen Bevölkerungstheorien in Kapitel 5 reicht von Arbeiten aus dem Bereich der positiven ökonomischen Theorie der Fertilität, die auf Becker (1960) zurückgeht und von Becker, Lewis (1973) und Willis (1973) maßgeblich weiterentwickelt wurde, bis hin zu Arbeiten von Dasgupta (1993) und Razin, Sadka (1995). Darüber hinaus werden wesentliche Elemente der Analyse von Bevölkerungsfragen im Rahmen der normativen Ökonomik ausgehend von Nerlove, Razin, Sadka (1987) bis zu Blackorby, Donaldson (1991) dargestellt und bewertet.

Im einzelnen sollen im Verlauf dieser Untersuchung die beiden folgenden Fragen beantwortet werden:

1. Existieren Grenzen für die Größe einer (optimalen) Bevölkerung? Und wenn dies zutrifft: Wo liegen diese? Wie lassen sie sich bestimmen? Von welchen Faktoren hängen sie ab?

2. Existieren Mechanismen, die sicherstellen, daß etwaige Grenzen eingehalten werden, bzw. garantieren, daß ein Überschreiten dieser Grenzen wieder korrigiert wird?

Im Kontext unserer Frage nach den Beziehungen zwischen Bevölkerungsentwicklung und Rohstoff- und Umweltverbrauch wird aufgezeigt, wie in der Bevölkerungstheorie in der Vergangenheit diese Fragen beantwortet worden sind und wie sich die Frage nach der optimalen Bevölkerungsgröße im Rahmen ökonomischer Analysen konkretisieren läßt. An dieser Stelle ergeben sich auch Anknüpfungspunkte zu Fragen, die im ersten Teil zum demographischen Übergang angesprochen wurden. Es wird deutlich, daß die ökonomische Theorie der Fertilität eine mögliche Erklärung für den demographischen Übergang liefert. Darüber hinaus wird gezeigt, daß Ökonomen die Frage der optimalen Bevölkerungsgröße in der Regel mit wohlfahrtstheoretischen Überlegungen verknüpfen. Welche Probleme dabei auftreten und wo ganz allgemein die Grenzen wohlfahrtsökonomischer Überlegungen zur Analyse des Problems einer optimalen Bevölkerungsgröße liegen, wird am Ende von 5 diskutiert.

In Kapitel 6 der Arbeit wollen wir uns ausführlich mit dem Zusammenhang zwischen Umweltnutzung, wirtschaftlicher Entwicklung und dem Bevölkerungswachstum beschäftigen. Hierzu werden Modelle aus der ökonomischen Literatur vorgestellt und diskutiert, in denen diese Wechselwirkungen untersucht werden. Diese lassen sich hinsichtlich ihrer regionalen Differenzierung und der Behandlung der Zeit systematisieren. Dementsprechend stellen wir die Ergebnisse von statischen und dynamischen Modellen vor, die sich mit dem Zusammenhang von regionalen Umweltproblemen und der Bevölkerungsentwicklung beschäftigen und wir analysieren statische und dynamische Modelle, in denen globale Umweltprobleme und die Bevölkerungsentwicklung untersucht werden.

In Kapitel 7 diskutieren wir dann die Grenzen und Möglichkeiten der ökonomischen Modellierung des Zusammenhangs zwischen Umweltnutzung, Bevölkerungswachstum und wirtschaftlicher Entwicklung. Dazu wird ein Modell skizziert, das die wesentlichen Aspekte der Wechselwirkungen zwischen Bevölkerung, Umwelt und Wirtschaft, wie sie in Kapitel 1 bis 3 erarbeitet wurden, aufnimmt. Anhand dieses Modellentwurfs lassen sich die Probleme der Modellierung im Hinblick auf die Anwendbarkeit der Ergebnisse für die Politikempfehlung ausführlich darlegen. Kapitel 8 faßt die Ergebnisse zusammen und formuliert die nach wie vor offenen Fragen.

2. Der demographische Übergang

2.1 Einleitung

Die Vorstellung eines demographischen Überganges ist das dominierende Paradigma in den Bevölkerungswissenschaften bei der Beschreibung der Bevölkerungsentwicklung der letzten Jahrhunderte. Mit diesem Begriff wird die Veränderung der Bevölkerung von einem annähernd stationären Zustand mit hohen Sterbe- und Geburtenraten zu einem ebenfalls annähernd stationären Zustand, in dem allerdings die Sterbe- und Geburtenraten niedrig sind, bezeichnet. Eine solche Bevölkerungsentwicklung war charakteristisch für die Bevölkerungsentwicklung in den Industrieländern in den letzten zwei Jahrhunderten; auch die Bevölkerungsentwicklung in den Entwicklungsländern in den letzten 100 Jahren folgt diesem Muster. Allgemein wird der demographische Übergang als die Abfolge historischer Phasen definiert, die jede Gesellschaft auf dem Weg ihrer Modernisierung durchläuft (Chesnais 1992:2). Idealer Weise wird eine solche historische Entwicklung - wie in Abbildung 2.1 dargestellt - in vier Phasen zerlegt (Chesnais 1992:27-28).[1]

1. Die prätransformative Phase. Diese Phase ist gekennzeichnet durch hohe Geburtenraten (CBR- Linie) und hohe Sterberaten (CDR-Linie), so daß die Bevölkerung stationär ist oder nur sehr langsam wächst (CRNI). [2]
2. Die Phase beschleunigten Wachstums. Diese zeichnet sich durch sinkende Sterberaten aus, während die Geburtenraten konstant bleiben.
3. Die Phase kontrahierenden Wachstums. Diese beginnt in dem Zeitpunkt, zu dem auch ein Rückgang der Geburtenraten einsetzt.
4. Die posttransformative Phase. In dieser Phase sind sowohl die Sterbe- als auch die Geburtenraten sehr niedrig und die Bevölkerung wächst kaum

[1] Die Literatur zum demographischen Übergang ist recht umfangreich. Beiträge hierzu wurden z.B. Notestein (1945), Coale (1973), Caldwell (1976, 1978), Hauser (1990a, 1990b) und Todaro (1993) geleistet. Die folgenden Ausführungen orientieren sich vor allem an Chesnais (1992), da dies die umfassendste empirische und theoretische Analyse des demographischen Übergangs darstellt. Eine kompakte Zusammenfassung des Standes der Forschung liefert Kirk (1996).

[2] Die Geburtenrate wird mit CBR (crude birth rate), die Sterberate mit CDR (crude death rate) und die Wachstumsrate mit CRNI (crude rate of natural increase) abgekürzt. Diese Größen geben jeweils die Zahl der Geburten- und Sterbefälle pro 1000 Bewohner, bzw. die Differenz zwischen der so ermittelten Geburten und Sterberate an.

noch. Es ist sogar möglich, daß die Bevölkerung schrumpft, wenn nämlich die Sterberaten größer als die Geburtenraten sind.

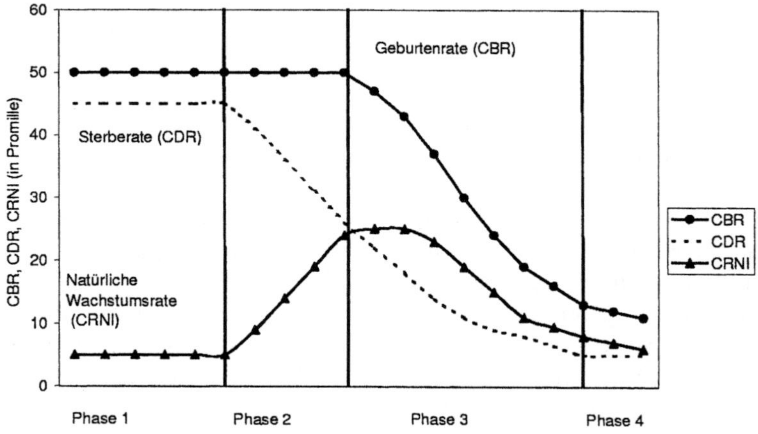

Abb. 2.1. Der demographische Übergang

Nahezu alle Industrieländer haben in den letzten beiden Jahrhunderten eine demographische Entwicklung durchlaufen, die sich in das Schema des demographischen Überganges einordnen läßt, insofern damit der Übergang von einem niedrigem Bevölkerungswachstum bei hohen Geburten- und Sterberaten zu einem ebenfalls niedrigen Wachstum, allerdings bei niedrigen Geburten- und Sterberaten gemeint ist; das konkrete zeitliche Profil und die Determinanten des Übergangs unterscheiden sich zwischen den Staaten. Auch die Veränderung der Bevölkerungsentwicklung in den Entwicklungsländern in der Nachkriegszeit folgt im wesentlichen diesem Muster (Chesnais 1992: Kapitel 2). Die Tatsache, daß die Bevölkerungsentwicklung der meisten Staaten sich in dieses Schema einordnen läßt, liefert allerdings keinerlei Hinweise auf die Ursachen der Veränderung in den Sterbe- und Geburtenraten. Um diesen Prozeß zu verstehen, muß eine Theorie formuliert werden, die geeignet ist, den beobachteten Rückgang der Sterbe- und Geburtenraten und den typischen Zeitverlauf dieser Entwicklung zu erklären.

In der Bevölkerungswissenschaft wird im allgemeinen die Modernisierung der Gesellschaft im Laufe ihrer Geschichte als die zentrale Triebfeder des demographischen Übergangs angegeben (Notstein 1945). Offen bleibt dabei allerdings zunächs, was unter einer Modernisierung der Gesellschaft zu verstehen ist und was die Ursachen bzw. Bestimmungsfaktoren eines solchen Modernisierungsprozesses sind. Darauf soll in Abschnitt 2.4 noch einmal eingegangen werden. An dieser Stelle erscheint es zweckmäßig, die Veränderungen der Sterbe- und Geburtenraten, wie sie in den Industriestaaten zu beobachten war und wie sie in den Entwicklungsländer zu beobachten sind, näher zu untersuchen. Bei dieser Analyse wird zwar vor allem die historische Entwicklung im Vordergrund stehen, dennoch lassen sich daraus bereits allgemeine Schlußfolgerungen für die Vorhersage der zukünftigen Entwicklung formulieren (vgl. Abschnitt 2.4).

2.2 Der demographische Übergang in den Industriestaaten

Der demographische Übergang in den Industriestaaten setzte Ende des 18. und zu Beginn des 19. Jahrhunderts in einigen europäischen Staaten, wie z.B. Frankreich und Skandinavien, mit einem langsamen Rückgang in den Sterberaten ein, der bis Mitte des 20. Jahrhunderts eine große Rolle in der demographischen Entwicklung der Industriestaaten spielt (vgl. Todaro 1993:200ff, Chesnais 1992: 75ff.). Nach der Einschätzung von Chesnais (1992:47) ist es vor allem die Änderung der Sterberaten und damit die Verlängerung der durchschnittlichen Lebenserwartung, die zunächst das Wachstum der Bevölkerung bestimmt haben. Dabei wird der Rückgang der Sterberate in erster Linie auf die folgenden drei Faktoren zurückgeführt:

1. Die Verbesserung der Nahrungsmittelversorgung. Hierzu haben Produktionssteigerungen in der Landwirtschaft ebenso beigetragen, wie eine Verbesserung der Lagerung und des Transportes von Lebensmitteln.
2. Der zunehmende Bau von hochwertigen Häusern und Wohnungen und die Verbesserungen in der Hygiene führen ebenfalls zu einem Rückgang der Sterberaten.
3. In die gleiche Richtung wirken schließlich auch die Fortschritte in der Medizin und deren weite Verbreitung und Nutzung in der Gesellschaft.

Zeitlich läßt sich der dauerhafte Rückgang der Sterberaten in den industrialisierten Staaten in vier aufeinanderfolgende Perioden einteilen, wie sie in der nachfolgenden Tabelle 2.1 dargestellt sind (Chesnais, 1992:75ff). Diese Perioden sind unabhängig von den jeweiligen Stadien des demographischen Übergangs in den einzelnen Staaten, da der Rückgang der Sterberaten nicht in allen europäischen Staaten bereits Ende des 18. Jahrhunderts einsetzte.

Die erste Periode des Sterblichkeitsrückgangs wird im wesentlichen durch die Verbesserungen in der landwirtschaftlichen Produktion, durch Verbesserungen in den Gesundheitsbedingungen aufgrund von Fortschritten in der Hygiene und durch die 1796 von dem britischen Arzt Edward Jenner entwickelte Pockenschutzimpfung bestimmt.

In der zweiten Periode werden die weiteren Veränderungen der Sterberaten durch eine erste "medizinische Revolution" erreicht, deren Wegbereiter die Arbeiten von Pasteur und Koch im letzten Drittel des 19. Jahrhunderts waren.

Die dritte Periode des Rückganges der Sterberaten setzt nach dem ersten Weltkrieg ein. In dieser Periode sinken die Sterberaten vor allem durch eine weite Verbreitung moderner Medizintechnik und eine Verbesserung und Ausweitung der allgemeinen Gesundheitserziehung.

Die vierte Periode des Rückganges der Sterberaten ist verbunden mit der Entdeckung des Penicilins sowie der Antibiotika und deren Verbreitung zur Bekämpfung bakterieller Infektionskrankheiten nach dem 2. Weltkrieg.

Tabelle 2.1. Perioden des Rückgangs der Sterberaten

	Zeit	Veränderungen
Periode I	Ende 18., beginnendes 19. Jahrhundert	Verbesserungen in der landwirtschaftlichen Produktion. Verbesserungen in der Hygiene, Pockenschutzimpfung.
Periode II	Letztes Drittel 19. Jahrhundert	"Medizinische Revolution", die hauptsächlich mit den Entdeckungen von Koch und Pasteur verbunden ist.
Periode III	Nach dem 1. Weltkrieg	Weite Verbreitung der Medizintechnik, verbesserte Gesundheitserziehung.
Periode IV	Nach dem 2. Weltkrieg	Entdeckung des Penicilins und die Entwicklung von Antibiotika.

Die umfassende Untersuchung des Rückganges in den Sterberaten der letzten 200 Jahren von Chesnais (1992: Kapitel 3) zeigt, daß dieser im wesentlichen auf eine Verbesserung technischer Möglichkeiten sowie deren Verbreitung in der Gesellschaft zurückging. Dieser Prozeß weist eine charakteristische Zeitstruktur auf: In Staaten, in denen der Rückgang der Sterberaten erst später einsetzte, erfolgte dieser Prozeß schneller, weil bessere Anbau- und Lagertechniken für Nahrungsmittel bereits existierten und Wissen über Verbesserungsmöglichkeiten in den hygienischen Verhältnissen und der medizinischen Versorgung verfügbar war.

Die dritte Phase im demographischen Übergang, die Phase des kontrahierenden Wachstums mit einem dauerhaften Rückgang der Fertilität, setzt in wenigen Staaten Europas und in den USA bereits Ende des 18. Jahrhunderts ein. Im überwiegenden Teil der Industriestaaten beginnt der anhaltende Rückgang der Sterberaten allerdings erst in der zweiten Hälfte des 19. Jahrhunderts (Chesnais 1992: Kapitel 4). Dabei läßt sich - im Gegensatz zur Änderung der Sterberaten - eine ähnlich präzise Einteilung des Rückganges der Geburtenraten, die den zeitlichen Verlauf eindeutig identifizierbaren Ursachen zuordnet, nicht angeben. Während die Änderung der Sterberaten im wesentlichen unabhängig von individuellem Verhalten und kulturellen und religiösen Normen abläuft und damit in erster Linie durch biologische Prozesse determiniert ist, die durch Ernährung, Hygiene und Medizin beeinflußt werden können, ist die Änderung der Geburtenrate stärker durch Veränderungen individuellen Verhaltens bestimmt.

Die Schwierigkeiten, die Änderung der Geburtenraten annähernd so genau abzubilden wie die Änderung der Sterberaten, werden deutlich, wenn man nach den Motiven von Eltern fragt, Kinder zu zeugen. Dasgupta (1993:161ff und 1995:892ff) nennt im wesentlichen drei Kategorien von Motiven:

1. Kinder werden um ihrer selbst willen gezeugt; sie sichern das Überleben der Gattung und tragen dazu bei, die Familienlinie fortzuführen.
2. Kinder dienen als Alterssicherung in Gesellschaften, bzw. in historischen Phasen, in denen es noch keine funktionierenden Versicherungssysteme und Kapitalmärkte gibt, die eine Absicherung im Alter unabhängig von der Zahl der überlebenden Kindern ermöglichen.
3. In den Industriestaaten trugen die Kinder in der Vergangenheit häufig bereits in jungen Jahren zum Familieneinkommen bei. In den Entwicklungsländern ist dies gegenwärtig noch in vielen Regionen der Fall.

Die Einführung staatlicher Sicherungssysteme und die verbesserten Ausbildungsmöglichkeiten der Kinder sowie Verbote von Kinderarbeit führten in entsprechenden Ländern dazu, daß (i) nicht mehr so viele Kinder zur Absicherung im Alter notwendig waren; daß (ii) Kinder dadurch eher zu Kostenfaktoren wurden und daß sie (iii) nicht mehr im Kindesalter schon zum Familieneinkommen beitragen konnten. Gleichzeitig führte eine bessere Gesundheitsversorgung zu einem Rückgang der Säuglingssterblichkeit; damit waren nicht mehr so viele Geburten nötig, um die gleiche Anzahl überlebender Kinder sicherzustellen.

Wenn sich zudem noch die Rolle der Frau in der Gesellschaft ändert und eine vom Mann unabhängige wirtschaftliche Selbständigkeit der Frau von der Gesellschaft akzeptiert wird, dann steigt regelmäßig das durchschnittliche Heiratsalter und damit sinkt ceteris paribus auch die Zahl der Kinder. Hinzu kommt, daß bessere Techniken der Familienplanung eine wirkungsvollere Geburtenkontrolle ermöglichten. Auf diese Weise kann die Differenz zwischen der Zahl der gewünschten Kinder und der tatsächlichen Kinderzahl verkleinert werden.

Die bisher vorgetragenen Argumente zur Erklärung des Rückgangs der Geburtenrate sind sicherlich unvollständig und lassen sich jeweils um weitere Bestimmungsgründe ergänzen. Auch sind die genannten Faktoren nicht immer exakt zu separieren. So kann beispielsweise eine Veränderung der Stellung der Frau sowohl Ursache als auch Folge verbesserter Bildungsmöglichkeiten und damit einhergehender wirtschaftlicher Selbständigkeit sein. Die Ausführungen zeigen auch, daß eine "Theorie des demographischen Übergangs", die Faktoren identifiziert und Ursache-Wirkungsbeziehungen angibt, nur schwer zu formulieren ist. Dennoch lassen sich bestimmte Regelmäßigkeiten in der Bevölkerungsentwicklung - wie die obigen Ausführungen gezeigt haben - angeben. Darüber hinaus ergeben sich auch noch charakteristische Unterschiede in der Bevölkerungsgeschichte der Industrienationen und dem demographischen Übergang der Entwicklungsländer, wie die Analyse des demographischen Überganges der Dritte-Welt-Länder im folgenden Abschnitt zeigen wird.

2.3 Der demographische Übergang in den Entwicklungsländern

Die Bevölkerungsbewegung der Entwicklungsländer folgt zwar ebenfalls dem grundlegenden Schema des demographischen Übergangs. D.h. auch hier ist eine Veränderung von einer Situation mit niedrigen Bevölkerungswachstumsraten, die durch hohe Geburten- und Sterberaten charakterisiert sind, hin zu einem Zustand mit ebenfalls niedrigen Wachstumsraten, die sich nun aber durch niedrige Geburten- und Sterberaten auszeichnen, zu beobachten. Jenseits dieser gleichartigen Tendenzen bestehen allerdings Unterschiede in der Form des Übergangs. Zunächst kann aber ganz allgemein festgehalten werden, daß sich seit Mitte des 20. Jahrhundert alle Entwicklungsländer in der zweiten Phase des Überganges, d.h. in der Phase sinkender Sterberaten befinden. Im Gegensatz zu der Entwicklung der europäischen Staaten Mitte des 19. Jahrhunderts fallen die Sterberaten in den Dritte-Welt-Ländern schneller, da diese bereits auf das Wissen und die Techniken der modernen Gesundheitssysteme zurückgreifen können.

Hinsichtlich des Eintritts in die dritte Phase des Überganges, d.h. des Rückganges der Fertilitätsraten, lassen sich nach Todaro (1993:201ff) allerdings zwei Klassen von Entwicklungsländern unterscheiden. Im ersten Fall sinken sowohl die Sterberaten als auch die Geburtenraten recht schnell. Beispiele hierfür sind die Länder Taiwan, Süd Korea, China, Kuba (Todaro 1993:201). Die Bevölkerungsentwicklung der meisten Dritte-Welt-Länder ist seiner Ansicht nach jedoch anders verlaufen: Nach einer ersten Phase des schnellen Rückganges der Sterberaten stagniert diese Entwicklung; gleichzeitig verharrt die Geburtenrate auf einem nach wie vor hohen Niveau. Dieser Verlauf der Bevölkerungsentwicklung ist nach Auffassung von Todaro (1993:201) typisch für viele Staaten Afrikas und des Mittleren Ostens.

Die Analyse des Verlaufes der Geburten- und Sterberaten in den Entwicklungsländern in der Nachkriegszeit bestätigt im wesentlichen die Behauptung von Todaro. In Abbildung 2.2 sind die zeitliche Entwicklung der Geburten- und Sterberaten für die ärmsten Länder der Welt (LLDC) zwischen 1950 und 1990 dargestellt, zu denen der überwiegende Teil der afrikanischen Staaten und zahlreiche asiatische Staaten gehören. Hier zeigt sich, daß die Sterberaten (CDR-Kurve) in der Nachkriegszeit kontinuierlich fallen, während die

Geburtenraten (CBR-Kurve) bis zu Beginn der siebziger Jahre nahezu konstant bleiben und danach nur langsam sinken. Hierdurch wächst die Bevölkerung mit einer größer werdenden Rate (CRNI-Kurve). Erst seit Beginn der achtziger Jahre ist der Rückgang der Sterberaten geringer als der Rückgang der Geburtenraten; damit sinkt seit dieser Zeit auch die Wachstumsrate der Bevölkerung.

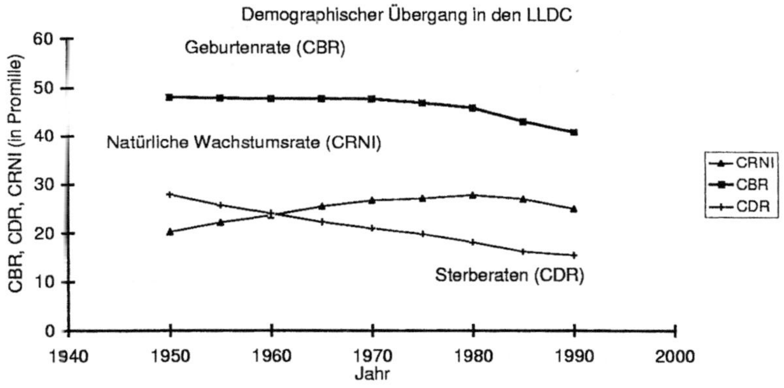

Abb. 2.2. Der demographische Übergang in den LLDC. Quelle: UN (1996).

Ein etwas anderes Bild ergibt sich im Durchschnitt aller Entwicklungsländer. Abbildung 2.3 zeigt, daß die Geburtenrate (CBR-Kurve) während der gesamten Nachkriegszeit gesunken ist. Da bis Mitte der sechziger Jahre die Sterberaten (CDR) schneller gefallen sind als die Geburtenraten, ist die Wachstumsrate stetig gestiegen. Danach setzt ein langsamer Rückgang der Wachstumsrate der Bevölkerung ein.

Nach der oben vorgestellten Einteilung des demographischen Überganges in vier Phasen befinden sich die Entwicklungsländer in der 3. Phase des kontrahierenden Wachstums, d.h. es hat ein Rückgang der Geburtenraten eingesetzt, der beinahe in allen Staaten schneller erfolgt als der Rückgang der Sterberaten. Im Durchschnitt aller Entwicklungsländer liegt die Sterberate 1990 mit 9,1 Todesfällen pro 1000 Einwohner sogar leicht unterhalb der Sterberate der Industriestaaten, deren Wert mit 10,14 Todesfällen pro 1000 angegeben wird (UN 1996). Dies ist auf die unterschiedliche Altersstruktur zurückzuführen. Betrachtet man allerdings nur die ärmsten Staaten der Welt,

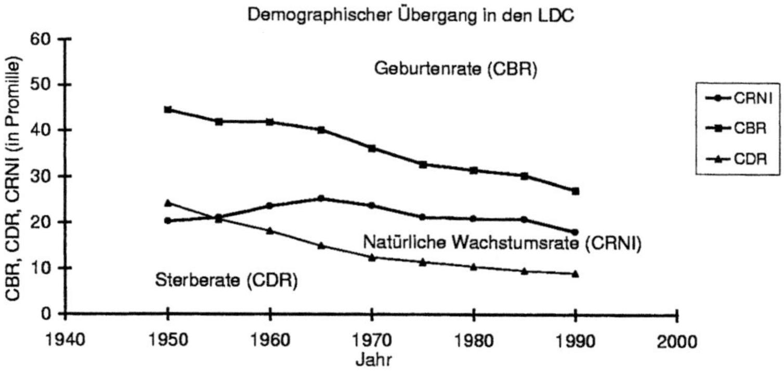

Abb. 2.3. Der demographische Übergang in den LDC. Quelle: UN (1996)

dann zeigen sich trotz günstigerer Altersstruktur in den LLDC große Unterschiede in den Sterberaten im Vergleich zu den Industriestaaten. Die Sterberate in den ärmsten Staaten der Welt beträgt im Schnitt 15,41 Todesfälle pro 1000. Erhebliche Unterschiede zwischen Industrie- und Entwicklungsländer bestehen aber nach wie vor bezüglich der Geburtenraten. Diese liegen in den Entwicklungsländern (LDC) insgesamt bei 27,23 Kinder pro 1000 Einwohner, wobei in den ärmsten Staaten (LLDC) sogar 40,39 Kinder pro 1000 Bewohner geboren werden. Damit liegen die Geburtenraten deutlich über dem Durchschnitt der Industriestaaten, die für 1995 mit 12,36 Geburten pro 1000 Einwohner angegeben wird. Dies bedeutet, daß der Übergang hinsichtlich der Sterberaten in den Entwicklungsländern gemessen an der Situation der Industriestaaten nahezu abgeschlossen ist; hinsichtlich der Entwicklung der Geburtenraten bestehen aber weiterhin große Unterschiede zwischen den Industrienationen und den Dritte-Welt-Staaten.

2.4 Schlußfolgerungen bezüglich des demographischen Übergangs

Die Ausführungen zum demographischen Übergang in den Industrie- und Entwicklungsländern zeigen, daß dieser in verschiedenen Ländern auf unterschiedliche Art und Weise erfolgte, bzw. erfolgt. Dennoch lassen sich anhand der Dauer des Übergangs und der im Übergang maximalen Wachstumsrate der Bevölkerung wesentliche Typen des demographischen Übergangs unterscheiden (Chesnais 1990:Kapitel 8).

- Typ I: Entwickelte Staaten Europas: Charakteristisch für diesen Typ ist, daß die Dauer des Übergangs zwischen 75 und 200 Jahren betrug, und daß die maximale Wachstumsrate der Bevölkerung unter 2% pro Jahr während dieser Zeit liegt.
- Typ II: Entwicklungsländer: Diese zeichnen sich durch eine sehr kurze Übergangsperiode (40- 80 Jahren) mit maximalen Wachstumsraten aus, die deutlich über 2% und teilweise sogar über 4% liegen, je nachdem ob der Rückgang der Fertilitätsraten kurz nach dem Rückgang der Sterberaten einsetzt oder erst mit einer längeren zeitlichen Verzögerung.

Für Chesnais (1992:279) ergibt sich hieraus die Folgerung, daß je später der Übergang einsetzt, desto kürzer ist die Zeit bis zu seinem Abschluß und umso höher ist auch die maximale Wachstumsrate der Bevölkerung im Übergang. Der wesentliche Unterschied zwischen dem demographischen Übergang in den Industrienationen und in den Entwicklungsländern liegt also in der Dauer des Transformationsprozesses und in der Höhe der maximalen Wachstumsraten. Hierfür sind im wesentlichen zwei Faktoren verantwortlich: zum einen fielen in den Entwicklungsländern die Sterberaten innerhalb sehr kurzer Zeiträume, da diese bereits über moderne Anbau- und Lagertechniken für Nahrungsmittel sowie Wissen über Verbesserungsmöglichkeiten der hygienischen Bedingungen und der medizinischen Versorgung verfügen konnten. Da der Rückgang der Fertilitätsraten erst nach dem Rückgang der Sterberaten einsetzte (häufig sogar erst dann als der Rückgang der Sterberaten abgeschlossen war), wurden sehr hohe Bevölkerungswachstumsraten erreicht. Zum anderen waren die Fertilitätsraten in Europa in der prätransformativen Phase niedriger als in den Entwicklungsländern, da das durchschnittliche Heiratsalter der Frau in den Entwicklungsländern niedriger ist, als es in den Industrienationen in der Vergangenheit war. Deshalb sind die Geburtenraten in den Dritte-Weltländern vor dem Übergang um durchschnittlich 5 Kinder pro 1000 Frauen höher als in der Prätransformationsphase der Industriestaaten (Chesnais 1992:99ff).

Die Beschreibung der Veränderung der Geburten- und Sterberaten in der Geschichte der Industrie- und Entwicklungsländer und ihre Typologisierung liefert noch keine Hinweise auf die Ursachen und Determinanten für den demographischen Übergang. In der demographischen Literatur werden jedoch einige Hypothesen bezüglich der Ursachen des demographischen Übergangs formuliert, die wir im folgenden vorstellen und kommentieren (Chesnais 1990:399ff).

1. Ohne einen Rückgang der Sterberaten kommt es auch nicht zu einem Rückgang der Geburtenraten.[3]
2. Der Rückgang der Fertilitätsraten scheint begleitet zu sein von einer zunehmenden Alphabetisierung vor allem von Frauen. Damit hängt die Entscheidung von Paaren, ihre Kinderzahl zu begrenzen, offensichtlich vom Bildungsstand der Frauen ab.
3. Der Rückgang der Fertilitätsraten wird von einer Verbesserung der wirtschaftlichen Situation begleitet.
4. Eine zunehmende Urbanisierung scheint ebenfalls zu einem Rückgang der Fertilitätsraten zu führen.
5. Neben diesen Faktoren, die in allen Ländern zu beobachten sind, gibt es weitere singuläre Ereignisse, die wichtig sein können, z.B. die großen Hungerkatastrophen in Irland, der 30 jährige Krieg in Deutschland, usw.
6. Bevölkerungswachstum und Migration sind eng miteinander verknüpft. So war die Intensität der europäischen Auswanderung im 19. Jahrhundert abhängig von den Fertilitätsraten.[4]

Diese Hypothesen sind allerdings nicht unumstritten. In einer Auswertung der Forschungsgeschichte der letzten 50 Jahre über die Determinanten der Fertilität zeigt van de Kaa (1997), daß zu vielen der oben genannten Hypothesen, Gegenbeispiele angeführt werden können (vgl. insbesondere van de Kaa 1997:44). Deshalb, so der Autor, muß man davon ausgehen, daß es eine allgemein akzeptierte Theorie des demographischen Übergangs nicht gibt. Die aus seiner Sicht überzeugendsten Voraussetzungen für einen Rückgang der Fertilität formulierte Coale (1973). Für ihn müssen zu einer dauerhaften Fertilitätsreduktion drei Bedingungen erfüllt sein:

1. Effiziente Verhütungstechniken müssen bekannt und verfügbar sein.
2. Die Menschen müssen eine niedrige Kinderzahl als Vorteil wahrnehmen.
3. Die Menschen müssen die Entscheidung über die Zahl ihrer Nachkommen als bewußte Wahl treffen.

Diese Voraussetzung machen deutlich, daß die Erklärung des demographischen Übergangs drei Dimensionen hat: eine biologisch-technische, eine sozio-ökonomische und eine kulturell-ideelle Dimension (van de Kaa 1997:45). Da aus der Perspektive der Ökonomen der Zusammenhang zwischen Fertilität und wirtschaftlichen Veränderungen im Vordergrund steht, wollen wir uns mit diesen und den damit verbundenen spezifischen Problemen bei der Erklärung

---

[3] Vergleiche hierzu auch die empirische Arbeit von Ben-Porath (1976) sowie die ökonomischen überlegungen von Sah (1991) und Cigno (1998).

[4] Für Chesnais (1992:5) liegen die Schwächen bisheriger Theorien zum demographischen Übergang gerade in der Vernachlässigung der regulativen Wirkung von Wanderungen. Deshalb widmet er der Rolle der Migration im demographischen Übergang ein eigenes Kapitel. Eine detaillierte Betrachtung der Ergebnisse von Chesnais würde den Rahmen der Arbeit allerdings weit überschreiten.

der Veränderung der Bevölkerungsentwicklung ausführlich beschäftigen. Dabei werden zwangsläufig andere Aspekte, wie beispielsweise das kulturelle Umfeld, die ebenfalls von Bedeutung sind, in den Hintergrund treten.

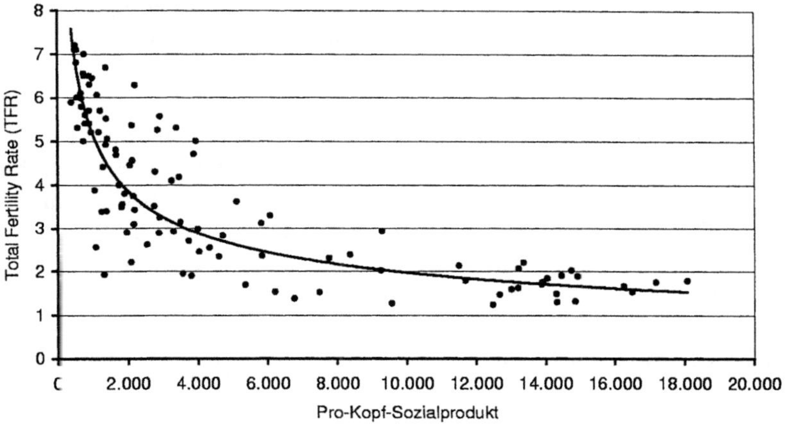

Abb. 2.4. Total fertility rate (TFR) und Pro-Kopf-Sozialprodukt für 107 Staaten der Welt für das Jahr 1990

Aus der Sicht der Ökonomik ist es wichtig festzuhalten, daß sich parallel zu den in der Vergangenheit beobachteten demographischen Veränderungen eine zunehmende Industrialisierung und damit eine stetige Verbesserung der materiellen Versorgung der Gesellschaften und der Einkommen beobachten läßt. Es scheint also eine enge Korrelation zwischen Geburtenraten und dem Pro-Kopf- Sozialprodukt zu existieren. Illustrieren läßt sich dies anhand der Abbildung 2.4. Hier wurde die durchschnittliche Zahl der Kinder pro Frau im Jahr 1990 (Total Fertility Rate, abgekürzt TFR) für 107 Staaten dem jeweiligen Pro-Kopf-Sozialprodukt der Bewohner dieser Staaten gegenüber gestellt. Die Graphik zeigt, daß diese beiden Größen negativ korreliert sind, d.h. in Staaten mit einem höheren Pro-Kopf-Sozialprodukt ist die durchschnittliche Kinderzahl einer Frau geringer als in Staaten mit einem niedrigen Pro-Kopf-Sozialprodukt. Aus dieser Korrelation folgt allerdings kein eindeutiger Ursache-Wirkungszusammenhang. Zunächst ist die Korrelation das Ergebnis einer Querschnittsbetrachtung. Ob dieser Zusammenhang auch für einzelne Staaten im Zeitablauf so auftritt, bleibt damit zunächst offen.

Dessen ungeachtet bieten sich zwei entgegengesetzte Hypothesen an, die mit der negativen Korrelation kompatibel sind:

Hypothese 1: Sinkende Sterbe- und Geburtenraten und damit eine niedrige Wachstumsrate der Bevölkerung sind die Voraussetzung für die Industrialisierung und wirtschaftliche Entwicklung eines Landes.

Hypothese 2: Hohes Bevölkerungswachstum und die damit verbundenen Probleme stellen einen Anreiz dar, die Lebensbedingungen der Bevölkerung zu verbessern. Die dadurch ausgelöste Industrialisierung führt zu gestiegenen Einkommen, die einen Rückgang der Sterberaten und ein verändertes Reproduktionsverhalten bewirkt, was letztlich in einer sinkenden Wachstumsrate der Bevölkerung resultiert.

Aus diesen beiden Hypothesen folgen unterschiedliche Politikempfehlungen. Akzeptiert man die Hypothese 1, dann wird man eine direkte Bevölkerungspolitik z.B. durch das Verteilen von Verhütungsmitteln vorschlagen, um die Voraussetzungen für wirtschaftliche Entwicklung zu schaffen. Akzeptiert man dagegen Hypothese 2, dann wird man keine auf die Reduktion des Bevölkerungswachstums abziehlende Politikmaßnahmen fordern. Man würde allenfalls Maßnahmen befürworten, die zu einem beschleunigten Wirtschaftswachstum führen, da sich hierdurch etwaige Probleme, die durch eine größe Bevölkerung entstehen können, von alleine lösen. In der Entwicklungspolitik ist ein solches Vorgehen unter dem Slogan "Entwicklung ist die beste Pille" bekannt geworden.

Kirk (1996:380) faßt diese unterschiedlichen Hypothesen über den Zusammenhang von demographischem Wandel und wirtschaftlicher Entwicklung wie folgt zusammen:

> "Broadly, there are two opposing theoretical perspectives in which the nature of demographic transition can be discussed. The first sees population growth, an especially rapid population growth, as a major brake on economic development. The second views it as a stimulant to economic growth. The first is characteristically used when referring to less the developed world, the second for industrial economies with low fertility."

Die Frage lautet nun, welcher der beiden Hypothesen ist zuzustimmen? Diese läßt sich allerdings nicht einfach beantworten. In einem theoretischen Modell ist sie nicht zu beantworten, da jede Modellierung bereits eine Entscheidung für eine der beiden Hypothesen voraussetzt. Damit bleibt zunächst die Möglichkeit, anhand von empirischen Untersuchungen zu entscheiden, welches die zu akzeptierende Hypothese ist.

Aber auch dies führt zu keiner eindeutigen Antwort. Es lassen sich nämlich in der Vergangenheit Beispiele sowohl für die eine als auch für die andere These finden. Chesnais (1992:Kapitel 11) zeigt, daß die Entwicklung in Frankreich ein Beispiel für den in Hypothese 1 formulierten Zusammenhang darstellt, während die Entwicklung in England eher die Hypothese 2 stützt.

Eine begründete Entscheidung für eine der beiden Hypothesen ist auch für die Beurteilung des Zusammenhanges zwischen Rohstoff- und Umweltproblemen und der Bevölkerungsentwicklung wichtig. Wenn nämlich das Bevölkerungswachstum eine bedeutende Wurzel unserer Umwelt- und Rohstoffprobleme ist und wachsende Einkommen niedrige Bevölkerungswachstumsraten bewirken, dann könnten durch die Beschleunigung wirtschaftlichen Wachstums auch die Umweltprobleme gelöst werden. Dies ließe sich sogar noch stützen durch Überlegungen, die sich mit dem Verhältnis von Umweltverbrauch und Einkommen beschäftigen. So gibt es die These, daß der Zusammenhang zwischen Einkommen und Umweltverbrauch durch eine umgekehrte U-förmige Kurve beschrieben werden kann. D.h. durch Steigerung der Einkommen nimmt der Umweltverbrauch zunächst zu, ab einer bestimmten Höhe führen weitere Einkommenssteigerungen allerdings zu einem Rückgang des Umweltverbrauches. Es wurden mittlerweile zahlreiche empirische Arbeiten vorgelegt, die diese These unterstützen. Wichtige Arbeiten hierzu sind Grossman, Krueger (1993 und 1995) sowie Shafik (1994) und Seldon, Song (1994). Eine kritische Diskussion dieser Hypothesen findet sich in Vol.15, No. 2 der Zeitschrift *Ecological Economics*, z.B. von Arrow et al (1995) und in dem 'special issue' der Zeitschrift *Environment and Development Economics*, Vol. 2, 1997.

Wäre die These der umgekehrten U-Kurve zutreffend, dann könnte in einem von Einkommenssteigerungen ausgelösten demographischen Übergang gleichzeitig ein Übergang zu einer weniger rohstoff- und schadstoffintensiven Produktionsweise erfolgen; eine mögliche Verschlechterung der Umweltqualität wäre dann allenfalls ein Übergangsphänomen. Auf diese Weise ließen sich Rohstoff- und Umweltprobleme sowie Schwierigkeiten aufgrund eines hohen Bevölkerungswachstums simultan lösen.

Wie diese These zu beurteilen ist, soll im Verlaufe der Untersuchung aufgezeigt werden. Dazu wollen wir die Beziehung zwischen Bevölkerungswachstum, wirtschaftlicher Entwicklung und den Veränderungen im Rohstoff- und Umweltverbrauch am Beispiel der Industrialisierung im Vereinigten Königreich (UK) näher untersuchen.

2.5 Bevölkerung, Wirtschaft und Umweltnutzung im Vereinigten Königreich

Die Bevölkerungsentwicklung im Vereinigten Königreich (UK) entspricht im wesentlichen dem oben dargelegten idealtypischen Verlauf des demographischen Übergangs in Form der vier in Abschnitt 2.1 angegebenen Phasen. Da in UK auch die Industrialisierung früh einsetzte und zudem über lange Zeiträume Bevölkerungsdaten, Informationen über die Entwicklung des Sozialproduktes sowie über den Energieverbrauch vorliegen, läßt sich am Beispiel UK's der Zusammenhang zwischen Bevölkerungsbewegung, Wirtschaftsentwicklung und Umweltverbrauch illustrieren. Stellvertretend für Rohstoff-

und Umweltprobleme sollen hierbei die CO_2-Emissionen betrachtet werden, die überwiegend durch die Nutzung nichtregenerierbarer fossiler Energieträger entstehen. Die Bevölkerungsdaten wurden aus Mitchel (1988) und der UN-Bevölkerungsprognose (UN-1996) entnommen. Die ökonomischen Daten stammen von Maddison (1995) und die CO_2-Daten von Marland et al. (1998).

2.5.1 Der demographische Übergang und das Wirtschaftswachstum in UK

In Abbildung 2.5 ist der Verlauf der Geburten- und Sterberaten und die natürliche Wachstumsrate der Bevölkerung in UK in der Zeit zwischen 1850 und 1975 in Fünfjahresschritten dargestellt. Die Graphik zeigt in etwa die für die Industrieländer typische Entwicklung, wie sie oben ausgeführt wurde. Die Sterberaten (CDR-Kurve) sinken in den betrachteten Intervall kontinuierlich. Eine deutliche temporäre Zunahme ist jedoch in den Zeiten der beiden Weltkriege dieses Jahrhunderts zu beobachten. Der Rückgang der Geburtenraten setzt um 1870 ein. Auch hier gibt es kurzfristige Anstiege nach den beiden Weltkriegen zu verzeichnen. Darüberhinaus stiegen die Geburtenraten nochmals zu Beginn der sechziger Jahre an.

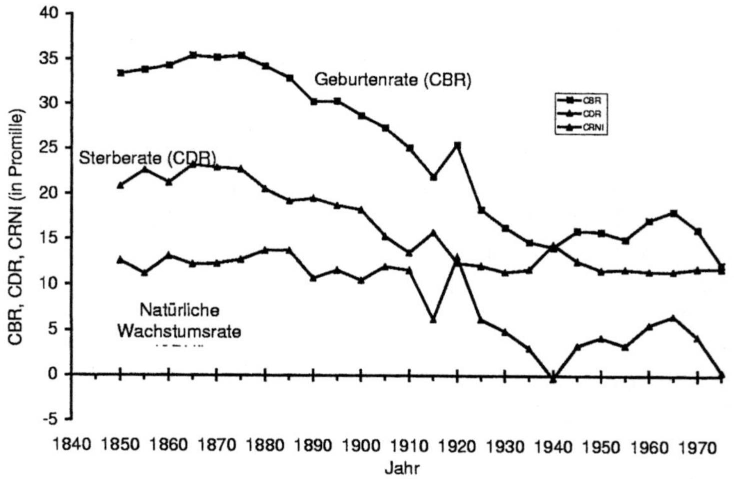

Abb. 2.5. Der demographische Übergang in UK

In Abbildung 2.6 ist das reale Pro-Kopf-Sozialprodukt (Y/P) der durchschnittlichen Zahl der Kinder pro Frau für den Zeitraum von 1870 bis 1990 in

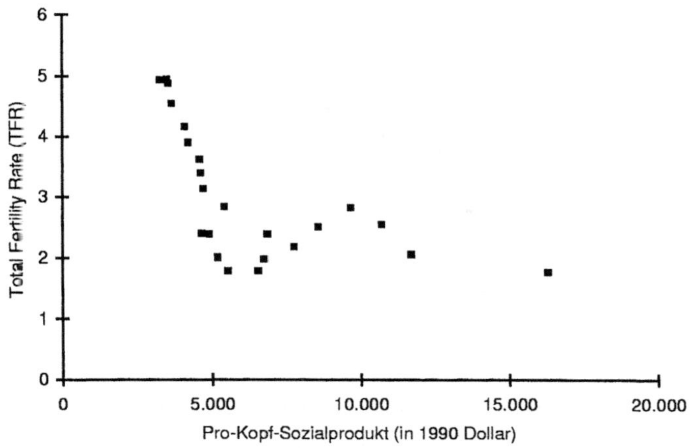

Abb. 2.6. Total fertility rate (TFR) vs reales Pro-Kopf-Sozialprodukt (Y/P) in UK für den Zeitraum 1870-1990

Fünfjahresschritten gegenübergestellt (TFR). Die Abbildung zeigt im wesentlichen einen negativen Zusammenhang zwischen diesen beiden Größen, d.h. eine höheres Pro-Kopf-Sozialprodukt geht auch einher mit einer niedrigeren TFR. Allerdings zeigt die Graphik auch, daß es Phasen in der Entwicklung von UK gab, in denen das höhere Einkommen auch mit einer höheren TFR einherging.

In Abbildung 2.7 wird dem realen Pro-Kopf-Sozialprodukt die absolute Bevölkerungsgröße gegenübergestellt. Hier zeigt sich, daß in der Regel bei einem höheren realen Pro-Kopf-Sozialprodukt auch die Bevölkerung absolut größer ist, wobei allerdings die Zunahme immer kleiner ausfällt. Dies illustriert nochmals, daß eine alleinige Orientierung an den Wachstumsraten (Stromgröße), die bei einem höheren Pro-Kopf-Sozialprodukt niedriger war, ein unvollständiges Bild liefert. Für viele Fragen im Zusammenhang mit Bevölkerungsproblemen ist nämlich die absolute Bevölkerungsgröße (Bestandsgröße) von Bedeutung; und diese steigt, solange die Wachstumsraten positiv sind, auch wenn die Bestandszuwächse mit sinkender Wachstumsrate kleiner ausgefallen sind.

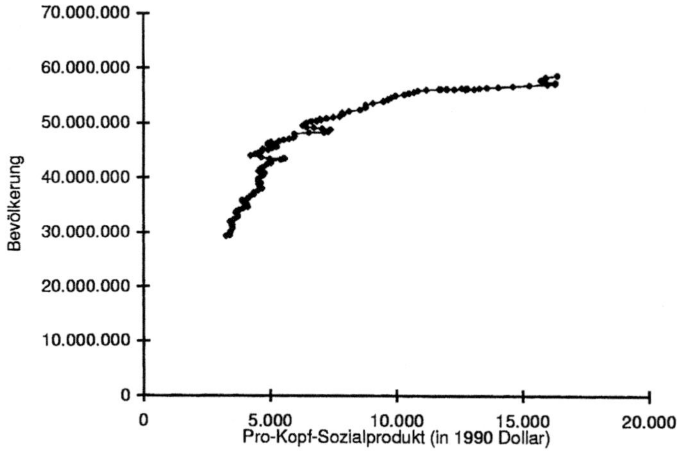

Abb. 2.7. Bevölkerungsgröße und reales Pro-Kopf-Sozialprodukt in UK für den Zeitraum 1870-1990

2.5.2 Umweltverbrauch, Bevölkerungsentwicklung und Wirtschaftswachstum in UK

In diesem Abschnitt soll untersucht werden, wie sich im Laufe der Industrialisierung die Inanspruchnahme der Umwelt als Rohstofflieferant und Schadstoffempfänger entwickelt hat. Als Indikator soll hierbei der Verbrauch fossiler Energieträger und die damit verbundenen CO_2-Emissionen dienen. In Abbildung 2.8 ist die Entwicklung der CO_2-Emissionen über den betrachteten Zeitraum und die Entwicklung des realen Sozialproduktes über den Zeitraum von 1870 bis 1994 dargestellt. In diesen rund 120 Jahren ist das reale Sozialprodukt mit wenigen Ausnahmen ständig größer geworden. Die CO_2-Emissionen sind bis zu Beginn der 70iger Jahre gewachsen; danach ist eine leichte Abnahme zu verzeichnen. Insgesamt gilt, daß das reale Sozialprodukt wesentlich schneller gestiegen ist als die CO_2-Emissionen, so daß die CO_2-Emissionen pro Einheit Sozialprodukt in dem betrachteten Zeitraum durchweg gefallen sind. Ursache hierfür ist die stetige Änderung der Industriestruktur zugunsten weniger CO_2-intensiver Produktionssektoren, eine verbesserte Energienutzung in der Produktion sowie die Substitution von CO_2-intensiven Energieträgern wie der Kohle zu weniger CO_2-intensiven Energieträgern wie Gas (vgl. Proops, Faber, Wagenhals 1993:69). Trotz dieser günstigen Entwicklung sind die Emissionsmengen pro Jahr fast ständig gestiegen.

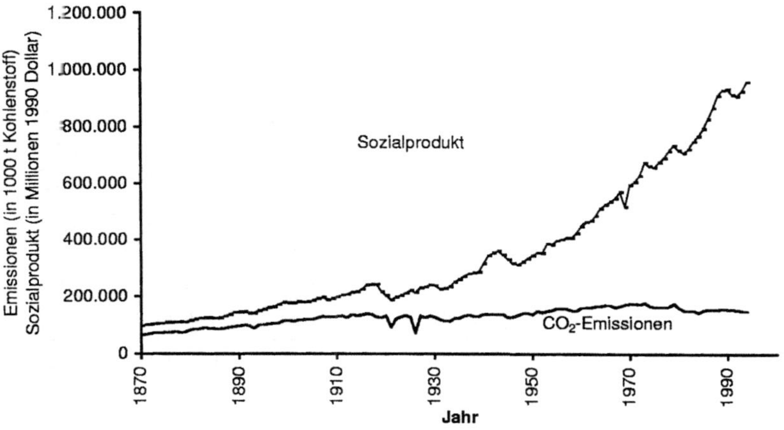

Abb. 2.8. CO_2-Emissionen und absolutes reales Sozialprodukt in UK für den Zeitraum 1870-1990

Darüber hinaus sind für die Beurteilung der Inanspruchnahme der Umwelt als Rohstofflieferant und Schadstoffempfänger die Emissionen weniger wichtig; entscheidend für die Beeinträchtigung der Umweltqualität sind vielmehr die Immissionen. Deshalb wurde in der Abbildung 2.9 die kumulierten CO_2-Emissionen der wirtschaftlichen Entwicklung in UK der letzten 120 Jahre abgebildet. Dabei wurde berücksichtigt, daß nur ein Teil der Emissionen in der Atmosphäre verbleibt, und daß hiervon ein Teil wiederum natürlich abgebaut wird. Die Annahmen über diesen Akkumulationsprozeß entsprechen der Vorgehensweise in Jöst (1994:111). Die Graphik zeigt, einen kontinuierlichen Anstieg der in der Atmosphäre verbleibenden CO_2-Emissionen, die durch die Energieerzeugung mit fossilen Energieträgern in UK ausgelöst wurden. Es zeigt sich hierbei deutlich, daß trotz geringerem Emissionswachstum bzw. auch bei einem absoluten Rückgang der CO_2- Emissionen in den letzten Jahren, die Immissionen weiter ansteigen.

An dieser Stelle kann nun die oben in Abschnitt 2.4 aufgeworfene Frage nach der 'Environmental-Kuznets Kurve' untersucht werden. In Abbildung 2.10 sind die CO_2-Emissionen dem realen Pro-Kopf-Sozialprodukt gegenübergestellt. Die Graphik zeigt den erwarteten Verlauf einer umgekehrten U-Kurve. D.h., bei einem steigenden Pro-Kopf-Sozialprodukt sind zunächst der Energieeinsatz und damit auch die Emissionen angestiegen. Diese erreichen allerdings ein Maximum. Der mit dem Wirtschaftswachstum einhergehende Strukturwandel führt dann dazu, daß weniger energieintensiv produ-

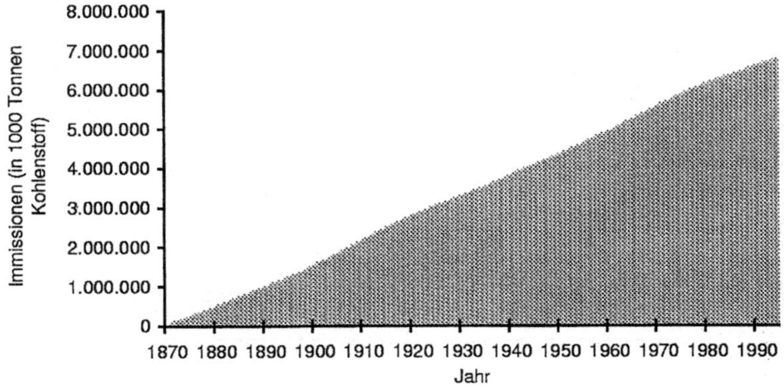

Abb. 2.9. Kumulierte CO_2-Emissionen in UK

zierende Industrien stärker wachsen, und daß bessere Technologien und weniger CO_2-intensive Energieträger eingesetzt werden. Auf diese Weise kann sogar das Pro-Kopf-Sozialprodukt weiter wachsen und die Emissionen können gleichzeitig sinken. Allerdings kann daraus nicht gefolgert werden, daß auch die Belastung der Umwelt hierdurch zurückgeht. Zunächst einmal wurden hier nur die CO_2-Emissionen betrachtet, es könnte durchaus sein, daß ein solcher Zusammenhang zwischen Pro-Kopf-Sozialprodukt und Emissionen nur für bestimmte Schadstoffe zutrifft, daß es aber durchaus möglich ist, daß andere Schadstoffe im Laufe der Entwicklung zunehmend emittiert werden. Dieses Problem soll hier nicht weiter untersucht werden. Wichtiger ist an dieser Stelle ein anderer Einwand. Abbildung 2.11 zeigt, warum der Zusammenhang zwischen CO_2-Emissionen und Pro-Kopf- Sozialprodukt, der der postulierten umgekehrten U-Form entspricht, nicht notwendigerweise zu einer Entlastung der Umwelt im Verlauf des Wirtschaftswachstums führt. In dieser Graphik wurde dem realen Pro-Kopf-Sozialprodukt die Immissionen gegenüber gestellt. Die Abbildung zeigt, daß zwar der Anstieg der Immissionen bei hohem Einkommen langsamer erfolgt, daß aber der Immissionsbestand weiterhin wächst. Damit auch die Immissionen sinken, bzw. auf einem niedrigen Niveau stabilisiert werden können, müssen die Emissionen weiter sinken.

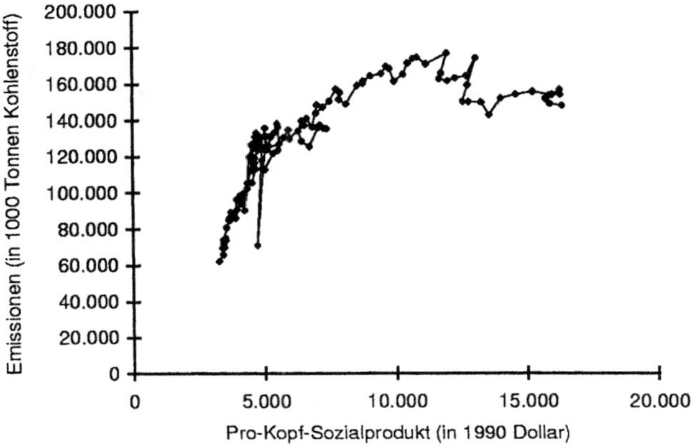

Abb. 2.10. CO_2-Emissionen und reales Pro-Kopf-Sozialprodukt (Y/P) in UK

2.5.3 Schlußfolgerungen aus der historischen Betrachtung

Aus der bisherigen Betrachtung der vergangenen Bevölkerungsbewegung, der wirtschaftlichen Entwicklung und der Umweltnutzung lassen sich unter Berücksichtigung der Ergebnisse der Literatur (vgl. etwa Chesnais 1992: Kapitel 11 und Kirk 1996) erste Schlußfolgerungen bezüglich des Verhältnisses von Bevölkerungsentwicklung und der Inanspruchnahme der Umwelt als Rohstofflieferant und als Schadstoffempfänger formulieren.

1. Wirtschaftswachstum kann dazu beigetragen, daß die Bevölkerung langsamer wächst.
2. Wirtschaftswachstum hat zunächst eine Zunahme von Emissionen zur Folge gehabt, ab einem bestimmten Einkommen sind diese aber gesunken.
3. Diese zunächst günstig erscheinende Entwicklung muß anders beurteilt werden, wenn man sich die Entwicklung der Immissionsbestände anschaut. Gerade bei Emissionen, die sich durch eine niedrige natürliche Abbaurate auszeichnen, ist Skepsis ob dieser Schlußfolgerungen angebracht.

Damit ein weiteres Wirtschaftswachstum nicht zu einer weiteren Verschärfung von Umweltproblemen führt, müssen durch technischen Fortschritt und ökonomischen Strukturwandel die Emissionen weiter reduziert werden. Die bisherigen Überlegungen geben noch keine Auskunft darüber, welche Bedeutung dem Bevölkerungswachstum bei der Bestimmung des Umweltverbrau-

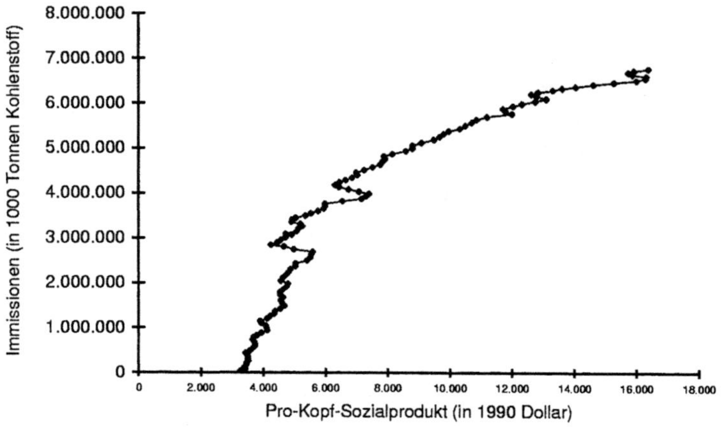

Abb. 2.11. Kumulierte CO_2-Emissionen und reales Pro-Kopf-Sozialprodukt in UK

ches zukommt. Sie zeigen aber, daß eine verbesserte ökonomische Situation einen Beitrag zum Rückgang des Bevölkerungswachstums leistet, und daß dadurch auch die Emissionen einer Ökonomie sinken können. Dies setzt allerdings voraus, daß ein entsprechender Strukturwandel und technischer Fortschritt tatsächlich eintritt. Die Tatsache, daß dies in einigen westlichen Industriestaaten in der Vergangenheit zu beobachten war, bedeutet nicht, daß diese Entwicklung in gleicher Form auch in anderen Staaten auftreten müssen und daß diese Entwicklung von dauerhafter Natur ist.

Darüber hinaus hat sich gezeigt, daß eine Orientierung alleine an der Veränderung der Emissionen unzureichend ist. Die Umweltbelastung wird durch die in der Natur verbleibenden Schadstoffbestände bestimmt und diese können weiter wachsen, auch wenn die Emissionen sinken. Deshalb kann nur ein länger anhaltenden Rückgang der Emissionen auch zu einer Reduktion der Umweltbelastung führen. Wie lange es dauert, bis ein Sinken der Emissionen auch zu einem Rückgang in dem Bestand an Immissionen führt, hängt von der internen Dynamik des relevanten Ökosystems ab. Daß eine alleinige Orientierung an den Stromgrößen zu einer möglicherweise falschen Einschätzung der Problemlage führen kann, trifft aber nicht nur für das Teilsystem Umwelt zu. Die historische Analyse der Bevölkerungsentwicklung macht darauf aufmerksam, daß ebenfalls nur ein lange anhaltendes Sinken der Geburtenrate der Bevölkerung zu einer Stabilisierung der Bevölkerungsgröße führen kann.

Die historische Analyse hat auch deutlich gemacht, daß das Bevölkerungswachstum alleine noch nicht die Inanspruchnahme der Umwelt als Schadstoffempfänger bestimmt. Gerade im Hinblick auf die Wirksamkeit bevölkerungspolitischer Maßnahmen zur Reduktion der Umweltbelastung muß untersucht werden, in welchem Umfang die Zunahme der Bevölkerung auch die Umweltnutzung bestimmt. Hierzu soll im nächsten Kapitel ein methodischer Ansatz entwickelt und auf die Analyse der Entwicklungen in den Industriestaaten und den Entwicklungsländern zwischen den Jahren 1965 bis 1989 angewendet werden.

3. Bevölkerungsentwicklung und CO_2-Emissionen

3.1 Einleitung

Wir haben in 1.2 dargelegt, daß in der öffentlichen und wissenschaftlichen Debatte kontrovers darüber diskutiert wird, welcher Zusammenhang zwischen Umweltnutzung und Bevölkerungsentwicklung besteht.[1] Während für die globalen Umweltprobleme nach Ansicht der einen Gruppe das hohe Bevölkerungswachstum in den Entwicklungsländern wesentlich verantwortlich ist, ist es nach Ansicht der anderen Gruppe vor allem der hohe Pro-Kopf-Konsum in den Industriestaaten. Eine Diskussion der gegensätzlichen Argumente über die Ursache von Umweltproblemen hat auch gezeigt, daß die Frage, welche der beiden Positionen zutreffend ist, nicht allein auf der Basis theoretischer Überlegungen beantwortet werden kann. Damit müssen letztlich empirische Untersuchungen die Frage entscheiden, ob ein hohes Bevölkerungswachstum oder ein hoher Pro-Kopf-Konsum oder beides wesentliche Ursachen für die Zerstörung globaler Ökosysteme sind.

Bis heute liegen nur wenige Arbeiten vor, in denen versucht wird, eine Antwort auf die oben angesprochenen Fragen zu finden.[2] In einer ökonometrischen Zeitreihenanalyse untersuchen Knapp, Mookerjee (1996) den Zusammenhang von Bevölkerungswachstum und CO_2-Emissionen für den Zeitraum von 1880 - 1989. Dabei kommen die Autoren zu dem Ergebnis, daß das Bevölkerungswachstum alleine als erklärende Variable für die Entwicklung der CO_2-Emissionen nicht ausreicht (Knapp, Mookerjee 1996:36). Dementsprechend kann eine alleinige Kontrolle des Bevölkerungswachstums auch keine sinnvolle Strategie zur Vermeidung von CO_2-Emissionen sein. Für Knapp, Mookerjee (1996:36) setzt die Formulierung von Politikempfehlungen vor allem ein besseres Verständnis der dynamischen Zusammenhänge zwischen Bevölkerungswachstum, wirtschaftlicher Entwicklung und CO_2-Emissionen voraus. Hierzu gehört für die Autoren insbesondere eine detaillierte Analyse der Veränderungen in den Techniken der Energieerzeugung. Damit unterstützt die empirische Arbeit von Knapp, Mookerjee (1996), was wir bereits in 1.2 ausgeführt haben: Die Nutzung der Umwelt als Rohstofflieferant und

[1] Für kritische Anmerkungen und wertvolle Hinweise zu diesem Kapitel - insbesondere zu den Problemen bei der Verwendung einfacher Zerlegungsansätze - danke ich Herrn Prof. O. Gans.

[2] Vgl. dazu beispielsweise Bilsborrow, Geores (1994).

als Schadstoffempfänger wird nicht alleine durch die Größe der Bevölkerung bestimmt. In welchem Ausmaß wir die Umwelt nutzen, hängt sowohl von der Art und Weise ab, wie die Güter produziert werden, als auch von der Menge an Gütern, die zur Befriedigung der Bedürfnisse bereitgestellt werden.

Studien, in denen die Produktionstechnologie, die Menge der produzierten Güter und die Bevölkerungsgröße sowie die Änderung dieser Variablen untersucht werden, liegen bis heute vor allem auf der Basis von Zerlegungsansätzen vor. Ausgangspunkt dieser Zerlegungsanalysen, in denen die Umweltwirkung in verschiedene Komponenten aufgespaltet wird, ist eine Identität. Die bekannteste derartige Identität ist die von Ehrlich, Holdren (1971) eingeführte Formel $I \equiv P \cdot A \cdot T$. In dieser multiplikativen Verknüpfung steht die Größe I für die Umweltwirkung; die Variable P repräsentiert die Bevölkerungsgröße; A steht für Wohlstand und T für die eingesetzte Technologie. Diese Größen sind zunächst sehr allgemein, so daß man für konkrete Untersuchungen jeweils angegeben muß, anhand welcher beobachtbaren Größen die Umweltwirkung, der Wohlstand und die Technologie abgebildet werden sollen. In der Regel wird in derartigen Studien die Umweltwirkung als Schadstoffemission, die Technologie als Schadstoffausstoß pro Einheit Sozialprodukt und der Wohlstand als Pro-Kopf-Sozialprodukt gemessen. Beispiele für eine solche Vorgehensweise bei der Analyse von Umweltproblemen sind z.B. die Arbeiten von Bongaarts (1992), Harrison (1992) oder Raskin (1995).

In jüngerer Zeit wurden solche auf einer Identität beruhende Zerlegungen z.B. von Grossman (1995) verwendet. Er ergänzt damit seine ökonometrische Studie zur Umwelt-Kutznets Kurve (vgl. hierzu auch das vorangegangene Kapitel 2) in der er versucht, Belege für einen Zusammenhang zwischen Pro-Kopf-Sozialprodukt und Umweltnutzung zu finden, der einer umgekehrten U-Kurve entspricht. Eine solche Ergänzung ist auch aus der Sicht von De Bruyn (1997:486ff) sinnvoll. Denn die Zerlegungsanalyse kann Einsichten über Einflußgrößen auf die abhängige Variable liefern, die in der in ökonometrischen Arbeiten zur Umwelt-Kutznets-Kurve häufig verwendeten reduzierten Form, nicht berücksichtigt werden (vgl. auch MacKellar, Lutz, Prinz 1995:894). Allerdings gibt es auch Einwände gegen die Verwendung von Zerlegungsansätzen zur Analyse der Determinanten der Umweltnutzung auf der Basis von Identitäten. Preston (1996:101) merkt bezüglich einer solchen Identität ironisch an,

> "it could have been expressend in terms of pianos instead of population, since whatever appears on the righthand side in a numerator also appears in a denominator."

Preston weist auf grundlegende Schwierigkeiten bei der Verwendung von Identitäten hin, die man unter zwei Gesichtspunkten zusammenfassen kann:

1. Die Wahl der betrachteten Variablen ist letztlich beliebig.

2. Da die Identität immer erfüllt ist, gibt deren empirische Anwendung auch keinen Hinweis darauf, ob die Wahl der in einer Untersuchung berücksichtigten Variablen gerechtfertigt ist oder nicht.

Damit ist bezüglich der Auswahl der betrachteten Größen besondere Sorgfalt erforderlich. Die Wahl der betrachteten Größen muß durch Überlegungen gerechtfertigt werden, die außerhalb der Identität und deren Anwendung liegen. Die Rechtfertigung für die Auswahl der betrachteten Variablen wird dabei allein auf Plausibilitätsüberlegungen beruhen. Auf solche Plausibilitäten hebt Preston (1996: 101ff) ab, wenn er im Anschluß an das obige Zitat schreibt:

> "But Ehrlich's formulation has face validity. Since people's activities are the principal source of pollution, it is reasonable to suppose that more people will produce more pollution. Most pollution is a product of industrial production, the per capita volume of which is captured in the A term; and production can occur with different technologies, the pollution content of which is effectively captured by T."

Damit eine Anwendung der Identität und die Interpretation der auf dieser Basis ermittelten Ergebnisse sinnvoll ist, muß also plausibel gemacht werden, daß die wichtigsten Komponenten, die die Umweltnutzung beeinflussen, in dieser Identität berücksichtigt worden sind. Als solche Komponenten werden in der Regel die folgenden verwendet: die Bevölkerungsgröße, die Art und Weise der Herstellung der Güter und Dienstleistungen und der Pro-Kopf-Konsum.

Wenn man die Änderungen in der Umweltnutzung den Änderungen dieser Komponenten zurechnet, dann läßt sich damit illustrieren, wie sich wichtige Einflußgrößen auf die Nutzung der Umwelt in der Vergangenheit verändert haben und wie deren relativer Einfluß auf die Änderung der Umweltnutzung gewesen sein könnte. Die Zurechnung des einfachen Zerlegungsansatzes erlaubt es, die Veränderung in der Inanspruchnahme der Umwelt auf eine unabhängige Veränderung der genannten Komponenten zurückzuführen. Dies setzt aber voraus, daß mögliche Wechselwirkungen zwischen diesen Größen nicht existieren, bzw. vernachlässigbar sind. Die Zerlegungsansätze stellen, trotz solcher Vorbehalte, ein wichtiges deskriptives Instrumentarium dar. Sie können darauf aufmerksam machen, daß die Änderung der Umweltnutzung auf unterschiedliche Faktoren zurückzuführen ist.

Solch eine deskriptive Analyse der vergangenen Entwicklung kann aber keine Kausalbetrachtung ersetzen; insbesondere sind solche Identitäten keine hinreichende Basis für Politikempfehlungen. Die Untersuchung der vergangenen Veränderung wichtiger Determinanten auf der Basis von Identitäten kann jedoch als ein erster Schritt auf dem Weg hin zu einer umfassenden Kausalanalyse der Wechselwirkungen zwischen Umweltnutzung, Bevölkerungsentwicklung, Änderung der Produktionstechnologie und Wirtschaftswachstum gelten. Außerdem kann die deskriptive Zerlegungsanalyse - wie wir oben angesprochen haben - eine ökonometrische Analyse, die z.B. aufgrund von Datenproblemen oder der Komplexität des betrachteten Phänomens auch nur in vereinfachter Form durchgeführt werden kann, in sinnvoller Weise ergänzen.

Vor dem Hintergrund der Möglichkeiten und Grenzen bei der Anwendung von Zerlegungsansätzen sind die folgenden Ausführungen in den nächsten Abschnitten zu sehen. Dort wollen wir einen Zerlegungsansatz entwickeln, der es erlaubt, den relativen Beitrag der Bevölkerungsentwicklung zur Veränderung der CO_2-Emissionen zu untersuchen. In diesem Zusammenhang werden wir ausführlich auf die Kritik an den Zerlegungsansätzen eingehen und im einzelnen aufzeigen, wo und auf welche Weise Einwände gegen die Zerlegungsansätze abgeschwächt bzw. entkräftet werden können und wo die grundlegenden Grenzen dieser Art von Analyse liegt.

3.2 Ein Zerlegungsansatz

Wir wollen in den folgenden Abschnitten einen Zerlegungsansatz zur ex-post Analyse der Determinanten der Änderung der CO_2-Emissionen entwickeln, der auch auf die oben angesprochene Identität $I \equiv P \cdot A \cdot T$ von Ehrlich und Holdren (1972) zurückgeführt werden kann. Mit der Entwicklung eines Zerlegungsansatzes zur Analyse der Determinanten der CO_2-Emissionen und seiner Anwendung auf einzelne Staaten und Regionen wird beispielhaft die umfangreiche Literatur, in der mit solchen Zerlegungen gearbeitet wird, zusammengefaßt. Die zahlreichen Publikationen, gerade auch aus der jüngeren Zeit, zeigen, daß die Zerlegungsansätze nach wie vor als eine erste Annäherung an komplexe Fragestellungen verbreitet sind (zur Bedeutung dieser Ansätze z.B. in der Diskussion um eine nachhaltige Entwicklung vgl. z.B. Krehbbiel et al. 1999:189ff).

In dem vorangegangenen Abschnitt haben wir allgemein dargelegt, welche Probleme auftreten, wenn man auf der Basis von Identitäten die Einfußfaktoren unterschiedlicher Komponenten auf die Inanspruchnahme der Umwelt als Schadstoffempfänger untersuchen will. Diese sollen im folgenden bei der Entwicklung eines Zerlegungsansatzes konkretisiert und ausführlich diskutiert werden. In der Literatur werden vor allem die folgenden drei Einwände gegen die Verwendung von Zerlegungsansätzen formuliert (Wexler 1996:2):

1. Bei der Zerlegung der Identitäten wird in der Regel unterstellt, daß zwischen den betrachteten Größen keine Wechselwirkungen bestehen. Vielmehr werden die Größen als unabhängig betrachtet. So vernachlässigt die oben angegebene Formel, welchen Einfluß z.B. die Bevölkerungsentwicklung auf die Entwicklung des Wohlstandes und auf die Veränderung in den Produktionstechnologien hat.
2. Die illustrative Kraft des Ansatzes hängt von einer sinnvollen Wahl der Zerlegungsvariablen ab. Dabei sind immer mehrere Arten der Aufteilung möglich.

3. Es können Aggregationsprobleme auftreten, wenn die Ergebnisse für einzelne Staaten oder Regionen zusammengefaßt werden.

Diese Kritikpunkte sind von unterschiedlicher Qualität. Die in Punkt drei angesprochenen Aggregationsprobleme lassen sich, wie Wexler (1996:8ff) zeigt, durch eine einfache Modifikation des Ansatzes berücksichtigen.

Die in Punkt zwei angesprochenen Schwierigkeiten sind - wie wir im vorherigen Abschnitt angesprochen haben - zwar bedeutsam, allerdings lassen sich Plausibilitätsüberlegungen anstellen, anhand derer sich die Auswahl der betrachteten Größen rechtfertigen läßt. In der Literatur finden sich im wesentlichen zwei unterschiedliche Ansätze die Identität von Ehrlich und Holdren zu spezifizieren. Eine Gruppe von Arbeiten verwendet als Bestimmungsgößen für die Umweltwirkung I die drei Variablen: Bevölkerungsgröße P, Wohlstand (A) und Technologie (T). Dabei wird der Wohlstand gemessen als Pro-Kopf-Sozialprodukt und die Technologie wird spezifiziert durch die empirisch messbare Größe Emissionen pro Einheit Sozialprodukt.

Diese Aufteilung ist aber keineswegs zwingend. Es gibt Studien, wie die von Raskin (1995), in denen beispielsweise die Umweltwirkungen nur auf die zwei Variablen Pro-Kopf-Emissionen und Bevölkerungsgröße zurückgeführt werden. In diesen Ansätzen werden damit die beiden Variablen Pro-Kopf-Sozialprodukt und Emissionen pro Einkeit Sozialprodukt zu der einen Größe Pro-Kopf-Emissionen zusammengefaßt. Für die formale Anwendung der Zerlegung ist es unbedeutend, ob eine Zerlegung in zwei oder mehrere Variablen stattfindet. Auch ändert sich durch eine Zerlegung die beispielsweise nur die Größen Bevölkerung und Emissionen pro Kopf berücksichtigt - wie wir unten sehen werden - der Beitrag der Bevölkerung zur Änderung der Emissionen nicht. Eine Aufteilung der Komponente Pro-Kopf-Emissionen in die beiden Größen Pro-Kopf-Sozialprodukt und Emissionen pro Kopf läßt allerdings eine differenziertere Strukturierung der vergangenen Entwicklung zu. Zumal - wie wir später sehen werden - die vergangene Entwicklung dieser beiden Größen häufig gegensätzliche Vorzeichen aufweist. Auf mögliche Probleme der Wahl der Zerlegungsvariablen bei der Berechnung der relativen Bedeutung des Bevölkerungswachstums, der Technologie und des Pro-Kopf-Sozialprodukts gehen wir bei der Darstellung des konkret verwendeten Ansatzes ein.

Im Gegensatz zu den in zwei und drei genannten Kritikpunkten ist der in eins formulierte Einwand grundlegender Art. Deshalb wollen wir uns näher mit diesem beschäftigen. Die in den Zerlegungsansätzen häufig verwendete Hypothese, daß die betrachteten Variablen unabhängig voneinander sind und keinen Einfluß aufeinander haben, stellt zunächst eine erhebliche Vereinfachung dar. Diese Vereinfachung müßte nun anhand ökonomischer oder ökologischer Überlegungen gerechtfertigt werden, wenn auf der Basis eines einfachen Zerlegungsansatzes empirisch gehaltvolle Aussagen abgeleitet werden sollen. Die Verwendung der Unabhängigkeitshypothese ließe sich also rechtfertigen, wenn man theoretisch oder empirisch zeigen könnte, daß keine

Wechselwirkungen zwischen den betrachteten Größen auftreten bzw. daß die indirekten Effekte sehr klein sind. Gilt letzteres, dann stellt die Zerlegung trotz der Vernachlässigung der indirekten Effekte eine gute Approximation dar. Bisher liegen - insbesondere im Zusammenhang mit der Untersuchung der Bedeutung des Bevölkerungswachstums für die Umweltnutzung - keine empirisch und theoretisch gesicherten Erkenntnisse darüber vor, ob und wie bedeutend die indirekten Effekte sind. Damit ist die Zerlegungsmethode auf der Basis einer Idendität und der Verwendung der Unabhängigkeitsvoraussetzung nicht geeignet, die Entwicklung der CO_2-Emissionen zu erklären. Es bleibt weiteren Forschungsarbeiten vorbehalten, die mögliche Bedeutung der Wechselwirkungen zwischen den einzelnen Größen zu quantifizieren, bzw. eindeutige theoretische Ergebnisse hierüber vorzulegen.

Aufgrund des tautologischen Charakters der Zerlegungsmethode kann sie alleine als Instrument einer ex-post Betrachtung verwendet werden. Die Unterstellung, daß es keine Wechselwirkungen zwischen den betrachteten Einflußgrößen gibt, erlaubt es uns - wie bei der Entwicklung des konkreten Ansatzes im folgenden Abschnitt gezeigt wird - jeder dieser Einflußgrößen genau eine Wachstumsrate zuzuordnen. Damit können wir die vergangene Entwicklung wichtiger Einflußgrößen auf die Art und den Umfang der Umweltnutzung strukturieren. Ziel einer solchen Strukturierung ist es, erste Hinweise für eine umfassende empirische Analyse zu gewinnen.

Der Zerlegungsansatz, der der nachfolgenden empirischen Untersuchung zugrundeliegt, orientiert sich an der Vorgehensweise von Wexler (1996). Sein Ansatz erlaubt es nämlich, zumindest die in Punkt drei angesprochenen Aggregationsprobleme zu berücksichtigen.

3.3 Die Methode

Die Höhe der CO_2-Emissionen wird wesentlich von den folgenden fünf Faktoren beeinflußt: der Produktionstechnologie, der Brennstoffmix der eingesetzten Energieträger, der sektoralen Struktur der Ökonomie, dem Pro-Kopf Sozialprodukt und der Bevölkerungsgröße. Diese fünf Größen lassen sich in der folgenden Identität zusammenfassen. Dabei werden der Einfachheit halber der Brennstoffmix der eingesetzten Energieträger, die Produktionstechnologie sowie die sektorale Struktur der Ökonomie in einer Variablen, dem sogenannten Struktur- und Technologieeffekt, abgebildet. Es gilt für die CO_2-Emissionen eines Staates j in der Periode t die Identität:[3]

$$C_j(t) \equiv \frac{C}{Y}(t)_j \cdot \frac{Y}{P}(t)_j \cdot P_j(t). \tag{3.1}$$

Dabei beschreibt C die Menge der CO_2-Emissionen; C/Y gibt die Menge an CO_2-Emissionen pro Einheit Output an; Y/P ist das Pro-Kopf-

[3] Diese Beziehung stellt auch eine Erweiterung des Ansatzes von Proops, Faber und Wagenhals (1993:48-51) dar.

Sozialprodukt und P die Bevölkerungsgröße. C/Y bezeichnet den Struktur- und Technologieeffekt und hängt von der Art der eingesetzten Energieträger und damit vom Brennstoffmix ab. Werden im Zeitablauf CO_2-intensive fossile Energieträger wie Braunkohle durch weniger CO_2-intensive wie Öl oder Gas ersetzt, oder werden verstärkt nicht fossile Energieträger wie Wasser oder Atomkraft eingesetzt, dann sinkt diese Größe. Diese Variable ändert sich auch, wenn sich die sektorale Struktur einer Volkswirtschaft im Laufe der Zeit verändert; denn unterschiedliche Sektoren einer Volkswirtschaft benötigen unterschiedliche Mengen an Energie zur Produktion einer spezifischen Menge an Gütern. So braucht die Zementindustrie sehr viel Energie zur Herstellung einer Tonne Zement, der Bank- und Versicherungssektor dagegen wenig, um Dienstleistungen im Gegenwert von einer Tonne Zement bereitzustellen. Findet nun Strukturwandel statt, in dessen Verlauf die Sektoren, in denen energieintensiv produziert wird, an Bedeutung verlieren, dann führt dies ebenfalls zu einem niedrigeren Wert der Größe C/Y. Schließlich kann energiesparender technischer Fortschritt zur Folge haben, daß die gleiche Menge an Gütern mit weniger Energie produziert wird. Auch hierdurch wird die Größe C/Y kleiner.

Y/P ist das reale Pro-Kopf-Sozialprodukt, wobei die Variable P die Bevölkerungsgröße ist. Y/P steht stellvertretend für das Niveau der Bedürfnisbefriedigung einer Volkswirtschaft und ist ein Maß für den durchschnittlichen Wohlstand der Gesellschaft.

Logarithmiert man Gleichung (3.1) und leitet diese nach der Zeit ab, dann erhalten wir die folgende Beziehung für die relativen momentanen Wachstumsraten:[4]

$$\frac{\dot{C}_j(t)}{C_j(t)} = \frac{\left(\dot{\frac{C}{Y}}\right)(t)_j}{\frac{C}{Y}(t)_j} + \frac{\left(\dot{\frac{Y}{P}}\right)(t)_j}{\frac{Y}{P}(t)_j} + \frac{\dot{P}_j(t)}{P_j(t)}. \tag{3.2}$$

Um nun die mittleren relativen jährlichen Wachstumsraten der CO_2-Emissionen für einen bestimmten Zeitraum zu ermitteln, integrieren wir die Gleichung (3.2) über das betrachtete Intervall [0,T] und dividieren die Gleichung durch die Länge des Zeithorizontes T. Damit gilt die folgende Gleichung für die mittleren relativen Wachstumsraten der CO_2-Emissionen:[5]

$$C_j^* = \left(\frac{C}{Y}\right)_j^* + \left(\frac{Y}{P}\right)_j^* + P_j^* \tag{3.3}$$

mit

[4] Vergleiche hierzu auch Holdren (1991), Bongaarts (1992) und Harison (1992).

[5] Wenn im folgenden von Wachstumsraten gesprochen wird, sind immer die relativen Wachstumsraten, d.h. auf die absolute Größe der Variable bezogene Wachstumsraten, gemeint.

$$C_j^* = \frac{1}{T}\int_0^T \frac{\dot{C}_j(t)}{C_j(t)}dt, \quad \left(\frac{C}{Y}\right)_j^* = \frac{1}{T}\int_0^T \frac{\left(\dot{\frac{C}{Y}}\right)(t)_j}{\frac{C}{Y}(t)_j}dt;$$

$$\left(\frac{Y}{P}\right)_j^* = \frac{1}{T}\int_0^T \frac{\left(\dot{\frac{Y}{P}}\right)(t)_j}{\frac{Y}{P}(t)_j}dt; \quad P_j^* = \frac{1}{T}\int_0^T \frac{\dot{P}_j(t)}{P_j(t)}dt. \tag{3.4}$$

In Gleichung (3.3) wird die durchschnittliche relative Änderungsrate der CO_2-Emissionen den durchschnittlichen jährlichen Veränderungen des Struktur- und Technologieeffektes, des Pro- Kopf-Sozialproduktes und der Bevölkerungsgröße zugerechnet.[6]

Anhand der Gleichung (3.3) kann man nun zeigen, daß die Wahl der Zerlegungsvariablen keinen Einfluß auf den Beitrag des Bevölkerungswachstums hat. Zerlegt man nämlich eine Idendität in der die CO_2-Emissionen als Produkt von Pro-Kopf Emissionen (C/P) und Bevölkerungsgröße (P) dargestellt werden, ergibt sich die folgende zu (3.3) analoge Gleichung:

$$C_j^* = \left(\frac{C}{P}\right)_j^* + P_j^*. \tag{3.5}$$

Damit ist $\left(\frac{C}{P}\right)_j^*$ gerade gleich $\left(\frac{C}{Y}\right)_j^* + \left(\frac{Y}{P}\right)_j^*$ und der Beitrag der Bevölkerung zum Wachstum der Emissionen entspricht gerade der Wachstumsrate der Bevölkerung. Ein etwas anderes Bild ergibt sich, wenn man von der Zerlegung in Gleichung (3.3) ausgeht und den relativen Beitrag der einzelnen Größen der rechten Seite dieser Beziehung zur Änderung der CO_2-Emissionen ermittelt.

Um den Anteil der Änderung der drei einzelnen Größen an der Gesamtänderung zu berechnen, könnte man alle Raten der rechten Seite der Gleichung (3.3) durch die Änderungsrate der CO_2-Emissionen dividieren. Wexler (1996:4) zeigt jedoch, daß dies in der Regel keine sinnvolle Vorgehensweise darstellt, denn es ist zu erwarten, daß einzelne Größen wachsen, während andere sinken. Sind die Vorzeichen der Variablen der rechten Seite von Gleichung (3.3) unterschiedlich, dann besteht die Möglichkeit, daß der so ermittelte Beitrag des Faktors mit positivem Vorzeichen über 100% beträgt. Eine sinnvolle Interpretation der Beiträge ist damit nicht mehr möglich. Außerdem könnten sich die Beiträge durch unterschiedliche Vorzeichen so aufheben, daß C_j^* gegen Null geht; damit ist ebenfalls keine sinnvolle Normierung mehr möglich. In der empirischen Literatur zu dieser Zerlegung wurde versucht dieses Problem zu vermeiden, indem man die Zerlegungsvariablen so wählte, daß keine Faktoren mehr berücksichtigt wurden, die im Zeitablauf

[6] In dieser Art der Zerlegung werden die stetigen durchschnittlichen jährlichen Wachstumsraten berechnet. Diese Beziehung gilt, so Wexler (1996:4) approximativ auch für diskrete jährliche Wachstumsraten, wenn diese nicht allzu groß sind. Er gibt als Grenze 5% pro Jahr an, was seiner Ansicht nach in der Regel für Umweltgrößen und ökonomische Daten zutrifft; dies gilt auch für die nachfolgende Zerlegung.

negative Wachstumsraten aufweisen. Dies ist in der Regel einfach zu erreichen, indem man die Änderung der CO_2-Emissionen nur in die Änderung der Bevölkerungsgröse und der Pro-Kopf-Emissionen zerlegt. Da die letzte Größe wie die Bevölkerung in der Regel stets positive Wachstumsraten aufweißt, treten die angesprochenen Probleme nicht auf. Allerdings kann sich dann ein unterschiedlicher relativer Beitrag des Bevölkerungswachstums ergeben. Beispiele für eine solche letztlich arbiträre und damit unbefriedigende Vorgehensweise finden sich bei Holdren (1991), Bongarts (1992), MacKellar et al. (1995) und Raskin (1995). Aus diesem Grund schlägt Wexler (1996:5) zwei alternative Verfahren der Normierung vor:

1. Durch die Division der Wachstumsraten der Faktoren (Größen der rechten Seite der Gleichung (3.3)) z.B. durch die Wachstumsrate der Bevölkerung erhält man Indizes, die den Beitrag der Faktoren zum Wachstum der Emissionen in Relation zum Bevölkerungswachstum liefern.
2. Dividiert man jeweils die Wachstumsraten durch die Summe der Beträge aller Wachstumsraten, erhält man eine Zahl, welche den relativen Beitrag einer Variable zum Wachstum der Gesamtemissionen ausdrückt. Ist der Wert negativ, dann sind die Emissionen aufgrund der Änderung dieser Größe zurückgegangen; positive Werte bedeuten, daß die Emissionen aufgrund der Änderung dieser Größe gestiegen sind.

In der nachfolgenden empirischen Analyse wird das zweite Verfahren verwendet. Wir erhalten damit für den relativen Beitrag des Struktur- und Technologieeffektes, des Pro-Kopf Sozialproduktes und der Bevölkerungsgröße zur Wachstumsrate der CO_2-Emissionen die folgenden Größen:

$$K_{\frac{C}{Y}} = \frac{\left|\left(\frac{C}{Y}^*\right)\right|}{\left|\left(\frac{C}{Y}^*\right)\right| + \left|\left(\frac{Y}{P}^*\right)\right| + |P^*|};\ K_{\frac{Y}{P}} = \frac{\left|\left(\frac{Y}{P}^*\right)\right|}{\left|\left(\frac{C}{Y}^*\right)\right| + \left|\left(\frac{Y}{P}^*\right)\right| + |P^*|};$$
$$K_P = \frac{|P^*|}{\left|\left(\frac{C}{Y}^*\right)\right| + \left|\left(\frac{Y}{P}^*\right)\right| + |P^*|}. \tag{3.6}$$

Die Größen in der Gleichung (3.6) geben also an, zu welchem Anteil die durchschnittliche jährliche Wachstumsrate der CO_2-Emissionen durch die Änderung des (i) Struktur- und Technologieeffektes, (ii) der durchschnittlichen jährlichen Wachstumsrate des Pro-Kopf- Sozialproduktes und (iii) der durchschnittlichen Wachstumsrate der Bevölkerung zugerevhnet werden knnen. Diese Beiträge lassen sich anhand der Daten für ein einzelnes Land und einen gegebenen Zeitraum berechnen.

Die Zerlegung der Wachstumsrate der CO_2-Emissionen in Gleichung (3.3) und die relativen Beiträge der einzelnen Größen zum Wachstum der Emissionen nach Gleichung (3.6) gilt für einzelne Staaten. Der Ansatz läßt sich allerdings auch erweitern auf die Betrachtung einzelner Regionen. Hierzu ist es zweckmäßig, die Ergebnisse, die auf der Basis einzelner Staaten einer Region gewonnen wurden zu aggregieren. Hierbei müssen, wie Wexler (1996:8) anmerkt, zwei mögliche Probleme bei der Aggregation beachtet werden:

1. Raskin (1995) hat darauf hingewiesen, daß bei der Aggregation von Staaten oder Regionen, die hinsichtlich ihres Bevölkerungswachstums und Umweltverbrauchs heterogen sind, Verzerrungen bei der Berechnung der Beiträge auftreten können. Er illustriert dies anhand der Zerlegung der CO_2- Emissionen in die beiden Komponenten Bevölkerungsgröße und Pro-Kopf-Emissionen für den Zeitraum von 1950-1990. Raskin (1995) berechnet für die entwickelten und unterentwickelten Staaten und die gesamte Welt die Beiträge des Bevölkerungswachstums und der Pro-Kopf-Emissionen. Dabei zeigt sich, daß im Aggregat, d.h. in der Welt, der Beitrag des Bevölkerungswachstums höher ist als in den beiden Regionen. Dieses paradoxe Ergebnis kann, so Raskin (1995:231), auftreten, wenn bei der Aggregation Regionen, deren Bevölkerungswachstum über dem Durchschnitt des Bevölkerungswachstums des Aggregates liegt und deren Pro-Kopf-Emissionen unter den durchschnittlichen Pro-Kopf-Emissionen des Aggregates liegen, zusammengefaßt werden (vgl. hierzu auch Lutz, Prinz und Langgassner 1993). In diesem Fall wird der Beitrag des Bevölkerungswachstums überschätzt.
2. Ang (1993) diskutiert, daß, wie oben schon angesprochen, bei der Aggregation Verzerrungen entstehen, wenn die Wachstumsraten in zwei Staaten oder Regionen unterschiedliche Vorzeichen haben. Durch die Aggregation kompensiert das Wachstum der einen Größe das Schrumpfen der anderen, so daß der relative Beitrag der jeweiligen Größe im Aggregat verzerrt wird. Größen, die in den jeweiligen Staaten oder Region von Bedeutung sind, auch wenn die Vorzeichen unterschiedlich sind, werden auf diese Weise durch die Aggregation unbedeutend.

Diese Probleme lassen sich umgehen, wenn eine gewichtete Aggregation erfolgt, in der die Heterogenität von Staaten hinsichtlich ihrer Bevölkerungsentwicklung und ihres Umweltverbrauches sowie die potentiellen Verzerrungen in den Beiträgen einzelner Komponenten durch gegenläufige Vorzeichen der Variablen in verschiedenen Staaten bei der Addition der Ländergebnisse berücksichtigt werden. Wie dies formal geschehen kann, hat Wexler (1996:8ff) gezeigt. Er schließt sich dabei der Vorgehensweise von Ang (1993) und Boyd et al. (1987) an, die für ihre Zerlegungsanalyse der Energienachfrage die Aggregation mit Hilfe der sogenannten Divisa-Gewichte vorgenommen haben. Dieser Vorgehensweise folgt auch die vorliegende Studie.[7]

Um die für die Aggregation benötigten Divisa-Gewichte zu ermitteln, approximiert Wexler (1996:8) die aktuelle Wachstumsrate der aggregierten

[7] Für die Verwendung von Divisa-Indizes in ökonomischen Studien vergleiche Jorgenson, Grilichs (1967), Diewert (1993a) sowie Diewert (1993b).

CO_2-Emissionen (Umweltwirkung des Aggregates) durch die Summe der gewichteten durchschnittlichen relativen Wachstumsraten der CO_2-Emissionen (Umweltwirkung) in den einzelnen Regionen. Damit gilt für die genäherte aggregierte Wachstumsrate r(t):

$$r(t) = \sum_{\text{alle } j} \frac{C_j(t)}{C(t)} \cdot C_j^*. \tag{3.7}$$

Der Quotient $C_j(t)/C(t)$ gibt den Anteil der CO_2-Emissionen des Staates oder der Region j an den Gesamtemissionen des Aggregates zum Zeitpunkt t an. C_j^* ist die mittlere jährliche Wachstumsrate der CO_2-Emissionen des Staates oder der Region j für den Betrachtungszeitraum, die von der Zeit unabhängig ist. Deshalb erhalten wir nach der Integration der beiden Seiten der Gleichung (3.7) von 0 bis T (Anfangsperiode der Betrachtung bis zur Endperiode) und nach Division durch T, die folgende Beziehung:

$$C^* = \sum_{\text{alle } j} C_j^* \cdot w_j \text{ mit } w_j = \frac{\int_0^T \frac{C_j(t)}{C(t)} dt}{T}. \tag{3.8}$$

Die durchschnittliche jährliche Wachstumsrate der CO_2-Emissionen des Aggregates ergibt sich aus der Summe der gewichteten durchschnittlichen jährlichen Wachstumsraten der einzelnen Staaten, bzw. Regionen. Die w_j werden als Divisa-Gewichte bezeichnet und geben den durchschnittlichen jährlichen Anteil des Staates an den (aggregierten) CO_2-Emissionen (Umweltwirkung) während der betrachteten Periode an. Diese lassen sich als eine diskrete Approximation des Integrales in (3.8) ermitteln.

Unter Verwendung der Identität (3.3) ergibt sich die folgende Zerlegungsgleichung:

$$C^* = \sum_{\text{alle } j} w_j \cdot \left(\frac{C^*}{Y}\right)_j + \sum_{\text{alle } j} w_j \cdot \left(\frac{Y^*}{P}\right)_j + \sum_{\text{alle } j} w_j \cdot P_j^*. \tag{3.9}$$

Die Gleichung (3.9) liefert damit die Zerlegung der durchschnittlichen jährlichen Wachstumsraten der CO_2-Emissionen in einer Region (oder der Zusammenfassung mehrerer Regionen) in die durchschnittliche jährliche Änderung der Struktur und Technologie einer Wirtschaft, des Pro-Kopf-Sozialprodukts und der Bevölkerungsgröße.

Diese Beziehung wurde aus der Aggregation der einzelnen Staaten gewonnen. Auch für diese aggregierte Betrachtung lassen sich die Werte für den Beitrag der jeweiligen Größe zum Gesamteffekt analog zur Beziehung (3.6) ableiten. Grundsätzlich kann die Ermittlung der relativen Beiträge auf zwei Arten erfolgen: (i) es werden jeweils erst die gewichteten durchschnittlichen Wachstumsraten über die betrachteten Länder addiert und dann der Betrag gebildet, oder, (ii) es werden die gewichteten Beträge der durchschnittlichen Wachstumsraten über die betrachteten Länder aggregiert. Da die Effekte in den einzelnen Ländern unter Umständen unterschiedliche Vorzeichen aufweisen, tritt die oben angesprochene Verzerrung auf, wenn man der ersten Vorgehensweise folgt. Werden demgegenüber die gewichteten Beträge addiert, dann tritt diese Verzerrung nicht auf. Es ergibt sich damit die folgende Beziehung, die der Einfachheit halber nur für die Ermittlung des Einflusses des Bevölkerungswachstums (K_P) angegeben wird. Es gilt:

$$K_P = \frac{\sum_{\text{alle } j} |w_j \cdot P_j^*|}{\sum_{\text{alle } j} |w_j \cdot (\frac{C}{Y})^*| + \sum_{\text{alle } j} |w_j \cdot (\frac{Y}{P})^*| + \sum_{\text{alle } j} |w_j P_j^*|}. \quad (3.10)$$

3.4 Die Daten

Die CO_2-Daten für die Berechnungen stammen aus der Environmental Sciences Division des Oak Ridge National Laboratory. Von Marland et al. (1998) wurden für alle Staaten der Welt CO_2-Emissionen aus der Nutzung fossiler Energieträger, der Zementproduktion und dem Abfackeln von Gas bei der Ölförderung berechnet. Die Daten basieren auf der Energiestatistik der Vereinten Nationen und wurden mit Hilfe der von Marland und Rotty (1984) beschriebenen Methoden ermittelt.[8]

Die ökonomischen Daten, d.h. das Pro-Kopf-Sozialprodukt und die Bevölkerungszahlen sind dem Penn World Table, Version 5.6 von Summers und Heston (1995) entnommen. Das Pro-Kopf-Sozialprodukt wird in Preisen von 1985 angegeben. Einzelheiten der Ermittlung der Daten finden sich in Summers und Heston (1991).[9]

Mit unseren im vorangegangenen Abschnitt vorgestellten Methoden haben wir für drei Regionen der Welt, Afrika, Lateinamerika und die OECD Staaten empirische Untersuchungen durchgeführt. Der Betrachtungszeitraum der Untersuchung umfaßt die 24 Jahren von 1965 - 1989. Diese Jahre wurden ausgewählt, da für diesen Zeitraum insgesamt die meisten Daten vorliegen. Dennoch sind nicht alle Länder berücksichtigt, die zu den jeweiligen geographischen Regionen gehören. Für Afrika liegen für 40 Länder Daten vor, für Lateinamerika konnten 25 Staaten Berücksichtigung finden. In der Region OECD wurden bis auf Portugal und die Türkei alle Staaten, d.h. 21 Länder, berücksichtigt. Die drei Regionen stehen hier auch stellvertretend für drei unterschiedliche Einkommenskategorien. Dabei repräsentiert Afrika nach der Weltbankklassifikation von 1995 (UN 1995) schwerpunktmäßig die Staaten mit niedrigstem Einkommen. Die Staaten Lateinamerikas gehören überwiegend in die Kategorie der Staaten mit mittlerem Einkommen, die OECD umfaßt ausschließlich Länder, die in die Kategorie der Staaten mit hohem Einkommen fallen.

[8] Die Daten können unter der folgenden Internetadresse abgerufen werden: http://cdiac.esd.ornl.gov/ftp/ndp- 30.

[9] Der Penn World Table kann unter der folgenden Internetadresse abgerufen werden: http://www.nber.org.

3.5 Ergebnisse für Afrika, Lateinamerika und die OECD

Ausgangspunkt der nachfolgenden empirischen Untersuchung ist die Zerlegung der Wachstumsrate der CO_2-Emissionen in den Wachstums- und Struktureffekt, die Änderung des Pro-Kopf-Sozialproduktes und die Bevölkerungsgröße für einzelne Länder, die dann anschließend auf der Basis der ermittelten Divisa-Gewichte aggregiert wurden. Die Ergebnisse werden in den folgenden Abschnitten dargestellt und interpretiert. Dabei wird sowohl auf die Ergebnisse für einzelne Staaten als auch auf die aggregierten Ergebnisse eingegangen. Die vollständigen Zahlen der empirischen Untersuchung finden sich im Anhang 3.6. Die Diskussion der Resultate erfolgt jeweils anhand von Graphiken.

3.5.1 Afrika

In Abbildung 3.1 sind die Ergebnisse der Zerlegung für Afrika sortiert nach der Höhe der Wachstumsrate der Bevölkerung in den jeweils betrachteten Staaten dargestellt.[10] Die schwarzen Balken geben den Beitrag des Bevölkerungswachstums wieder (K_p). Auf diese Weise wird unmittelbar deutlich, ob ein Zusammenhang zwischen der Bedeutung des Bevölkerungswachstums in den einzelnen Staaten für die Veränderung der CO_2-Emissionen - hier ausgedrückt als der Anteil der durchschnittlichen Wachstumsrate der CO_2-Emissionen, der dem Wachstum der Bevölkerung zugerechnet werden kann - und der Wachstumsrate der Bevölkerung besteht. Der Beitrag des Technologie- und Struktureffekts ist als gerasterter Balken ($K_{c/y}$) und der des Pro-Kopf-Sozialprodukts ist als weißer Balken ($K_{y/p}$) wiedergegeben.[11]

Die Graphik zeigt ein unterschiedliches Bild für die betrachteten Staaten. Zunächst ist festzuhalten, daß die Wachstumsrate der Bevölkerung stets positiv war. Daher ist der Beitrag des Bevölkerungswachstums zu den CO_2-Emissionen auch stets positiv. Er variiert allerdings zwischen 94,3% im Senegal und 18,6% in Mauretanien.

Der Effekt des Pro-Kopf-Sozialproduktes variiert ebenfalls zwischen den betrachteten Statten. Er liegt zwischen 1,2% im Senegal und 57,3% in Mauritius. Allerdings ist dieser Effekt nicht durchweg positiv. Es gibt Staaten, deren reales Pro-Kopf-Sozialprodukt in dem betrachteten Intervall gesunken ist. Dies trifft, wie Tabelle A.1 im Anhang zeigt, für 15 der 40 Staaten zu, die hier untersucht wurden. Das heißt, in 15 der afrikanischen Staaten ist das reale Pro-Kopf-Sozialprodukt in dem betrachteten Zeitintervall gesunken.

Der Beitrag des Struktur- und Technologieeffekts schwankt ebenfalls erheblich zwischen den Staaten. Er liegt zwischen 78,6% (Mauretanien) und

[10] Die durchschnittliche jährliche Wachstumsrate der Bevölkerung über den betrachteten Zeitraum hinweg ist jeweils in Klammern hinter den Ländernamen angegeben.

[11] Die Zahlenwerte für die Effekte sind als Beträge ermittelt. Wenn in den Tabellen negative Vorzeichen auftauchen, soll dies nur zum Ausdruck bringen, daß die betreffende Größe im betrachteten Zeitraum gesunken ist.

0,9% (Südafrika). In 15 der 40 Fälle ist das Vorzeichen des Beitrages negativ, d.h. durch technischen Fortschritt, Strukturwandel und eine veränderte Struktur der eingesetzten Energieträger sind die CO_2-Emissionen pro Einheit des Sozialproduktes gesunken. Das heißt allerdings umgekehrt auch, daß in den restlichen Fällen eine Entwicklung in Richtung einer CO_2-intensiveren Produktion stattgefunden hat.

Tabelle 3.1. Einfluß auf die jährlichen Wachstumsrate der CO_2-Emissionen für Afrika

Bevölkerung	Struktur- und Technologieeffekt	Pro-Kopf-Sozialprodukt
45,9%	26,7%	24,4%

In der Tabelle 3.1 sind die aggregierten Ergebnisse zusammengetragen. Hier zeigt sich, daß etwa 45,9% der durchschnittlichen jährlichen Wachstumsrate der CO_2-Emissionen bei Anwendung des einfachen Zerlegungsansatzes dem Bevölkerungswachstum zugerechnet werden kann. Die anderen 54,1% verteilen sich jeweils annähernd gleichmäßig auf die beiden Größen Struktur- und Technologieeffekt sowie auf die Änderung des Pro-Kopf-Sozialproduktes. Die detaillierte Betrachtung für die einzelnen Staaten macht dabei deutlich, daß die Staaten hinsichtlich des Beitrags des Bevölkerungswachstums heterogen sind.

Darüber hinaus bleibt festzuhalten, daß aus Abbildung 3.1 erkennbar ist, daß es keinen statistischen Zusammenhang zwischen der Höhe der Bevölkerungswachstumsrate und dem relativen Beitrag des Bevölkerungswachstums zur durchschnittlichen Wachstumsrate der CO_2-Emissionen gibt. Dies bestätigt sich durch den mit 0,1 niedrigen Wert für die Korrelation zwischen den beiden Größen.[12]

[12] Die Korrelation zwischen der Bevölkerungswachstumsrate und dem Beitrag der Änderung der Bevölkerung zum Wachstum der CO_2-Emissionen kann aufgrund des Identitätsansatzes als Maß für die Homogenität der betrachteten Staaten hinsichtlich des Produktes der anderen beiden Größen, d.h. ($\frac{Y}{P} \cdot \frac{C}{Y}$) interpretiert werden. Ist dies für die Länder gleich, müßte die Korrelation theoretisch 1 sein.

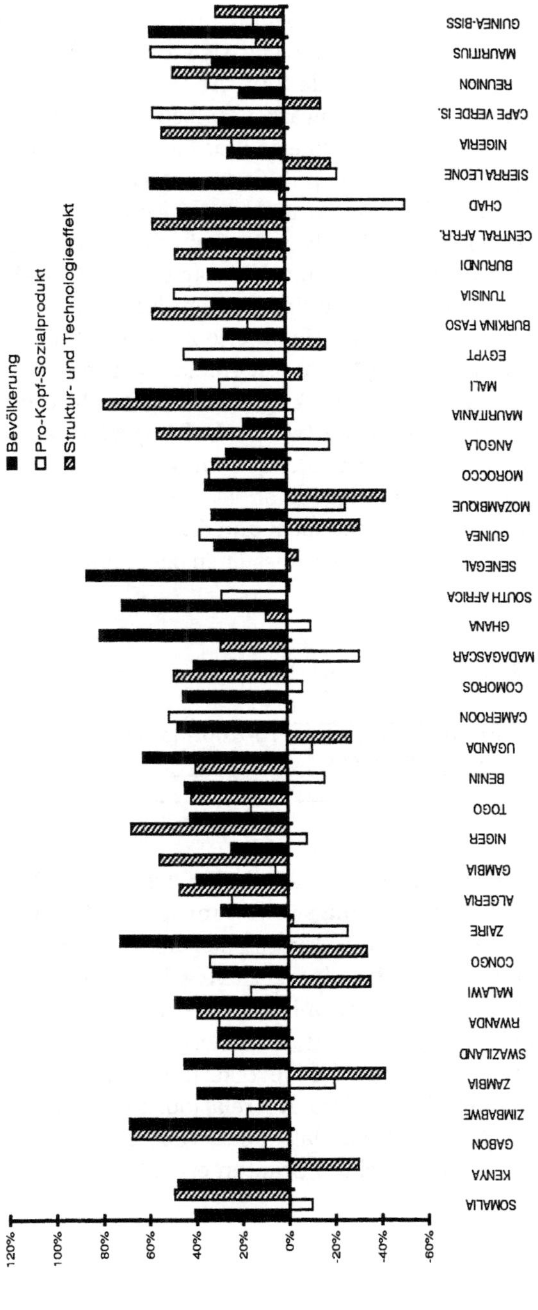

Abb. 3.1 Komponentenzerlegung für Afrika sortiert nach der Höhe der Bevölkerungswachstumsrate

3.5.2 Lateinamerika

In der Abbildung 3.2 sind die Ergebnisse der Zerlegung für Lateinamerika angeführt. Die Länder sind hier ebenfalls nach der Größe der Bevölkerungswachstumsrate sortiert. Auch hier zeigt sich, daß das Bevölkerungswachstum einen stets positiven (vgl. Tabelle 2 im Anhang) Beitrag zu dem Wachstum der CO_2-Emissionen liefert (schwarzer Balken). Allerdings variiert auch dieser stark zwischen 76,1% (Venezuela) und 5,6% (Barbados).

Die Beiträge des Struktur- und Technologieeffektes (gerasterter Balken) liegen zwischen 0,2% (Venezuela) und 67,4% (Suriname), wobei dieser Effekt in 7 von 25 Staaten negativ ist. Hier fand ein Struktur- und Technologiewandel statt, der ceteris paribus zu einem Rückgang der CO_2-Emissionen führte. In den anderen Staaten sind Veränderungen hin zu einer CO_2-intensiveren, d.h. energieintensiveren Produktionsweise zu beobachten. Eine mögliche Ursache für diese Entwicklung könnte in einem stärkeren Wachstum energieintensiver Produktionssektoren im Zuge der Industrialisierung liegen.

Das Pro-Kopf-Sozialprodukt (weißer Balken) trägt je nach Land zwischen 0,4% (Surinam) und 57% (Brasilien) zum Wachstum der CO_2-Emissionen bei. Auch hier gilt: in 7 von 25 Fällen ist der Beitrag negativ, d.h. das reale Pro-Kopf-Sozialprodukt ist gesunken und damit wurde auch die durchschnittliche Wachstumsrate der CO_2-Emissionen zu niedrigeren Wachstumsraten hin beeinflußt.

Tabelle 3.2. Einfluß auf die jährlichen Wachstumsrate der CO_2-Emissionen für Lateinamerika

Bevölkerung	Struktur- und Technologieeffekt	Pro-Kopf-Sozialprodukt
44,6%	19,1%	36,3%

Die Ergebnisse für Lateinamerika sind in der Tabelle 3.2 zusammengefaßt. Insgesamt trägt das Bevölkerungswachstum zu 44,6% zum durchschnittlichen jährlichen Wachstum der CO_2-Emissionen bei; dem Struktur- und Technologieeffekt kommt mit 19,1% eine geringere Bedeutung zu. Der Einfluß des Sozialproduktes Pro-Kopf wird mit 36,3% ermittelt.

Darüber hinaus zeigt sich für Südamerika ein Zusammenhang zwischen der Höhe der Wachstumsrate der Bevölkerung und dem Beitrag zum Wachstum der Gesamtemissionen. Der Korrelationskoeffizient beträgt 0,72. Aber auch hier bleibt festzuhalten, daß die Veränderungen in den betrachteten Größen sich in den untersuchten Staaten erheblich unterscheidet.

Abb. 3.2 Komponentenzerlegung für Lateinamerika sortiert nach der Höhe der Bevölkerungswachstumsrate

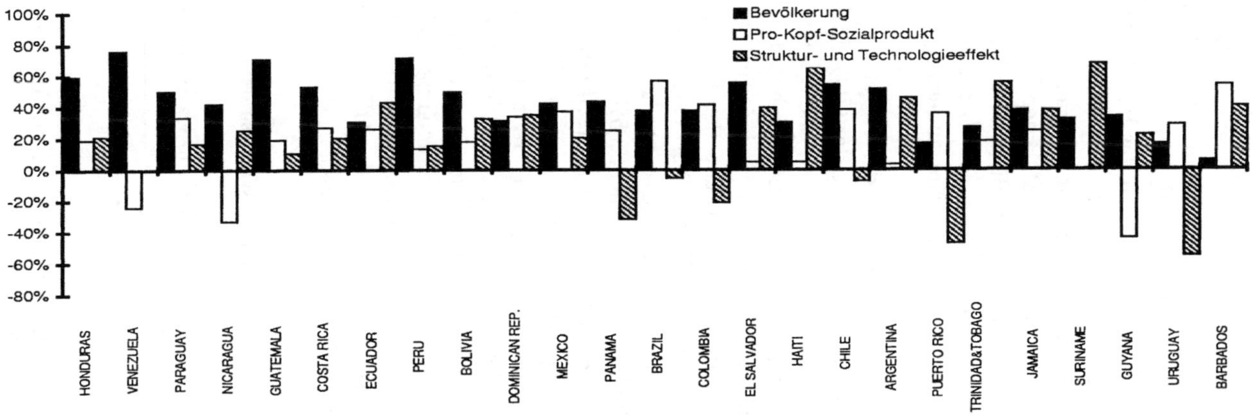

3.5.3 OECD

In Abbildung 3.3 sind die Ergebnisse für die OECD Staaten geordnet nach der Wachstumsrate der Bevölkerung dargestellt. Hier zeigt sich, daß die Bevölkerungsentwicklung (schwarzer Balken) von eher untergeordneter Bedeutung ist. Ihr Beitrag schwankt zwischen 37,1% und 3,3%. Dabei fällt auf, daß er in den Ländern Neuseeland, Australien, USA und Kanada am höchsten ist. Dies deutet darauf hin, daß in diesen Staaten das Bevölkerungswachstum im Vergleich zu den Änderungen des Struktur- und Technologieeffektes (gerasterter Balken) und des Pro-Kopf-Sozialproduktes (weißer Balken) größer ausfällt, als dies in den restlichen Staaten der OECD der Fall ist. Eine Ursache hierfür könnte in dem durch Zuwanderung bedingten höheren Bevölkerungswachstum in diesen Staaten liegen, was mit dem Umstand, daß Australien, Neuseeland, USA und Kanada klassische Einwanderungsländer sind, kompatibel ist.

Hoch ist in den OECD Staaten in der Regel der Beitrag des Struktur- und Technologieeffektes zur Veränderung der CO_2-Emissionen. Dieser ist bis auf die drei Staaten Neuseeland, Norwegen und Spanien negativ, d.h., Strukturwandel und Änderungen in der Technologie haben in den anderen Staaten ceteris paribus zu einem Rückgang der Emissionen geführt. In den Staaten, in denen dieser Effekt zu einer Reduktion der Emissionen beigetragen hat, variiert der Beitrag zwischen 13,8% (Italien) und 57,8% (Luxenburg). Besonders zu beachten ist ebenfalls die Änderung des Pro-Kopf-Sozialproduktes. Der Beitrag dieses Effektes liegt zwischen 38,5% und 84,3%. Ferner zeigt sich, daß der Beitrag des Sozialproduktes in allen Staaten positiv ist. Das heißt, das Wachstum der CO_2-Emissionen ist auf das Wachstum des realen Pro-Kopf-Sozialprodukts und in geringerem Maße auf das Bevölkerungswachstum zurückzuführen. Dabei wird diese Entwicklung aber wesentlich gedämpft durch eine Verbesserung der Energieeffizienz und einen Wandel hin zu weniger CO_2-intensiven Produktionssektoren. Dennoch ist auch hier die Entwicklung in den einzelnen Staaten recht heterogen, selbst wenn der Eindruck entstehen könnte, daß die Unterschiede innerhalb der OECD nicht so ausgeprägt sind wie innerhalb Afrikas und Lateinamerikas.

Tabelle 3.3. Einfluß auf die jährlichen Wachstumsrate der CO_2-Emissionen für die OECD

Bevölkerung	Struktur- und Technologieeffekt	Pro-Kopf-Sozialprodukt
16,8%	(-)48,7%	34,5%

Das skizzierte Bild bestätigt sich auch im Aggregat in Tabelle 3.3. Hier ist das Bevölkerungswachstum mit 16,8% gegenüber den anderen beiden Effekten von untergeordneter Bedeutung. Der wichtigste Effekt für die OECD

Staaten ist mit (-)48,7% der Struktur- und Technologieeffekt.[13] Insbesondere hat er dazu beigetragen, daß die CO_2-Emissionen nicht im gleichen Maße gestiegen sind, wie die Bevölkerung und das Pro-Kopf-Sozialprodukt. Die Korrelation zwischen der Wachstumsrate der Bevölkerung und dem Beitrag des Bevölkerungswachstums ist hier mit 0,85 am größten.

3.6 Folgerungen auf der Basis der einfachen Zerlegung

In der Einleitung wurde die Frage gestellt, welche Bedeutung das Bevölkerungswachstum bei der Inanspruchnahme der Umwelt als Rohstofflieferant und Schadstoffempfänger in der Vergangenheit hattte. Nach den empirischen Untersuchungen der vorangegangenen Abschnitte ist nun zu prüfen, ob, bzw. welche Schlußfolgerungen sich bezüglich dieser Frage auf der Basis der verwendeten Zerlegung formulieren lassen, mit deren Hilfe die vergangene Entwicklungen als wichtig erachteter Einflußgrößen auf die Veränderung der CO_2-Emissionen strukturiert wurde.

Tabelle 3.4. Zusammenfassung der Ergebnisse der Zerlegung

	Bevölkerung	Struktur- und Technologieeffekt	Pro-Kopf-Sozialprodukt
Afrika	45,9%	26,7%	24,4%
Lateinamerika	44,6%	19,1%	36,3%
OECD	16,8%	(-)48,7%	34,5%

In Tabelle 3.4 sind die Ergebnisse für die untersuchten Regionen zusammengefaßt. Die Untersuchung hat zunächst einmal gezeigt, daß gerade in den Entwicklungsregionen, für die stellvertretend Afrika und Südamerika betrachtet wurden, der relative Beitrag des Bevölkerungswachstums zum durchschnittlichen Wachstum der CO_2-Emissionen hoch war. Dies trifft für die Industriestaaten (OECD) nicht in dem gleichen Ausmaß zu. Hinter dieser Einschätzung verbirgt sich aber ein heterogenes Bild: die Untersuchung auf der Ebene der einzelnen Staaten zeigt nämlich erhebliche Unterschiede bezüglich des Beitrages des Bevölkerungswachstums zum Wachstum der CO_2-Emissionen in den einzelnen Staaten.

Festzuhalten bleibt ferner, daß das Bevölkerungswachstum in allen Staaten stets positiv war und damit einen Beitrag zum Wachstum der CO_2-Emissionen leistet. Anders sieht dies beim Struktur- und Technologieeffekt und beim Pro-Kopf-Sozialprodukt aus. Hier ergibt sich zunächst für die Staaten der OECD das einheitlichste Bild. Diese zeigen in der Regel einen nega-

[13] Das Minuszeichen steht hier in Klammer, da bei der Aggregation nur mit Beträgen gerechnet wird. Das Minuszeichen soll darauf aufmerksam machen, daß der Struktur- und Technologieeffekt ceteris paribus zu einem Rückgang der Emissionen geführt hätte.

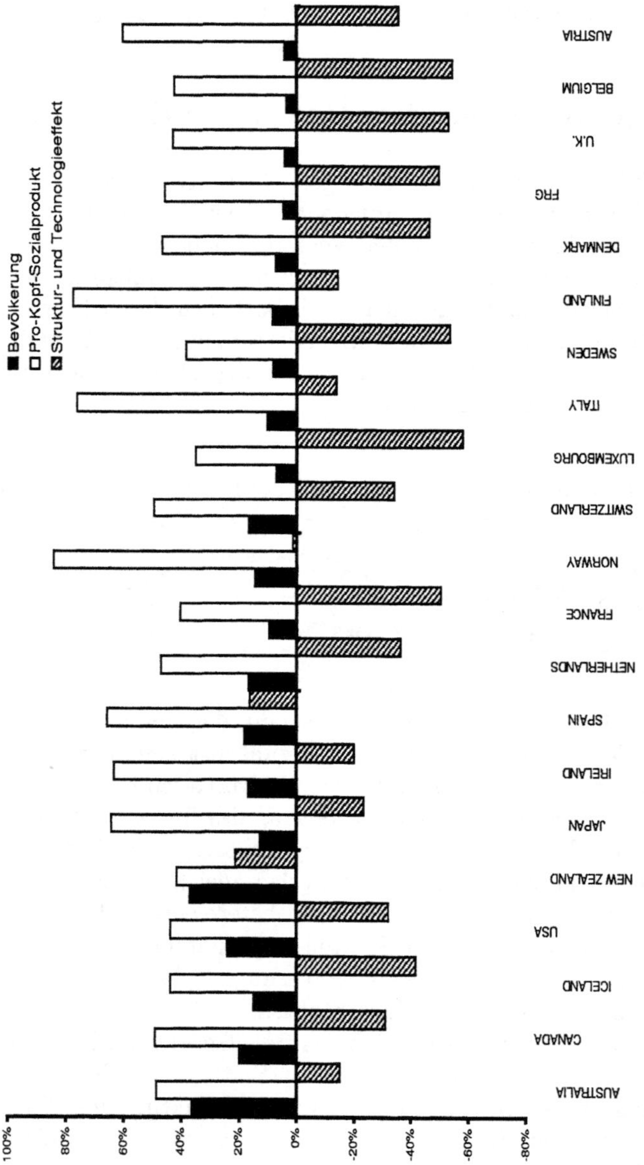

Abb. 3.3 Komponentenzerlegung für die OECD sortiert nach der Höhe der Bevölkerungswachstumsrate.

tiven Beitrag des Struktur- und Technologieeffektes, d.h. durch Strukturwandel und technischen Fortschritt haben sich der spezifische Energieeinsatz sowie der Brennstoffmix verändert. In der Folge davon sind die CO_2-Emissionen pro Einheit des Sozialproduktes gesunken. Demgegenüber steht in allen OECD Staaten ein positiver Beitrag durch das Wachstum des realen Pro-Kopf-Sozialproduktes, d.h. durch einen insgesamt gestiegenen Verbrauch an Gütern und Dienstleistungen.

So eindeutig wie in der OECD ist diese Entwicklung in Afrika und Lateinamerika nicht. Hier gilt, daß der Struktur- und Technologieeffekt in 33 von 65 untersuchten Staaten positiv ist. Damit sind in diesen Ländern im betrachteten Zeitraum die CO_2-Emissionen pro bereitgestellter Einheit des Sozialproduktes gestiegen. Dies deutet vor allem auf eine Phase der Industrialisierung in diesen Staaten hin, in deren Verlauf beispielsweise energieintensiv produzierende Sektoren der Grundstoffindustrie stärker gewachsen sind als andere.

Ähnlich unterschiedliche Ergebnisse zeigen sich auch hinsichtlich des Einflusses der Änderung des Pro-Kopf-Sozialproduktes. Dieser Effekt ist in Afrika in 15 von 40 und in Lateinamerika in 7 von 25 Fällen negativ, das bedeutet, hier hat ein Rückgang im realen Pro-Kopf-Sozialprodukt ceteris paribus zu einem Rückgang der CO_2-Emissionen geführt.

Allgemein gilt, daß eine Politik, die zu einem Rückgang des Bevölkerungswachstums führt, ceteris paribus auch die Umwelt entlastet. Allerdings hat die hier vorgelegte Untersuchung gezeigt, daß der Beitrag des Bevölkerungswachstums zwischen den Staaten erhebliche Unterschiede aufweist. Diese jeweils länderspezifischen Ergebnisse müssen bei der Politikformulierung berücksichtigt werden. Falls sich dieses Ergebnis in weiteren Studien bestätigen würde, kann die pauschale Schlußfolgerung, daß ex-post vor allem das Bevölkerungswachstum zur gestiegenen CO_2-Emission beigetragen hat, aufgrund der bisherigen Untersuchungen nicht gerechtfertigt werden.

Aufgrund des verwendeten Zerlegungsansatzes kann zwar nicht gezeigt werden, inwieweit das Bevölkerungswachstum selbst die Entwicklung der Technologie und des Wohlstandsniveaus beeinflußt. Dennoch kann man festhalten, daß Maßnahmen, die bei der eingesetzten Produktionstechnologie und der Sektorstruktur ansetzen, einen Beitrag zur Lösung von Umweltproblemen leisten, bzw. daß durch weiteren ressourcensparenden technischen Fortschritt ein höheres Bevölkerungswachstum akzeptiert werden könnte, ohne daß hierdurch die Umweltbelastung zunehmen muß.

Solche Politikmaßnahmen sollten Priorität haben; denn Maßnahmen, die darauf abzielen, das Wachstum des Pro-Kopf-Sozialproduktes zu reduzieren, würden zwar ebenfalls einen wichtigen Beitrag zur Reduktion der Wachstumsrate der CO_2-Emissionen leisten, sind aber gerade für die Staaten der 3. Welt, in denen noch nicht einmal die Grundbedürfnisse der Bewohner befriedigt werden können, nicht durchführbar und in den reichen westlichen Industriestaaten politisch kaum realisierbar. Darüber hinaus bleibt aber auch festzuhalten, daß auch bevölkerungspolitische Maßnahmen geeignet sind, um den Umweltverbrauch zu begrenzen.

Die bisherigen Schlußfolgerung hinsichtlich der Prioritäten politischer Maßnahmen beruhen auf Ergebnissen, die auf der Basis von Zerlegungen gewonnen wurden. Damit stellt sich angesichts der prinzipiellen Vorbehalte gegenüber den Zerlegungsansätzen die Frage, ob man auf dieser Basis überhaupt zu Politikempfehlungen gelangen kann. Sofern man eine Umweltpolitik auf wissenschaftlicher Grundlage konzipieren möchte, ist diese Frage schon aufgrund der mangelnden Falsifizierbarbeit der Resultate der Zerlegungsansätze zu verneinen.

Wenn man aber bedenkt, daß Politik nur selten auf der Grundlage rein wissenschaftlicher Überlegungen formuliert wird, wenn man weiterhin bedenkt, daß für komplexe Fragen wie der hier untersuchten eine wissenschaftliche Grundlage in absehbarer Zeit nicht in Sicht ist, muß die Antwort differenzierter ausfallen. Gerade in komplexen Zusammenhängen kann man kaum mehr verlangen, als daß sie auf plausible und nachvollziehbaren Argumenten beruht.

Abgesehen von den prinzipiellen Kritikpunkten an Zerlegungsansätzen stehen die Schlußfolgerungen noch unter folgenden Vorbehalten:

1. Aus der Perspektive der ökonomischen Theorie kann man alleine auf der Grundlage quantitativer Beiträge der Veränderung der drei Größen Struktur- und Technologieeffekt, Pro-Kopf-Sozialprodukt und Bevölkerungsgröße noch keine Priorität politischer Maßnahmen begründen. Darüber hinaus müssen auch die Kosten entsprechender Politikmaßnahmen in Betracht gezogen werden. So zeigt beispielsweise Birdsall (1994), daß die Kosten bevölkerungspolitischer Maßnahmen zur Reduktion der weltweiten CO_2-Emissionen um 10% niedriger sind als eine entsprechende Besteuerung der Emissionen. Dabei ist jedoch anzumerken, daß die Annahmen, die der Studie zugrunde liegen, kritisch sind und es keinesfalls sichergestellt ist, daß die Ergebnisse nicht signifikant von den getroffenen Annahmen abhängen. Die Arbeit von Bridsall (1994) zeigt aber, daß eine Betrachtung der Kosten von umwelt- und bevölkerungspolitischen Maßnahmen unter Umständen die Ergebnisse einer auf Quantitäten beruhenden Analyse wesentlich verändern.
2. Der zweite Kritikpunkt steht in engem Zusammenhang mit dem ersten. In der bisherigen Betrachtung wurden die Rohstoff- und Umweltprobleme anhand der Änderung der Wachstumsraten von Emissionen untersucht. Diese Perspektive liefert aber nur ein eingeschränktes Bild dieser Probleme. Rohstoff- und Umweltprobleme, aber auch die Bevölkerungsentwicklung, lassen sich nur dann umfassend verstehen, wenn man neben den Wachstumsraten die Altersstruktur der Bevölkerung sowie die Bestände von Rohstoffregenerationskapazitäten und Schadstoffen berücksichtigt; denn hierdurch wird die zeitliche Struktur des Problems wesentlich mit-

bestimmt, wie z.B. die Ausführungen zur Dynamik des Bevölkerungswachstums oben in den Abschnitten 1.2 und 1.3 gezeigt haben.

Die Berücksichtigung der beiden hier angesprochenen Kritikpunkte stellen die Schlußfolgerungen aus der empirischen Untersuchung nicht notwendigerweise in Frage. Eine weitere Untersuchung der Rolle des Bevölkerungswachstums bei der Inanspruchnahme der Umwelt als Rohstofflieferant und Schadstoffempfänger muß nun versuchen, diese beiden Kritikpunkte zu bedenken.

Die Erkenntnis, daß das Bevölkerungswachstum einen wichtigen Beitrag zur Vergrößerung des Umweltproblems leistet, mag nicht überraschen. Unsere Studie hat gezeigt, daß dieser Beitrag zwischen einzelnen Staaten erhebliche Unterschiede aufweist und nicht zwangsläufig mit der Höhe der Wachstumsrate der Bevölkerung korreliert ist. Um allerdings Aussagen über die Prioritäten von Politikmaßnahmen zu formulieren, müßte die bisherige Betrachtung durch eine intertemporale Analyse der ökonomischen Effizienz von bevölkerungspolitischen sowie umweltpolitischen Maßnahmen zur Reduktion der Umweltbelastung und durch eine umfangreiche empirische Untersuchung der Wechselwirkungen zwischen Einflußgrößen ergänzt werden. Ansatzpunkte für eine theoretische Analyse und deren grundlegende Probleme werden wir in Kapitel 7 ausführlich darlegen.

Anhang

Tabellen

Die nachfolgenden Tabellen erhalten die Einzelergebnisse der Zerlegungen für die jeweiligen Regionen. Ein Minuszeichen vor dem jeweiligen Wert bedeutet, daß die betreffende Größe im betrachteten Zeitraum gesunken ist. Zusätzlich zu den unter aufgeführten Staaten, wurden für die Varianzbetrachtung zusätzlich die folgenden 16 asiatischen Staaten berücksichtigt: China, Hong-Kong, Indien, Indonesien, Iran, Israel, Jordanien, Republik Korea, Malaysia, Myanmar, Philippienen, Saudi-Arabien, Singapur, Sri Lanka, Syrien und Thailand.

Tabelle 3.5. Afrika

	Struktur- und Technologieeffekt	Pro-Kopf Sozialprodukt	Bevölkerung
ALGERIA	46.8%	24.1%	29.1%
ANGOLA	55.7%	-18.4%	25.9%
BENIN	39.7%	-15.9%	44.4%
BURKINA FASO	57.3%	16.2%	26.5%
BURUNDI	47.4%	19.5%	33.1%
CAMEROON	-1.6%	51.0%	47.4%
CAPE VERDE IS.	-15.5%	56.6%	28.0%
CENTRAL AFRICA	56,9%	7,8%	35,3%
CHAD	2.2%	-51.6%	46.2%
COMOROS	48.6%	-6.6%	44.7%
CONGO	-33.7%	33.9%	32.4%
EGYPT	-17.3%	43.7%	39.0%
GABON	67.7%	10.5%	21.8%
GAMBIA	55.3%	5.5%	39.2%
GHANA	9.1%	-10.0%	80.8%
GUINEA	-31.4%	37.3%	31.3%
GUINEA-BISSAU	29.3%	12.8%	57.9%
KENYA	-29.8%	22.0%	48.1%
MADAGASKA	28,9%	-31,0%	40,1%
MALAWI	-35.0%	16.1%	48.8%
MALI	-6.7%	28.8%	64.5%
MAURITANIA	78.6%	-2.9%	18.6%
MAURITIUS	11.8%	57.3%	30.9%
MOROCCO	31.6%	33.4%	35.0%
MOZAMBIQUE	-42.5%	-25.2%	32.3%
NIGER	67.4%	-8.2%	24.4%
NIGERIA	52.9%	22.4%	24.6%
REUNION	48.1%	32.4%	19.5%
RWANDA	39.3%	30.0%	30.7%

Tabelle 3.6. Afrika (Fortsetzung)

	Struktur- und Technologieeffekt	Pro-Kopf Sozialprodukt	Bevölkerung
SENEGAL	-4.5%	-1.2%	94.3%
SIERRA LEONE	-19.8%	-22.3%	57.9%
SOMALIA	49.6%	-9.4%	41.0%
SOUTH AFRICA	-0.9%	28.0%	71.1%
SWAZILAND	30.7%	24.3%	45.1%
TOGO	41.7%	16.0%	42.3%
TUNISIA	20.2%	48.0%	31.8%
UGANDA	-27.4%	-10.5%	62.1%
ZAIRE	-2.1%	-25.5%	72.3%
ZAMBIA	-41.2%	-19.3%	39.5%
ZIMBABWE	13.0%	18.2%	68.8%

Tabelle 3.7. Lateinamerika

	Struktur- und Technologieeffekt	Pro-Kopf Sozialprodukt	Bevölkerung
ARGENTINA	45.7%	-3.0%	51.3%
BARBADOS	40.4%	54.0%	5.6%
BOLIVIA	32.6%	17.8%	49.7%
BRAZIL	-5.0%	57.0%	38.0%
CHILE	-7.6%	38.2%	54.2%
COLOMBIA	-20.9%	41.4%	37.7%
COSTA RICA	20.4%	26.6%	53.0%
DOMINICAN REP.	34.9%	33.9%	31.2%
ECUADOR	43.2%	26.1%	30.8%
EL SALVADOR	39.8%	4.8%	55.4%
GUATEMALA	-10.4%	18.9%	70.7%
GUYANA	22.1%	-43.8%	34.0%
HAITI	65.1%	-4.8%	30.1%
HONDURAS	21.0%	19.2%	59.7%
JAMAICA	37.7%	24.3%	38.0%
MEXICO	20.2%	37.2%	42.6%
NICARAGUA	25.1%	-32.9%	42.0%
PANAMA	-31.4%	25.0%	43.6%
PARAGUAY	16.5%	33.2%	50.3%
PERU	15.1%	-13.5%	71.4%
PUERTO RICO	-47.2%	36.0%	16.7%
SURINAME	67.4%	-0.4%	32.2%
TRINIDAD & TOBAGO	55.3%	17.8%	26.9%
URUGUAY	-55.3%	28.6%	16.1%
VENEZUELA	0.2%	-23.7%	76.1%

Tabelle 3.8. OECD

	Struktur- und Technologieeffekt	Pro-Kopf Sozialprodukt	Bevölkerung
AUSTRALIA	-15.1%	48.6%	36.3%
AUSTRIA	-35.6%	60.2%	4.2%
BELGIUM	-54.4%	42.3%	3.3%
CANADA	-31.0%	49.0%	20.0%
DENMARK	-46.2%	46.5%	7.3%
FINLAND	-14.3%	77.4%	8.3%
FRANCE	-50.2%	40.4%	9.4%
FRG	-49.7%	45.7%	4.6%
ICELAND	-41.6%	43.6%	1 4.8%
IRELAND	-20.0%	63.3%	16.7%
ITALY	-13.8%	76.1%	10.1%
JAPAN	-23.3%	64.1%	12.5%
LUXEMBOURG	-57.8%	35.1%	7.1%
NETHERLANDS	-36.2%	47.1%	16.7%
NEW ZEALAND	21.3%	41.6%	37.1%
NORWAY	1.3%	84.3%	14.4%
SPAIN	16.2%	65.7%	18.1%
SWEDEN	-53.3%	38.5%	8.1%
SWITZERLAND	-33.9%	49.6%	16.5%
U.K.	-53.0%	43.0%	4.0%
USA	-32.1%	43.7%	24.2%

4. Dogmenhistorische Betrachtung der Bevölkerungstheorie

Nachdem wir uns in den vorangegangenen Kapiteln mit den empirischen Aspekten des Zusammenhangs von Bevölkerungsentwicklung und Umweltnutzung beschäftigt haben, wollen wir in den folgenden Kapiteln diese Beziehung aus theoretischer Perspektive untersuchen. Hierzu werden wir zunächst anhand ausgewählter historischer Bevölkerungstheorien aufzeigen, wie die Bevölkerungsentwicklung erklärt und auf welche Weise die Frage nach der optimalen Bevölkerungsgröße beantwortete wurde.[1] Beginnen wollen wir dabei mit der Darstellung der Überlegungen von Aristoteles.

4.1 Die Bevölkerungstheorie des Aristoteles

Aristoteles hat keinen geschlossenen Entwurf einer Bevölkerungstheorie vorlegt, er hat sich jedoch so intensiv mit dem Problem der Bevölkerungsentwicklung auseinandergesetzt, daß man eine aristotelische Bevölkerungstheorie rekonstruieren kann. Seine Ausführungen zu diesem Thema stehen im Zusammenhang mit seiner Kritik an den damals vorherrschenden Staatsauffassungen - insbesondere an Platons Idealstaat - und dem damit kontrastierten Entwurf einer eigenen Staatskonzeption. Dementsprechend finden sich die meisten Ausführungen zu den Determinanten der Bevölkerungsentwicklung und zur Frage nach der Existenz einer optimalen Bevölkerungsgröße in seiner 'Politik' (Buch 2 und Buch 7). Ergänzt werden diese durch eine Auflistung bevölkerungspolitischer Maßnahmen, im siebten Buch der Politik.

Die Anordnung der Bemerkungen Aristoteles' zur Bevölkerung in den Kapiteln, in denen er sich mit Staatstheorien beschäftigt, zeigt bereits, daß für Aristoteles die Größe und Struktur der Bevölkerung von der gewünschten Verfassung des Staates abhängt. Da die Verfassung ihrerseits wesentlich durch das Menschenbild bestimmt wird, ist auch die optimale Bevölkerungsgröße eng mit der Vorstellung über den Menschen und über das Ziel menschlichen Lebens verknüpft. Diese Thesen sollen im folgenden durch eine detailliertere Analyse der bevölkerungstheoretischen Aussagen des Aristoteles belegt werden.

[1] Eine umfassende Darstellung der Geschichte der Bevölkerungstheorien findet sich bei Overbeek (1974).

4.1.1 Das Menschenbild bei Aristoteles und die optimale Bevölkerungsgröße

Für Aristoteles ist der Mensch von Natur aus ein soziales Lebewesen (zoon politikon). Er begründet dies mit dem im menschlichen Wesen gegebenen Sozialtrieb, der durch die rationale Begabung des Menschen noch verstärkt wird. Menschen schließen sich zu verschiedenen Arten von Gemeinschaften zusammen (Pol. I.2 1252a 27)[2], um neues Leben hervorzubringen und bestehendes Leben zu erhalten: Weil jedem Lebewesen ein biologisch gegebener Fortpflanzungstrieb innewohnt, verbinden sich das Männliche und Weibliche, um sich fortzupflanzen.

Darüber hinaus schließen sich Menschen zusammen, weil einer den Verstand hat, Dinge vorherzusehen und zu planen, und der andere die körperliche Kraft besitzt, die Pläne des Partners umzusetzen. Schließlich können Menschen miteinander kommunizieren und sich so Vorstellungen über Gerechtes und Ungerechtes machen. Die hieraus entwickelten gemeinsamen Vorstellungen über Recht und Unrecht führen Menschen zu Familien und in Staaten zusammen (Pol I.2. 1253a 14, Pol I.2 1253a 19).

Aus den genannten Verbindungen zwischen Menschen entsteht zunächst die Hausgemeinschaft (Pol I.2.1252b 9), die aus den Partnerschaften zwischen Mann und Frau und dem Zusammenschluß von Herr und Sklave besteht. Diese Hausgemeinschaft dient in erster Linie dem Zweck der Fortpflanzung und der Lebenserhaltung. Aus mehreren Häusern entsteht das Dorf. Die Dorfgemeinschaft ist diejenige, die über die täglichen Bedürfnisse hinausgeht. Mehrere Dörfer zusammen bilden schließlich den Staat, dessen Zweck es ist, die Erfüllung des höchsten Zieles sicherzustellen, nämlich die Selbstgenügsamkeit (Autarkie). Das Leben in einem solchen Staat in Autarkie ist für Aristoteles das naturgegebene Ziel menschlichen Lebens. Warum dies so ist, soll im folgenden dargestellt werden.

Menschen verfolgen verschiedene Ziele, z.B. den Erwerb von materiellen Gütern oder Geld. Diese Gegenstände lassen sich aber nicht als Lebensziel bezeichnen. Sie sind nur Mittel, um andere Zwecke zu erreichen. Ein Lebensziel kann nur eines sein, das um seiner selbst willen angestrebt wird und nicht wiederum Mittel zur Erreichung eines anderen Zweckes ist. Ein solches Ziel ist für Aristoteles die Glückseligkeit:

> "Vollkommener nennen wir das um seiner selbst willen Erstrebte gegenüber dem um anderer Ziele willen Erstrebten....; allgemein ist das vollkommene Ziel dasjenige, was stets nur an sich und niemals um eines anderen willen gesucht wird. Derart dürfte in erster Linie die Glückseligkeit sein. Denn diese suchen wir stets wegen ihrer selbst willen und niemals wegen eines anderen." (Nikomachische Ethik I.1097a 31-32 und 35-38).

[2] Die 'Politik' des Aristoteles wird im folgenden immer mit Pol. abgekürzt.

Diese Glückseligkeit setzt Aristoteles in seinen weiteren Ausführungen mit Selbstgenügsamkeit gleich, wenn er schreibt:

> "Als selbstgenügsam gilt uns dasjenige, was für sich allein das Leben begehrenswert macht und völlig bedürfnislos. Für etwas Derartiges halten wir die Glückseligkeit... ." (Nikomachische Ethik 1097b 14-16).

Für Aristoteles besteht das Lebensziel des Menschen darin, das Beste zu erreichen. Dieses Beste ist die Selbstgenügsamkeit (autarkeia) und zwar in einer doppelten Bedeutung:

1. Es ist zum einen der menschliche Bewußtseinszustand der Glückseligkeit (eudaimonia).
2. Zum anderen sind damit auch die äußeren Lebensbedingungen des Menschen, seine Versorgung mit Gütern, die für das Leben in Glückseligkeit notwendig sind, angesprochen.

Die Glückseligkeit ist also nicht ausschließlich ein Zustand des menschlichen Bewußtseins. Um einen Zustand der Glückseligkeit zu erreichen, bedarf es einer bestimmten Ausstattung mit Gütern. Die Güterversorgung hat aber eine Grenze; sie ist nicht maßloser Selbstzweck, sondern dem Streben nach Glückseligkeit untergeordnet.

> "Der Glückselige wird als Mensch auch in guten äußeren Verhältnissen leben müssen. ... Indessen, darf man, wenn man ohne die äußeren Güter nicht glückselig sein kann, darum nicht meinen, daß dazu viele und große Güter erforderlich sind." (Nikomachische Ethik 1178b30 - 1179a4).

Darüber hinaus kann die Versorgung mit den Gütern und die äußere Sicherheit nur in der staatlichen Gemeinschaft gewährleistet werden. Somit ist die Glückseligkeit nur im Staat erreichbar, d.h. Menschen müssen sich in sozialen und politischen Gemeinschaften zusammenschließen, um ihr Menschsein zu verwirklichen (Miller 1991:94). Der Staat entsteht zunächst, um die materielle Versorgung des Einzelnen sicherzustellen. Darüber hinaus hat der Staat aber weitergehende Funktionen, er muß nämlich letztlich dafür Sorge tragen, daß die Menschen ein vollendetes Leben führen. Der Wirtschaft in diesem Staat fällt dann die Aufgabe zu, dafür zu sorgen, daß dieses rechte Maß an Gütern, das für ein gutes gelingendes Leben notwendig ist, bereitgestellt wird.

Dies ist nun der Anknüpfungspunkt, um im Kontext aristotelischer Überlegungen die Frage nach der optimalen Bevölkerungsgröße eines Staates zu thematisieren. Für Aristoteles läßt sich die staatliche Ordnung nämlich nur einrichten und aufrechterhalten, wenn der Staat eine angemessene Größe hat.

> "Daher fängt notwendigerweise ein wirklicher Staat erst da an, wo seine Volksmenge so groß ist, daß sie eben dazu ausreicht, sich selbst

genug zu sein zu einem vollendeten Leben in staatlicher Gemeinschaft..."(Pol. IIV 4 1326b 8-10).

Dies heißt einerseits, daß der Staat nicht zu klein sein darf. Er muß nämlich die Versorgung seiner Bürger gewährleisten können, also autark sein. Andererseits darf er auch nicht zu groß sein, da sonst die Ordnung nicht aufrechtzuerhalten ist und damit das "...vollendete Leben in staatlicher Gemeinschaft...", wie es in dem obigen Zitat zum Ausdruck gebracht wurde, in Frage steht. Die richtige Größe des Staates ist demnach "... eine Volksmenge von der Größe, welche die Autarkie des Staates ermöglicht und zugleich wohlüberschaubar bleibt"(Pol. VII 4.1326 b 25ff).

Aus diesem Zitat läßt sich schließen, daß Aristoteles von der Vorstellung einer optimalen Bevölkerungsgröße ausgeht. Die Bevölkerung hat dann die optimale Größe, wenn die Versorgung der Einwohner des Staates und die Aufrechterhaltung der staatlichen Ordnung gewährleistet werden kann. Dies ist eine unabdingbare Voraussetzung dafür, daß der Mensch sein 'Menschsein" realisieren kann. Ein solcher Zustand, d.h. eine Bevölkerungsgröße, die eine Entfaltung der Menschen in dem eben beschriebenen Sinne ermöglicht, stellt sich aber keineswegs von alleine ein. Sie muß beständig durch geeignete bevölkerungspolitische Maßnahmen garantiert werden, wie im nächsten Abschnitt gezeigt wird.

4.1.2 Die Notwendigkeit bevölkerungspolitischer Maßnahmen

Aristoteles leitet zwar die Existenz der Staaten aus dem biologisch gegebenen Trieb der Menschen ab, sich zu Gemeinschaften zusammenzuschließen, und er weist nach, daß die Menschen schon von Natur aus nach Glückseligkeit streben. Dennoch stellt sich aus seiner Sicht die richtige Bevölkerungsgröße nicht automatisch ein.[3] Eine aktive Bevölkerungspolitik ist vielmehr eine wichtige Aufgabe der staatlichen und familiären Gemeinschaft. Dies läßt sich aus seinen Ausführungen im zweiten und siebten Buch der Politik schließen.

Im zweiten Buch der Politik setzt sich Aristoteles mit realen und utopischen Staatsmodellen auseinander. Im Hinblick auf die Frage, ob sich die richtige Bevölkerungsgröße im Staate zwangsläufig einstellt, ist vor allem das sechste Kapitel des zweiten Buches, mit dem Titel 'Kritik an den platonischen Gesetzen (Nomoi)', von Bedeutung. Hier wirft Aristoteles Sokrates vor, das Vermögen an Grundeigentum für jeden beschränken und zu gleichen Teilen aufteilen zu wollen, sich aber über die Frage, wie es vererbt werden kann, unrealistische Vorstellungen zu machen. Aus der Sicht von Aristoteles kann ein solches Einkommensverteilungssystem nur funktionieren, wenn sich die Zahl der Bevölkerung nicht verändert.

[3] Dies gilt im übrigen auch für die Existenz des Staates. Er entsteht zwar naturgemäß, da die Menschen von Natur aus soziale Wesen sind. Damit die Menschen aber ihr Lebensziel realisieren können, muß der Staat eine bestimmte Gestalt haben, die sich nun nicht von selbst ergibt, sondern der politischen Gestaltung bedarf (vergleiche hierzu Pol. Buch 7).

> "Sonderbar ist es sodann auch, daß Sokrates allen Bürgern hier gleiches Grundeigentum zuweisen will und dabei doch nicht festsetzt, wie hoch die Menge derselben (gemeint ist hier die Zahl der Bürger, der Verf.) anwachsen darf, vielmehr jedem freiläßt, eine unbeschränkte Zahl von Kindern zu erzeugen, in der Voraussetzung, daß sich die Sache genügend ausgleichen und immer die nämliche Menge von Bürgern sich erhalten werde durch die häufigen Fälle von Kinderlosigkeit, wenn auch anderen noch so viele Nachkommen geboren würden, wie es auch in den bestehenden Staaten zu geschehen scheint." (Pol. II.6 .1265a38-1265b).

Aus der Sicht von Aristoteles kann aber nicht unbedingt erwartet werden, daß ein solches Gleichgewicht entsteht und auch noch Bestand hat. Wenn dies nicht zutrifft, dann besteht die Gefahr, daß aufgrund der Unteilbarkeit von Familiengrundstücken, die 'zuviel geborenen' Kinder mittellos bleiben. Deren Mittellosigkeit könnte wiederum die innere Sicherheit des Staates gefährden. Deshalb muß, wenn das Eigentum staatlich reguliert wird, auch die Zahl der Kinder festgelegt werden.

> "Ja, man sollte denken, es müßten weit mehr noch als in bezug auf das Vermögen beschränkende Bestimmungen in bezug auf die Kinderzeugung erforderlich sein, ..., und bei der Bestimmung dieser Anzahl wäre denn auf dergleichen eintretende Zufälle Rücksicht zu nehmen, wie darauf, daß manche Kinder jung wieder sterben und andere Ehen wiederum ganz kinderlos bleiben. Dagegen die Kinderzeugung ganz freizugeben, wie es in den meisten Staaten geschieht, davon würde die notwendige Folge dort Verarmung für die Bürger sein, Verarmung aber erzeugt wieder Aufruhr und Verbrechen." (Pol. II.6 1265b, 6-11).

Beruhen Aristoteles' Argumente für eine Begrenzung der Kinderzahl zu Beginn des Zitates noch auf der Voraussetzung einer staatlichen Regulierung des Eigentums, wie sie in dem utopischen Staatsentwurf von Sokrates vorgesehen ist, wendet er sich am Ende des Zitates gegen jegliche Freigabe der Kinderzeugung, wie dies in real existierenden Staaten der Fall ist.

Wegen der Probleme, die der staatlichen Gemeinschaft entstehen, wenn die Kinderzahl nicht kontrolliert wird, übernimmt Aristoteles in seinen Vorstellungen über den idealen Staat (vgl. siebtes Buch seiner Politik) die Notwendigkeit, die Bevölkerungsgröße zu regulieren. Intensiv setzt er sich im vierten Kapitel des siebten Buches, das mit 'Die Größe des besten Staates' überschrieben ist, mit der Frage nach der optimalen Bevölkerungsgröße auseinander. Aristoteles beginnt seine Ausführungen mit der Feststellung, daß ein Staat nicht schon deshalb 'groß' ist, weil er viele Einwohner hat. Die Größe hängt vielmehr von der inneren Kraft ab, mit der der Staat seine Aufgabe, die Voraussetzungen für ein vollendetes Leben zu garantieren, erfüllen kann. Hierzu bedarf es zunächst einer Kontrolle der Bevölkerungsgröße. Allerdings darf sich die Bevölkerungspolitik nicht alleine auf die Begrenzung der Zahl der Menschen beschränken. Da in einem Staat unterschiedliche Aufgaben zu erfüllen sind, und die Voraussetzungen der Menschen hierfür unterschiedlich sind, kommt es auch auf das richtige Verhältnis der sozialen Gruppen untereinander an. Dementsprechend sind seine bevölkerungspolitischen Vorschläge: Der Staat soll nicht nur die Anzahl der Kinder festlegen, die geboren werden dürfen. Seine Pflicht ist es auch, auf das Alter und die Konstitution derer Einfluß zu nehmen, die Kinder zeugen wollen.

> "Wenn nun aber der Gesetzgeber von Anfang an darauf sehen muß, daß die Körper der zu Erziehenden möglichst tüchtig werden, so wird er zunächst seine Sorgfalt auf die Ehen zu richten und zu bestimmen haben, wann und von was für Leuten Ehen geschlossen werden sollen." (Pol. IIV.1634b 29- 32).

Diese Regulierungen sind wichtig, um Einfluß auf die Qualität der Kinder zu nehmen. In die gleiche Richtung zielt seine Forderung verkrüppelte Kinder nicht aufzuziehen, sondern auszusetzen. Er lehnt es allerdings ab, Kinder alleine deshalb auszusetzen, weil dadurch die Größe der Bevölkerung überschritten wird.

> "Denn zwar muß die Zahl der zu zeugenden Kinder begrenzt sein, wenn dann aber über die selbe hinaus Eheleute noch Kinder bekommen, so müssen die Leibesfrüchte, bevor sie noch Wahrnehmung (aisthesis) und Leben haben, abgetrieben werden, denn nach dem Vorhandensein von Wahrnehmung und Leben muß es hier sich richten, was erlaubt und was nicht erlaubt ist." (Pol. IIV.17 1335b 20-27).

4.1.3 Zusammenfassung

Aristoteles' Beschäftigung mit dem Thema Bevölkerungsentwicklung findet im Rahmen seiner Analyse politischer Verfassungen statt. Er erörtert die Frage nach der optimalen Bevölkerungsgröße im Rahmen der Diskussion der natürlichen Veranlagungen des Menschen. Es gehört zur Natur des Menschen, ein staatenbildendes Wesen zu sein. Daher gelangt der Mensch auch erst im Staat zu seinem vollkommenen Menschsein, das in der Verwirklichung seines Lebenszieles, dem Streben nach Glückseligkeit, gründet. Um dies zu erreichen, wird wiederum ein bestimmtes Maß an materieller Versorgung benötigt.

Damit ein Staat den Menschen die Voraussetzungen zum Erlangen eines glückseligen Lebens bieten kann, muß er eine bestimmte Größe erreichen. Er darf nicht zu klein sein, damit beispielsweise genügend Güter für die Versorgung der Bewohner produziert werden können oder ausreichend Soldaten zur Landesverteidigung zur Verfügung stehen. Der Staat darf aber andererseits nicht zu groß werden, da sonst das Vertrauen der Bürger zueinander nicht mehr gewährleistet werden kann, da die Gefahr besteht, daß innere Ordnung und Stabilität des Staates verloren gehen. In diesem Sinne gibt es für Aristoteles eine optimale Bevölkerungsgröße, die an den für die aristotelische Ethik zentralen Begriff des rechten Maßes gebunden ist.[4]

Die optimale Größe der Bevölkerung stellt sich nicht von alleine ein. Dem steht der Fortpflanzungstrieb der Menschen entgegen. Deshalb ist eine aktive Bevölkerungspolitik notwendig, die aber nicht nur dazu dient, die Zahl der Nachkommen zu regulieren. Vielmehr ist auch darauf zu achten, daß Kinder einer bestimmten Qualität gezeugt werden, die insbesondere im Hinblick auf das ausgewogene Verhältnis der sozialen Gruppen zueinander und damit für die Stabilität des Staates von Bedeutung ist.

Das zentrale Kriterium für die Beurteilung der Größe der Bevölkerung ist für Aristoteles die Möglichkeit, ein friedliches Zusammenleben in der Polis sicherzustellen, da die Menschen nur dann in der Lage sind, ein gelungenes Leben zu führen. Da dies nicht automatisch geschieht, bedarf es der politischen Gestaltung gerade auch im Blick auf die Größe und Struktur der Bevölkerung. In dieser Hinsicht finden sich bei Aristoteles Parallelen zur modernen bevölkerungspolitischen Debatte. Denn die Forderung nach der Kontrolle des Bevölkerungswachstums, wie sie beispielsweise in dem Abschlußprotokoll der Weltbevölkerungskonferenz von 1994 (UN-1994:3) enthalten ist, beruht häufig auf der Sorge um die negativen sozialen Folgen eines hohen Bevölkerungswachstums. Dabei hat die Staatengemeinschaft heute nicht nur die absolute Größe der Bevölkerung im Blick. Forderungen, die Ausbildung von Kindern zu verbessern und allen den Zugang zu Gesundheitsdienstleistungen zu eröffnen, zielen indirekt darauf ab, die 'Qualität' der Bevölkerungsentwicklung zu gestalten, auch wenn heute nicht mehr davon ausgegangen wird, daß die Qualität der Kinder durch eine Politik gesichert wird, die auf die Ehepaare zielt, die diese Kinder zeugen. Aristoteles' Vorstellungen haben eine gewisse Aktualität, auch wenn wir heute viele seiner bevölkerungspolitischen Empfehlungen als inhuman ablehnen.[5]

4.2 Die neuzeitliche Bevölkerungstheorie des 17. und 18. Jahrhunderts

Kennzeichen für viele neuzeitliche Bevölkerungstheorien zwischen dem 17. und 18. Jahrhundert ist ein theologisch begründetes Verständnis der Welt, in dessen Zentrum die Vorstellung von Gott als der 'ersten Ursache' (prima causa) der Welt steht. Diese Vorstellung gründet in der Schöpfungsgeschichte des Alten Testamentes, in der geschildert wird, wie Gott die Welt in sie-

[4] Zu dem Begriff des "rechten Maßes" im Kontext der aristotelischen Ethik vgl. Manstetten (1995:41-43).

[5] Das Beispiel der Bevölkerungspolitik Chinas zeigt, daß auch heute noch sehr weitgehende Eingriffe in die Rechte von Individuen und Familien vorgenommen werden, um die Bevölkerungsgröße zu kontrollieren. Mit solchen Empfehlungen setzt sich Sen (1997) auseinander.

ben Tagen erschaffen hat. Gleichzeitig wird der Schöpfungsbericht als Beleg dafür angeführt, daß die Welt durch Gott wohl eingerichtet wurde, denn der Schöpfungsbericht schließt mit der Aussage:

> "Und Gott sah alles an, was er gemacht hatte, und siehe, es war sehr gut." (Genesis 1,31)

Diese Aussage bezieht sich auf die gesamte Schöpfung, d.h. auf die belebte und unbelebte Natur. Darin eingeschlossen ist also auch der Mensch, obwohl er in der Schöpfungsgeschichte auch der belebten und unbelebten Natur gegenübergestellt wird, wie dies in dem Auftrag Gottes an die Menschen, sich die Erde untertan zu machen (Genesis 1, 28), zum Ausdruck kommt, der unmittelbar vor der oben zitierten Aussage über die gesamte Schöpfung steht. Wenn der Mensch aber Teil einer harmonisch geschaffenen Welt ist, dann muß auch das Verhältnis von Natur und Bevölkerung, das in den Schöpfungsakt Gottes eingeschlossen ist, harmonisch gestaltet sein (Sieferle 1990:57). Damit kann die Bevölkerung sich zwar verändern, aber nicht permanent wachsen, ohne daß dadurch die Stabilität des gesamten Systems und damit die Harmonie der Schöpfung in Frage steht.

Nun ergibt sich hier ein Widerspruch zu den Aussagen der Bibel selbst. Zwei Geschichten des Buches Genesis markieren diesen Widerspruch. Im zweiten Schöpfungsbericht (Genesis 2), ist nämlich von Adam und Eva als erstem Menschheitspaar die Rede und in Genesis 6-8 wird vom Neuanfang der Schöpfung nach der Sintflut ausgehend von Noah, seiner Familie und den Tieren und Pflanzen auf der Arche, berichtet. Der Vergleich dieser beiden Erzählungen mit der mittlerweile (im 17. und 18. Jahrhundert) erreichten Größe der Bevölkerung zeigte nämlich, daß der Menschheit ein erhebliches Wachstumspotential innewohnt. In einer harmonisch gedachten Schöpfung kann aber nicht ein Element permanent wachsen, ohne daß hierdurch die harmonische und stabile Entwicklung der Welt gefährdet wird. Es werden damit Korrekturmechanismen benötigt, die verhindern, daß die Bevölkerung über alle Grenzen wächst (Sieferle 1990:57ff). Zwei unterschiedliche Konzeptionen, Korrekturmechanismen für die Entwicklung der Bevölkerungsgröße innerhalb einer theologisch begründeten Welterklärung zu denken, sollen im folgenden skizziert werden. Es sind dies die Vorstellungen von Hale (1677) und von Süßmilch (1741).

4.2.1 Die bevölkerungstheoretischen Vorstellungen von Hale

Mit dem Problem einer von Gott harmonisch geschaffenen Welt, die ein Element enthält, das empirisch belegbar permanent wächst, hat sich der englische Jurist Matthew Hale in seinem 1677 erschienenen Buch "The Primitive Origination of Mankind considered and examined according to the Light of Nature" auseinander gesetzt:

> "...that without the intervention of some accidential or collateral Corrective, Mankind must need increase upon the Earth, and that the

> Generations and Productions of Men and Women in an ordinary, regular and constant course of Nature, do very much exceed the Decays of Mankind by Natural Course of Mortality." (Hale 1677:204, zit. nach Sieferle 1990:60)

Für Hale ist dieses Wachstumspotential allerdings nicht nur charakteristisch für die Menschen. Auch in der Tierwelt besteht die Tendenz permanent zu wachsen. Es kommt dort aber nicht zu einem ständigen Wachstum, da Mechanismen existieren, die sicherstellen, daß der Naturhaushalt im Gleichgewicht bleibt:

- Die Tiere fressen sich wechselseitig.
- Die Menschen greifen durch die Jagd regulierend ein.
- Schädliche Umwelteinflüsse wie Überschwemmungen, Dürre und andere Naturkatastrophen garantieren, daß die Tierpopulationen innerhalb des Gleichgewichts des Naturhaushaltes verharren.

Auch für menschliche Populationen lassen sich solche Mechanismen angeben. Hier führt Hale Korrektive wie Kindersterblichkeit, Krankheiten, Seuchen, Hungersnöte und Kriege an. Diese Regelmechanismen sind jedoch nicht einfach nur Naturmechanismen nach der Art derjenigen, denen die Tierwelt unterliegt. Ihnen kommt eine doppelte Funktion zu: Einerseits wird die Bevölkerung auf ein Maß reduziert, das eine stabile und harmonische Entwicklung der Natur sicherstellt. Andererseits werden durch Kriege, Naturkatastrophen usw. die Sünden der Menschen bestraft.

Hale hatte also die Vorstellung von einer richtigen Bevölkerungsgröße. Diese hat ihre Grenzen in der von Gott in der Schöpfung angelegten Notwendigkeit einer stabilen und harmonischen Entwicklung der Erde. Es kann nicht ein Teil der Schöpfung permanent wachsen, ohne die Stabilität der Gesamtentwicklung in Frage zu stellen. Die Grenzen des Bevölkerungswachstums werden aber nicht automatisch eingehalten, denn die menschliche Bevölkerung verfügt über ein erhebliches Wachstumspotential, das im Gegensatz zu der Notwendigkeit einer harmonischen Entwicklung der Schöpfung steht. Es existieren daher in der Natur von Gott geschaffene Mechanismen, die dafür sorgen, daß eine Überschreitung der Grenzen wieder korrigiert wird. Diesen Mechanismen kommt nach Hale auch noch eine moralische Bedeutung zu. Sie dienen der Bestrafung der Sünden.

4.2.2 Die Bevölkerungstheorie von Süßmilch

Daß Hales Thesen keine zwingenden Folgerungen aus einem theologisch begründeten Weltverständnis sein müssen, zeigt die Bevölkerungstheorie des lutherischen Pfarrers Johann Peter Süßmilch, die er in seinem dreibändigen Werk "Die göttliche Ordnung in den Veränderungen des menschlichen

Geschlechts"1741 veröffentlicht hat und die im folgenden näher untersucht werden soll.[6]

Süßmilch entwirft eine harmonische Bevölkerungstheorie. Er geht dabei davon aus, daß Mensch und Natur sich in einem Gleichgewicht befinden, dessen friedliche Entwicklung von einem göttlichen Willen garantiert wird. Damit kann es nicht zu einem prinzipiellen Gegensatz von Bevölkerungsgröße und Subsistenzmitteln kommen. Die harmonische Beziehung zwischen der Größe der Bevölkerung und den notwendigen Mitteln der Bedürfnisbefriedigung, wird gerade durch die göttliche Ordnung garantiert. Dies trifft zwar auch auf die Vorstellung von Hale zu, im Gegensatz zu dessen Vorstellungen war Süßmilch jedoch der Auffassung, daß dieses Gleichgewicht nicht durch Hungersnöte, Kriege, Seuchen oder eine höhere Kindersterblichkeit hergestellt werden muß. Auf der Basis von umfassenden empirischen Untersuchungen zu der Veränderung von Geburten- und Sterberaten kommt Süßmilch (1761, I, 50) zu dem Ergebnis:

> "Diese Ordnungen sind so gemacht, daß die Bevölkerung nicht zu schnell, aber auch nicht zu langsam gehe, und daß sie endlich, ohne gewaltsame und außerordentliche Mittel, zu einem Stillstande von selbst kommen müsse, wenn die Welt mit der Anzahl angefüllet worden, welche den Nahrungsmitteln der Natur und des Fleißes proportioniert ist."

Süßmilch vertritt damit die Auffassung, daß die Bevölkerung so lange wächst, bis die optimale Größe erreicht ist, d.h. die Größe, die mit den vorhandenen Nahrungsmitteln und der Fähigkeit diese bereitzustellen einhergeht. Im Laufe dieser Anpassung ändern sich die Fertilitäts- und Sterberaten so, daß ein Überschreiten der optimalen Größe ausgeschlossen ist.

> "Es mußte also die Fruchtbarkeit mit dem Tode dergestalt balanciret und proportioniret werden, daß der Tod nicht so viel wegnehmen konnte, als ihrer geboren werden." (Süßmilch 1761, I, 17).

Der in dem Zitat angesprochene Akteur, der die "Fruchbarkeit mit dem Tode ... balanciret ..." ist Gott, dessen Allmacht es erlaubt, durch differenzierte Fertilitäts- und Sterberaten die optimale Bevölkerungsgröße zu erreichen. Süßmilch legt umfangreiche empirische Untersuchungen über die Veränderung der Fertilitäts- und Sterberaten vor, um zu zeigen, wie diese sich in der Vergangenheit verändert haben und welche Auswirkungen dies auf die Bevölkerungsentwicklung hatte. Auf der Basis dieser Untersuchungen und auf Grundlage der Analyse der Möglichkeiten, Nahrungsmittel zu produzieren, legt Süßmilch Berechnungen zur Tragfähigkeit der Erde vor. Er kommt

[6] Süßmilch gehört zu den Mitbegründern einer statistischen Demographie und erlebt gegenwärtig wieder eine stärkere Beachtung in der demographischen Literatur. Vergleiche hierzu beispielsweise die Beiträge von Birg (1986), Elsner (1986) und Dreizel (1986) sowie die Bezüge zu Süßmilch in Birg (1995:29ff).

zu dem Ergebnis, daß die Erde etwa 7 Milliarden Menschen ernähren könnte (Birg 1995:32).

Süßmilchs Ausführungen zeigen, daß er von der Existenz einer Grenze für die Bevölkerungsgröße ausging, die von dem Nahrungsmittelangebot abhängt. Dieser Grenze nähert sich die Bevölkerung kontinuierlich an, ohne diese zu überschreiten. Dies wird durch das Wirken Gottes sichergestellt, der die Menschen mit differenzierten Geburten- und Sterberaten versieht, so daß keine gewaltsamen Mittel notwendig sind, um sicherzustellen, daß die Bevölkerung nicht größer als die vorhandenen Nahrungsmittel wird. Da Not und Elend in Süßmilchs Vorstellungen nun nicht mehr die Funktion haben, die Bevölkerungsgröße mit dem vorhandenen Nahrungsmittelangebot in Übereinstimmung zu halten, kann Süßmilch das Vorhandensein von Not, Elend, Kriegen und Seuchen als menschliche Verfehlungen des Willen Gottes ansehen und politische Maßnahmen fordern, diese abzubauen.

4.2.3 Zusammenfassung

Die skizzierten Bevölkerungstheorien aus dem 17. und 18. Jahrhundert sind durch zwei Merkmale charakterisiert: 1. Sie haben ihre Wurzeln in einem theologisch begründeten Weltverständnis und sie werden 2. zunehmend Teil der politischen Auseinandersetzung um die Gestaltung der Gesellschaft.

Gemeinsam ist allen die Vorstellung einer optimalen Bevölkerungsgröße, die durch das Nahrungsmittelangebot determiniert wird. Unterschiede ergeben sich allerdings hinsichtlich der Mechanismen, die zum Erreichen der optimalen Bevölkerungsgröße führen. Da der Fortpflanzungstrieb als gegeben betrachtet wird, hat die Bevölkerung die Tendenz zu wachsen. Damit das Gleichgewicht zwischen Bevölkerungsgröße und Nahrungsmittelangebot bestehen bleibt, benötigt man Korrekturmechanismen, die das Wachstum der Bevölkerung immer wieder korrigieren. Dies sind nun je nach Standpunkt: Not, Elend und Naturkatastrophen, wie dies beispielsweise bei Hale der Fall war. Süßmilch löst sich von der Vorstellung eines gegebenen und konstanten Fortpflanzungstriebes. Aus seiner Sicht sind es differenzierte Sterbe- und Geburtenraten und deren Veränderung im Zeitablauf, die sicherstellen, daß die Bevölkerung sich allmählich dem Optimum nähert.

Die Bevölkerungswissenschaft bleibt aber nicht nur bei der Beschreibung der Mechanismen stehen, die die Entwicklung der Bevölkerung bestimmen. Der Bevölkerungstheorie kommt vielmehr zunehmend eine zentrale Bedeutung bei der Erklärung der Welt und in den politischen Auseinandersetzungen um die Gestaltung der Welt zu. Dies ist bereits in den Arbeiten von Süßmilch angelegt. Seine statistische Analyse der Bevölkerungsbewegung zeigt ihm, daß Gott keine grausamen Mittel, bzw. schlechten Zustände braucht, um sein Ziel zu verwirklichen. Die schlechten gesellschaftlichen Verhältnisse sind von Menschen gemacht und können damit beseitigt werden.

Die gegenteiligen Auffassungen über die Möglichkeiten, gesellschaftliche Fortschritte zu erreichen, werden zu einem zentralen Thema der Bevölkerungstheorien. Kennzeichnend dafür sind die Arbeiten von Wallace und Townsend, die versuchen, mit Hilfe der Mechanismen der Bevölkerungsentwicklung, quasi naturwissenschaftlich zu beweisen, daß gesellschaftliche Reformen unmöglich sind. Die bekannteste Kontroverse hierüber aber wurde Ende des 18. Jahrhunderts zwischen Malthus einerseits und Goodwin und Condorcet andererseits geführt. Da diese Diskussionen für die weitere Entwicklung der Bevölkerungstheorie von großer Bedeutung sind, wollen wir die Überlegungen von Wallace und Townsend und die Bevölkerungstheorie von Malthus in den nächsten beiden Abschnitten untersuchen.

4.3 Bevölkerungsentwicklung und die Reform der gesellschaftlichen Verhältnisse

Ende des 18. Jahrhunderts beginnt eine Kontroverse, mit der nach Ansicht von Sieferle (1990:72) ein qualitativ neues Argument in die Bevölkerungsdiskussion eingeführt wird. Der Ausgangspunkt dieser Debatte war die Frage, ob die Moderne der klassischen Antike überlegen war. In diesem Zusammenhang wurde auch darüber spekuliert, wie sich die Bevölkerungszahl seit der Antike verändert hat.[7] Wallace (1753) vertrat die These von der Überlegenheit der Antike, und er belegte diese durch ein bevölkerungstheoretisches Argument. Seiner Auffassung nach war die Bevölkerung in der Antike größer als die gegenwärtige, da in jener Zeit die moralischen und politischen Zustände besser gewesen waren. Mit dieser Behauptung stellt Wallace eine Verbindung zwischen der Bevölkerungsgröße und den politischen und gesellschaftlichen Zuständen einer Gesellschaft her. Er geht davon aus, daß bessere gesellschaftliche Verhältnisse auch zu einem Anstieg der Bevölkerungsgröße führen.

Wallace verwendet dieses Argument, um das notwendige Scheitern utopischer Gesellschaftsentwürfe, wie sie z.B. Thomas Morus in seiner 'Utopia' vorgelegt hat, zu zeigen. Aus der Sicht von Wallace (1761:114, zit. nach Sieferle 1990:72) müssen kommunistische Programme, wie sie Thomas Morus formuliert, notwendigerweise scheitern und zwar nicht, weil menschliche Unzulänglichkeiten wie Ehrgeiz und Machtstreben oder das Streben der Menschen nach Freiheit eine egalitäre Gesellschaft unmöglich machen, sondern weil diese Gesellschaftsentwürfe unvereinbar mit der Natur sind. Eine perfekte Gesellschaft würde nämlich das Vermehrungspotential der Menschheit nicht mehr begrenzen. Für Wallace garantieren gerade die schlechten politischen Verhältnisse, in denen die Menschen leben, daß sich deren Vermehrungspotential nicht realisieren kann. Mangelhafte politische und soziale Zustände bringen unter anderem Kriege und Hungersnöte hervor, die immer wieder zu einer Reduktion des Bevölkerungswachstums bzw. zu einer Verringerung der Bevölkerungsgröße beitragen. Demgegenüber kann die Umsetzung gesellschaftlicher Utopien zu keiner stabilen Gesellschaft führen, da das hier-

[7] Vergleiche hierzu auch Schumpeter (1965:325ff).

durch hervorgerufene schrankenlose Wachstum der Bevölkerung schnell wieder Elend und Konflikte hervorbringt. Der Zustand, der sich danach einstellt, ist dann sogar schlechter als die vorutopische Situation, weil die Menschen bereits erfahren haben, daß es für sie bessere Lebensumstände geben kann (Wallace 1761:121, zit. nach Sieferle 1990:72).

Mit diesen Argumenten wird die Bevölkerungstheorie in die Debatten um politische Reformen und alternative Gestaltungen der Gesellschaft gestellt. Gleichzeitig finden qualitativ neue Argumente Eingang in die Bevölkerungstheorie. Neben die natürliche Dynamik der Bevölkerung und ihre göttliche Regulierung tritt die Steuerung der Bevölkerung durch gesellschaftliche Vorgänge. Mit dieser Erweiterung ist aber kein Einfluß der gesellschaftlichen Veränderungen auf die natürliche Dynamik behauptet, die dazu beitragen das Gleichgewicht von Natur und Bevölkerungsgröße herzustellen. Vielmehr geht es darum, aufzuzeigen, daß die Möglichkeit gesellschaftlicher Veränderungen an naturgegebene Schranken stößt (Sieferle 1990:75).

Besonders deutlich wird dies in den Arbeiten Townsends (1786).[8] Er versucht die Unmöglichkeit gesellschaftlichen Fortschritts anhand der folgenden Parabel von den Ziegen und Hunden zu illustrieren (Townsend 1786:37-38, vgl. dazu auch Sieferle 1990:76): Auf der unberührten pazifischen Insel Juan Fernandez wird von einem Seeman ein Ziegenpärchen ausgesetzt, das sich dort ohne die Existenz von Feinden vermehrt, bis die Nachkommen an die Nahrungsmittelgrenze gestoßen sind. Darauf hin sterben die schwächsten Tiere und die Lage der verbliebenen verbessert sich, bis wiederum ein neuer Wachstumszyklus einsetzt. In einem folgenden Schritt wird von spanischen Seeleuten ein Hundepärchen auf der Insel ausgesetzt, um englischen Freibeutern die Nahrungsmittelversorgung zu zerstören. Die Hunde vermehren sich aufgrund des reichlich vorhandenen Nahrungsangebots rasch und dezimieren dadurch die Ziegenpopulation. Dies wird aber keineswegs vollständig zerstört. Mit der Reduktion der Zahl der Ziegen wird es für die Hunde immer schwieriger Nahrung zu finden und ein Teil der Hundepopulation stirbt aus, was wiederum die Voraussetzung dafür ist, daß sich die Ziegen erneut vermehren können.

Townsend beschreibt mit dieser Parabel, wie sich immer wieder ein Gleichgewicht zwischen Natur und Bevölkerungsgröße einstellt und wie scheinbar günstige Zustände für eine Population, in der Nahrungsmittel im Überfluß vorhanden sind, kein dauerhafter Zustand sein kann. Denn die durch die guten Zustände ausgelöste starke Vermehrung der Population wird immer wieder korrigiert (Sieferle 1990:75ff). Mit dieser Parabel glaubt Townsend zeigen zu können, daß eine Verbesserung der sozialen und wirtschaftlichen Lage der Armen durch Umverteilung von Eigentum nur zu einem stärkeren Wachstum

[8] Für den sozialistischen Bevölkerungstheoretiker Kautsky (1880:21) ist Townsend einer der bedeutendsten Bevölkerungstheoretiker des 18. Jahrhunderts, da er im Grunde die Bevölkerungstheorie von Malthus bereits in den wesentlichen Grundzügen formulierte. Vergleiche zu Townsend auch Overbeek (1974:125) und Schumpeter (1965:325ff).

der Bevölkerung führt. Diese zwangsläufig erfolgende "Bevölkerungsexplosion" macht allerdings die erreichten Verbesserungen immer wieder zunichte. Damit müssen alle sozialreformerischen Projekte notwendigerweise scheitern, da sie an unüberwindliche Naturschranken stoßen.

4.4 Malthus und seine Ablehnung utopischer Gesellschaftsentwürfe

Die im vorangegangenen Kapitel vorgetragenen Argumente waren Malthus bekannt, als er 1798 seinen "Essay on the Principle of Population" veröffentlichte. Er wollte nach Sieferles (1990:89ff) Einschätzung damit zunächst keine eigene Bevölkerungstheorie vorlegen. Vielmehr verfaßte Malthus seinen Essay in der Absicht, die sozialrevolutionären und utopischen Vorstellungen Godwins (1798) und Condorcets (1895) zu widerlegen. Ein Indiz hierfür findet sich im vollständigen Titel der ersten Auflage des Essays. Dieser lautet: "An Essay on the Principle of Population, as its affects the future improvement of society, with remarks on the speculations of Mr. Goodwin, M. Condorcet, and other writers."[9]

Den sozialreformerischen Vorstellungen Godwins (1798) und Condorcets (1795) stellt Malthus sein Bevölkerungsgesetz gegenüber. Für Godwin (1798)und Condorcet (1795) garantiert der gesellschaftliche Fortschritt auch einen Rückgang des Bevölkerungswachstums. Dabei geht Godwin davon aus, daß eine Verbesserung des materiellen Wohlstands zu einer Abnahme des Geschlechtstriebs führt, während für Condorcet die rationale Begabung der Menschen und wissenschaftlich technischer Fortschritt dazu führt, daß sie die Zahl ihrer Kinder begrenzen.[10] Mit seiner Kritik an Godwin und Condorcet steht Malthus in der Tradition der im vorangegangen Abschnitt dargestellten Versuche, aufzuzeigen, daß gesellschaftlicher Fortschritt aufgrund naturgegebener Zusammenhänge nicht durchsetzbar ist, selbst wenn man seine Realisierung für wünschenswert erachtet. Er steht damit auch in der Tradition der Debatte um die Möglichkeiten der Verbesserung gesellschaftlicher Zustände. Malthus (1905a:13) schreibt im 1. Kapitel der 6. Auflage seiner Abhandlung über das Bevölkerungsgesetz:

> "Bei einer Untersuchung über die Vervollkommnung der Gesellschaft besteht die naturgemäß sich darbietende Methode, den Gegenstand zu behandeln, darin, 1. die Ursachen zu erforschen, die bisher die Menschheit am Fortschreiten zum Glück verhindert haben; und 2. über die Möglichkeit einer zukünftigen vollständigen oder teilweisen Beseitigung dieser Ursachen nachzudenken."

---

[9] Vergleiche hierzu auch Schumpeter (1965:706).

[10] Eine detaillierte Analyse der Überlegungen von Condorcet gerade auch im Hinblick auf gegenwärtige Diskussionen über Bevölkerungsfragen findet sich bei Sen (1994, 1997).

Eine Seite weiter legt er dar, worin seiner Meinung nach die wichtigste Ursache liegt.

> "Die Ursache, ..., ist die dauernde Neigung aller Lebewesen, sich weit über das Maß der für sie bereitgestellten Nahrungsmittel zu vermehren" Malthus (1905a:14).

Nach Malthus' (1905a:14-15) Vorstellung zeichnen sich alle Lebewesen durch einen naturgegebenen Fortpflanzungstrieb aus. Da dieser in seinen Worten "mächtige Instinkt" bei den Pflanzen und vernunftlosen Tieren durch keine Überlegungen über Vorsorge für Nachkommen beschränkt wird, wird er deshalb immer wieder durch die Menge der verfügbaren Nahrungsmittel und den begrenzten Lebensraum korrigiert. Die gleichen Mechanismen sieht Malthus (1905a:15) auch bei den Menschen wirksam werden. Auch für diese ist der Sexualtrieb ein naturgegebener Trieb, von dem nicht angenommen werden kann, daß er sich bei einer Weiterentwicklung der Zivilisation zurückbildet. Somit hat auch die menschliche Bevölkerung die Tendenz, beständig zu wachsen. Wenn der Fortpflanzungstrieb naturgegeben und konstant ist, dann ist der absolute Bevölkerungszuwachs umso größer, je größer der Bestand der Bevölkerung ist.[11] Die Bevölkerung hat somit die natürliche Tendenz, in einer geometrischen Reihe zu wachsen.

Da allerdings jeder Mensch zum Überleben eine bestimmte Menge an Nahrung braucht und die Nahrungsmittel nicht im gleichen Maße wachsen wie die Bevölkerung, sind dem Wachstum der Bevölkerung Grenzen gesetzt, denn die landwirtschaftlich nutzbaren Anbauflächen sind begrenzt. Damit kann die Nahrungsmittelproduktion nicht in geometrischer Progression wachsen. Malthus (1905a:18ff) unterstellt, daß die Nahrungsmittel arithmetisch zunehmen. Damit öffnet sich eine Schere zwischen dem Wachstum der Bevölkerung und der Subsistenzbasis, und die Bevölkerung wächst über die Menge an Nahrungsmitteln hinaus, die zur Ernährung zur Verfügung stehen. Dies kann kein dauerhafter Zustand sein und die Bevölkerung muß sich letztlich an die Menge der verfügbaren Nahrungsmittel anpassen, da eine umgekehrte Anpassung für Malthus aufgrund der Begrenztheit landwirtschaftlich nutzbarer Flächen nicht vorstellbar ist.

Die Mechanismen, die sicherstellen, daß eine Bevölkerung nicht dauerhaft größer ist, als die ihr zu Verfügung stehenden Subsistenzmittel, bezeichnet Malthus als Hemmnisse. Er unterscheidet zwei Kategorien von Hemmnissen:

1. Die positiven Hemmnisse (positive checks): Dies sind alle Faktoren, welche die Sterblichkeit erhöhen wie Kriege, Krankheit, Hungersnöte. Diese Faktoren sind zum Teil objektiv wirksam, d.h. sie gehen von der Umwelt des Menschen aus und sind von ihm durch seine Entscheidungen nicht

[11] Malthus (1905:480) schreibt hierzu: "Die Liebesleidenschaft unter den Geschlechtern hat sich zu allen Zeiten als so gleichartig erwiesen, daß sie algebraisch ausgedrückt, immer als konstante Größe betrachtet werden kann."

beeinflußbar. Zum Teil sind diese Hemmnisse auch moralischer Natur, also durch den Menschen und seine Entscheidungen gestaltbar.

2. Die vorbeugenden Hemmnisse (preventive checks): Dies sind Faktoren, welche die Fruchtbarkeit reduzieren wie Enthaltsamkeit und Empfängnisverhütung. Diese Faktoren sind alle moralischer Natur, da sie dem menschlichen Handeln entspringen.

Malthus unterscheidet also zwischen naturgegebenen Korrekturmechanismen des Bevölkerungswachstum und moralischen Korrekturmechanismen, d.h. durch menschliches Handeln bedingte Wirkungen auf die Bevölkerungsentwicklung. Dabei lassen sich noch einmal zwei unterschiedliche moralische Kategorien unterscheiden: die Reduktion der Geburtenrate durch Enthaltsamkeit wird von Malthus mit dem Prädikat tugendhaft versehen, während eine Reduktion der Geburtenraten durch Maßnahmen der Empfängnisverhütung ein lasterhaftes Verhalten darstellen.

Malthus Arbeit war gegen die utopischen Gesellschaftsentwürfe, vor allem gegen das Gleichheitssystem von Godwin (1798) gerichtet. Er tritt damit Vorstellungen entgegen, daß durch vernünftige Überzeugung eine Veränderung der Gesellschaft in Richtung einer egalitären Gesellschaft, die nicht durch Eigenliebe, sondern durch Gemeinsinn geprägt ist, möglich und von Dauer ist. Der Grund hierfür liegt für Malthus (1905b:18) in der falschen Annahme Godwins, daß die Wurzel aller Übel und aller Not in den Institutionen der bürgerlichen Gesellschaft begründet liegen. Malthus leugnet nicht, daß diese Institutionen oberflächlich betrachtet als Ursache gesellschaftlicher Probleme erscheinen oder es gar sind. Allerdings sind dies nicht die grundlegenden Ursachen. Diese sieht er vielmehr in den Naturgesetzen und den Leidenschaften der Menschen begründet. Es sind für ihn letztlich die angeborene Trägheit der Menschen sowie die Armut und das Elend, die durch die Neigung entstehen, sich schneller zu vermehren, als die Subsistenzmittel wachsen, die verhindern, daß eine stabile egalitäre Gesellschaft entsteht (Malthus 1905b:38).

Dennoch geht Malthus keineswegs davon aus, daß die Gesellschaften in einem von Not und Elend geprägten Zustand verharren müssen. Es liegt in der Macht jedes Einzelnen, die Übel zu vermeiden, die ihm und der Gesellschaft durch das Bevölkerungsgesetz entstehen, indem er seine Tugend verbessert. Hier unterstützt das Bevölkerungsgesetz nach Auffassung von Malthus (1905b:248) die Forderungen der geoffenbarten Religion:

> "Es ist offenbar die Absicht des Schöpfers, uns von dem Laster durch die Leiden, die es im Gefolge hat, abzuschrecken und uns zur Tugend zu leiten, durch das Glück, das sie hervorruft. ... Die Naturgesetze hinsichtlich der Bevölkerung zielen auf die Förderung dieses Zweckes ab."

Der Essay von Malthus in seiner ersten Ausgabe war eine Polemik gegen den sozialen Fortschritt durch Umverteilung materiellen Wohlstands. Damit sollte aber nicht die Möglichkeit materiellen Fortschrittes generell in Frage gestellt werden. Im Gegenteil: die Furcht vor Verelendung sollte gerade Anreiz zu Fleiß und Erfindungsgeist sein. Dies stellt sicher, daß im Laufe der Entwicklung der Gesellschaften die vorbeugenden Hemmnisse bei der Regulierung an Bedeutung gewinnen. Die grundlegende Tendenz einer stärker als das Nahrungsmittelangebot wachsenden Bevölkerung läßt sich dadurch aber nicht außer Kraft setzen. So gesehen stellt das Bevölkerungsgesetz einen ständigen Anreiz dar, die Tugendhaftigkeit zu verbessern.

Bevor wir erste Schlußfolgerungen formulieren, ist es notwendig, an dieser Stelle einige Anmerkungen zu Ricardo anzufügen. Er wurde bei der vorangegangenen Darstellung nicht berücksichtigt, da der Focus auf der Analyse der Entwicklung der bevölkerungswissenschaftlichen Ideen und deren Einordnung in unterschiedliche geisteswissenschaftliche Kontexte lag. Hierzu liefert Ricardo keinen eigenständigen Beitrag. Er übernimmt vielmehr die Vorstellungen von Malthus, insofern er von einem permanenten Wachstum der Bevölkerung ausgeht (vgl. Schumpeter 1965:709). Vor diesem Hintergrund diskutiert er, welche Folgen sich hieraus für die Verteilung von Einkommen in einer Ökonomie ergeben. Er zeigt, daß die Ungleichheit der Verteilung zugunsten von Landbesitzern steigt, was wiederum letztlich zu einem Verschwinden der Ersparnis und damit der Investitionen führt, so daß ein stationärer Zustand erreicht wird, in dem auch die Bevölkerung nicht mehr wachsen kann (vgl. Overbeeck 1974:49ff).

4.5 Erste Schlußfolgerungen zur Theorie einer optimalen Bevölkerungsgröße

Blicken wir noch einmal auf die bisher dargestellten Theorien zurück. Für Aristoteles ist die Frage nach der richtigen Bevölkerungsgröße verbunden mit der Frage nach dem Ziel eines guten Lebens. Er zeigt auf, daß ein gutes Leben nicht mit einer beliebig großen Bevölkerung erreichbar ist. Um ein gutes Leben zu erreichen, ist ein rechtes Maß an Gütern notwendig. Ein zuviel an Gütern ist diesem Ziel ebenso hinderlich, wie ein zuwenig. Auch kommt es darauf an, daß die Bevölkerung die richtige Größe hat. Dies ist unerläßlich für den Aufbau eines Staates und die Aufrechterhaltung einer Verfassung, die es erlauben, ein gutes Leben zu führen. Die Frage der optimalen Bevölkerungsgröße ist deshalb letztlich eine ethische Frage. Die Bevölkerungsgröße wird dabei zum Gegenstand der politischen Gestaltung des Gemeinwesens. Denn es existieren keine Gesetzmäßigkeiten, weder natürliche noch gesellschaftliche, die sicherstellen, daß sich die richtige Bevölkerungsgröße zwangsläufig einstellt. An dieser Stelle ergibt sich bei Aristoteles eine Verbindung zu seinen Vorstellungen einer Ökonomie. Auch diese Konzeption nimmt ihren Ausgangspunkt in dem Menschenbild und der Ethik des Aristoteles, deren zentraler Begriff der des rechten Maßes ist. Ziel allen Wirtschaftens kann deshalb nur die Bereitstellung der Güter sein, die der Mensch braucht, um ein erfülltes und das heißt tugendhaftes Leben im Staat zu führen. Die Verbindung zu ethischen Fragen spielt auch in den anschließend diskutierten Bevölkerungstheorien eine Rolle. Ausgangspunkt ist hier ein theologisch begründetes Weltverständnis.

Dieses drückt sich in zwei Richtungen aus: zum einen in den Naturzusammenhängen und den Naturgesetzen, deren Existenz auf die Schöpfung Gottes zurückgeführt werden. Damit ist auch festgelegt, daß die Bevölkerung nicht beliebig groß werden kann, da dadurch die Harmonie der Schöpfung, d.h. das Gleichgewicht zwischen Natur und Bevölkerungsgröße, in Frage gestellt wäre. Daher müssen auch Mechanismen existieren, welche die Einhaltung dieses Gleichgewichtes sicherstellen. Zum anderen kommt diesen Mechanismen eine moralische Funktion in zwei verschiedenen Formen zu: entweder im Sinne der "Bestrafung der Sünden der Menschen", wie es beispielsweise Hale formuliert. Oder im Sinne Süßmilchs, der ausgehend von seinem ebenfalls theologischen Weltverständnis und seinen empirischen Ergebnissen folgert, daß Gott keine gewaltsamen Mittel zur Regulierung der Bevölkerung benötigt. Hieraus leitet er dann die moralische Verpflichtung ab, der Armut und dem Elend in der Gesellschaft durch entsprechende sozialpolitischen Maßnahmen entgegenzutreten.

Mit Süßmilch tritt die Bevölkerungstheorie in die Auseinandersetzungen um die Notwendigkeit und die Möglichkeiten gesellschaftliche Zustände zu verbessern ein. Damit werden aus der Beschreibung und Erklärung demographischer Zusammenhänge normative Schlußfolgerungen hinsichtlich des Aufbaus und der Größe der Bevölkerung formuliert. Charakteristisch hierfür ist, daß die Bevölkerungsbewegung durch naturgesetzlich beschreibbare Zusammenhänge erklärt wird. Es sind das Nahrungsmittelangebot und der biologische Fortpflanzungstrieb, die im wesentlichen die Entwicklung der Bevölkerungsgröße determinieren. Diese Zusammenhänge erlauben es Autoren wie Wallace, Townsend und Malthus zu zeigen, daß ein gesellschaftlicher Fortschritt, selbst wenn er wünschenswert erscheint, an natürliche Grenzen stößt. Die Theorien zur optimalen Bevölkerungsgröße, die wir bisher untersucht haben, zeichnen sich durch drei Merkmale aus:

1. Die Theorien sind in eine umfassende theologische oder philosophische Welterklärung eingebettet, zu der auch ein religiös oder ethisch begründetes Menschenbild gehört. Hieraus ergeben sich Kriterien für gutes und schlechtes Handeln der Menschen.
2. Die betrachteten Autoren gehen davon aus, daß es eine optimale Bevölkerungsgröße gibt, bzw. daß die Bevölkerung nicht jede beliebige Größe annehmen kann. Wo die Grenze des Bevölkerungswachstums liegt, wird durch die religiösen oder ethischen Vorentscheidungen über das Ziel menschlichen Lebens bestimmt.
3. Die bevölkerungstheoretischen Entwürfe unterscheiden sich hinsichtlich der Frage, ob sich die optimale Bevölkerungsgröße zwangsläufig einstellt und das Verhältnis von Natur und Bevölkerung in einem stationären bzw. dynamischen Gleichgewicht verharrt oder ob permanente bevölkerungs-

politische Maßnahmen erforderlich sind, um die optimale Bevölkerungsgröße zu garantieren.

Die reale Entwicklung der Bevölkerung und die Veränderungen in Wirtschaft und Gesellschaft bis zum Beginn des 20. Jahrhunderts haben die düsteren Prognosen von Bevölkerungswissenschaftlern nicht bestätigt. Dies bildete den Ausgangspunkt für die umfangreiche kritische Auseinandersetzung vor allem mit dem Werk von Malthus. Einer der interessantesten Kritiker malthusianischer Vorstellungen ist L. v. Brentano. Er formuliert in seiner Kritik an Malthus die wesentlichen Bausteine der modernen ökonomischen Bevölkerungstheorien (vgl. hierzu Zimmermann 1988). Seine Vorstellungen sollen deshalb im nächsten Kapitel ausführlicher dargestellt werden. Dies leitet gleichzeitig über zu einer umfangreichen Darstellung der ökonomischen Theorien der optimalen Bevölkerungsgröße der zweiten Hälfte des 20. Jahrhunderts.

5. Die ökonomischen Bevölkerungstheorien

5.1 Einleitung

Die tatsächliche Bevölkerungsentwicklung im 19. Jahrhundert hat Malthus düstere Prognosen nicht bestätigt. Spätestens seit den achtziger Jahren des 19. Jahrhunderts setzte in nahezu allen europäischen Staaten und in Nordamerika, Australien sowie Neuseeland ein dauerhafter Rückgang der Fertilitätsraten ein, der von einem stetigen Anstieg der Einkommen begleitet wurde (Chesnais 1992:112ff und 354ff). Mit der günstigen realen Entwicklung waren die malthusianischen Überlegungen allerdings nicht ein für alle Mal widerlegt. Die Auseinandersetzung mit seinen Ideen spielt bis in die Gegenwart hinein eine wichtige Rolle in Studien über die Bevölkerungsproblematik. Dabei stehen sich, wie wir bereits in 1.2.2 dargelegt haben, häufig zwei entgegengesetzte Auffassungen über die Determinanten und Folgen der Bevölkerungsentwicklung gegenüber. Auf der einen Seite werden gerade malthusianische Positionen häufig von Ökologen vertreten. Beispiele hierfür sind die Arbeiten von Ehrlich (1968) und Ehrlich, Ehrlich (1990). Nach Ansicht dieser Wissenschaftler ist es nicht der begrenzte Nahrungsspielraum, der die Bevölkerungsentwicklung korrigiert, sondern die begrenzten Schadstoffaufnahmekapazitäten der Erde, die bei einer weiter wachsenden Bevölkerung zu einer Zerstörung der natürlichen Lebensgrundlagen führen können, was wiederum auf die Bevölkerungsentwicklung zurückwirkt.

Die gegenteiligen Positionen vertreten häufig Ökonomen. Für Wissenschaftler wie Simon (1981) und Simon, Steinmann (1991) stellt selbst bei einer wachsenden Bevölkerung die physische Natur keine bindende Restriktion für den Wohlstand einer Gesellschaft dar. Im Gegenteil, mit wachsendem Bevölkerungsdruck steigt der Anreiz, Problemlösungen zu finden und der hierdurch induzierte technische Fortschritt führt zu weiteren Einkommenssteigerungen, die wiederum zu einem Rückgang des Bevölkerungswachstums und zu einer Verbesserung der Umweltqualität führen.

Wir sehen also, daß in der Auseinandersetzung zwischen ökologischen und ökonomischen Positionen eine Kontroverse fortgesetzt wird, die schon zwischen Malthus (1798) auf der einen Seite sowie Godwin (1798) und Condorcet (1795) ausgetragen wurde. Hinter diesen Positionen treten jeweils unterschiedliche Auffassungen über die Welt zutage, die von uns in 1.2.2 vereinfachend als pessimistische und optimistische Weltsicht bezeichnet wurde. Dabei vertreten die Ökologen in der Regel eine pessimistische Weltsicht. Diese führt der Ökologe Holling (1994:84ff), wie wir bereits ausgeführt haben auf zwei fundamentale Axiome der ökologischen und evolutorischen Biologie zurück:

1. Organismen sind 'überproduktiv'.
2. Die Grenzen, die durch Raum und Zeit und die Verfügbarkeit von Energie gesetzt sind, werden unweigerlich erreicht.

Denkt man in diesen Kategorien, dann wird eine Population gegebene Grenzen nur dadurch einhalten, daß ein Überschreiten durch exogene Faktoren rückgängig gemacht wird. Ein Beispiel hierfür wäre eine Population, die sich so sehr vermehrt, daß nicht mehr genug Nahrungsmittel vorhanden sind, so daß ein Teil der Population stirbt.

Im Gegensatz zu dieser Auffassung stehen Fortschrittsdenker wie Godwin und Condorcet, die davon ausgehen, daß Menschen in der Lage sind, auf der Basis wissenschaftlicher Erkenntnisse rationale Entscheidungen zu treffen, um Probleme zu lösen. Auf diese Weise können sowohl wirtschaftliche als auch soziale Fortschritte erreicht werden, die es erlauben, auch die Bevölkerungsentwicklung zu kontrollieren (Sen 1994: 51 und 53ff). Eine solche Position steht der modernen Ökonomik näher als die pessimistischen Aussagen vieler Ökologen.

Ein weiterer für die Ökonomik interessanter Kritiker von Malthus war Lujo. v. Brentano. Er hat in seiner Auseinandersetzung mit der Bevölkerungstheorie von Malthus in einer kleinen Schrift, die 1909 veröffentlicht wurde, die wesentlichen Elemente der modernen mikroökonomisch fundierten Bevölkerungstheorien erstmals formuliert, wie Zimmermann 1988 ersmals ausführte.

Darüber hinaus läßt sich anhand seiner Überlegungen eine Veränderung in der Theoriebildung illustrieren, die für die moderne Ökonomik von zentraler Bedeutung ist: die Unterscheidung in positive und normative Theorie. Im Rahmen der positiven Ökonomik werden wirtschaftliche Zusammenhänge modellhaft beschrieben, um zu untersuchen, wie sich die Wirtschaft verändert, wenn sich modellexogene Größen, z.B. durch bestimmte wirtschaftpolitische Maßnahmen verändern. Im Rahmen normativer Ökonomik wird untersucht, wie die verschiedenen Zustände einer Ökonomie und deren Veränderung durch politische Maßnahmen beurteilt werden können. Voraussetzung dafür ist ein Kriterium, das es erlaubt, verschiedene Zustände einer Ökonomie zu bewerten und miteinander zu vergleichen, um Aussagen darüber abzuleiten, in welcher Rangfolge die Zustände angeordnet werden können. Normative Aussagen können umstritten sein, da die ihnen zugrundeliegenden Werturteile nicht von allen geteilt werden müssen. Sie sind aber unabdingbar für die Rechtfertigung und Beurteilung politischer Maßnahmen; denn wir gehen in der Regel davon aus, daß politische Maßnahmen dann ergriffen werden müssen, wenn der Ist-Zustand von dem gewünschten Zustand abweicht, und daß es dann erforderlich ist, verschiedene Politikmaßnahmen hinsichtlich ihrer Vor- und Nachteile in bezug auf die Zielerreichung zu vergleichen.

Die Unterscheidungen in positive und normative Fragestellungen ist auch für die Analyse der Bevölkerungsentwicklung aus der Perspektive der Ökonomik von Bedeutung. Im Rahmen der positiven Bevölkerungsökonomik wird erklärt, wie Individuen die Zahl ihrer Kinder bestimmen und wovon diese Entscheidung abhängt. Dies ist die Voraussetzung dafür, die Wirkung der Veränderung von exogenen Größen auf die Fertilitätsentscheidung prognostizieren zu können. Im Rahmen normativer Analysen werden dagegen Kriterien entwickelt, die es erlauben, das Ergebnis der Entscheidungen von Individuen über die Zahl ihrer Kinder zu beurteilen. Auf dieser Grundlage lassen sich dann verschiedene Maßnahmen miteinander vergleichen und die Einführung bevölkerungspolitischer Maßnahmen rechtfertigen.

Mit diesen beiden Vorgehensweisen der modernen Bevölkerungsökonomik wollen wir uns in den folgenden Abschnitten beschäftigen. Hierzu werden in Abschnitt 5.2 die Überlegungen Brentanos vorgestellt. Im Anschluß untersuchen wir in Abschnitt 5.3 die wichtigsten Beiträge der positiven Bevölkerungsökonomik und in Abschnitt 5.4 die wesentlichen Konzepte der normativen Bevölkerungstheorie. In Abschnitt 5.5 werden schließlich die Möglichkeiten und Probleme bevölkerungsökonomischer Analysen im Hinblick auf die Rechtfertigung bevölkerungspolitischer Maßnahmen diskutiert. Ziel der Ausführungen ist es, (i) die zentralen Ergebnisse der ökonomischen Theorie der Fertilität und die zugrundeliegenden Annahmen darzustellen und (ii) die Möglichkeiten und Grenzen aufzuzeigen, im Rahmen der normativen Ökonomik Aussagen über die optimale Bevölkerungsgröße abzuleiten.

5.2 Die bevölkerungstheoretischen Überlegungen Brentanos

Lujo von Brentano veröffentlichte 1909 seine Untersuchung "Die Malthussche Lehre und die Bevölkerungsbewegungen der letzten Dezennien". Mit dieser Publikation will Brentano aufzeigen, wo Malthus' Irrtümer bezüglich der Erklärung der Bevölkerungsentwicklung liegen. Allerdings beschränkt Brentano sich nicht alleine auf die Widerlegung von Malthus Theorien. Indem er dessen Ansichten kritisiert, entwickelt er gleichzeitig eigene Vorstellungen über die Determinanten der Bevölkerungsentwicklung einer Gesellschaft. Diese bevölkerungstheoretischen Aussagen Brentanos sind auch aus heutiger Sicht von Interesse. In seiner oben erwähnten Veröffentlichung sind nämlich bereits alle Elemente der modernen ökonomischen Bevölkerungstheorie angelegt, wie Zimmermann 1988 gezeigt hat. Da Brentano diese Überlegungen aus der Kritik an Malthus heraus entwickelt, zeigt die ausführliche Beschäftigung mit Brentano gleichsam, auf welche Weise die Vorstellungen der modernen ökonomischen Bevölkerungstheorien an malthusianischen Überlegungen zur Bevölkerungsentwicklung anknüpfen und wo diese jenen entgegen stehen.

Zustimmung erfährt Malthus durch Brentano in der Vorstellung, daß der Fortpflanzungstrieb gegeben ist.

> "Die Fähigkeit der Vervielfältigung, die allem organischen Leben eigen ist, kann als unendlich angesehen werden. (...) So weit Malthus also von einer unendlichen Fortpflanzungsfähigkeit der Menschen ausgeht, ist er im Recht. Nun beginnen seine Irrtümer" (Brentano 1909: 551 und 577).

Es sind vor allem zwei Irrtümer, die Brentano Malthus vorhält: zum einen sind Malthus Berechnungen des Verdopplungszeitraums der Bevölkerungsgröße unhaltbar; damit ist die empirische Basis von Malthus Theorie fragwürdig. Zum anderen sind die Prämissen der Bevölkerungstheorie von Malthus fehlerhaft.

Zum Beweis, daß sich Malthus Behauptung einer Verdoppelung der Bevölkerung innerhalb von 25 Jahren, wenn in jeder Ehe 4 Kinder geboren werden, empirisch nicht belegen läßt, führt Brentano (1909: 577ff) die Berechnungen von Rümlein (1875) an. Dieser weist nach, daß Malthus in seinen Kalkulationen die Altersabhängigkeit der Geburten nicht richtig in Betracht gezogen hat. Nach Rümleins Berechnungen müßte für die Verdopplung der Bevölkerung innerhalb von 25 Jahren jede Frau im Durchschnitt mehr als sieben Kinder gebären. Dieser Wert ist deutlich höher als die Werte, die zu jener Zeit in allen europäischen Staaten beobachtet wurden. Damit wird ein Teil der empirischen Überlegungen, auf den sich die malthusianische Argumentation stützt, in Frage gestellt. Der Einwand, daß Malthus falsch gerechnet habe, ist berechtigt. Interessanter und für unsere Untersuchung wichtiger ist allerdings der zweite Einwand gegen Malthus, daß nämlich die Prämissen seiner Theorie falsch seien. Aus der Sicht von Brentano (1909: 579) gründen Malthus' Überlegung auf zwei Annahmen:

1. Es gibt einen Fortpflanzungstrieb, der die Arterhaltung sicherstellt und damit Ursache für die Vermehrung der Menschen ist.
2. Dieser Fortpflanzungstrieb bleibt im Zeitablauf konstant.

Brentano beurteilt beide Annahmen als problematisch: Kinder werden allenfalls in Dynastien oder höheren Adelsgeschlechtern gezeugt, um die Art zu erhalten. Die wesentlichen Gründe für das Zeugen von Kindern liegen für Brentano (1909:579) in der Befriedigung des Geschlechtsbedürfnisses und in der Kinderliebe. Das Geschlechtsbedürfnis hat für Brentano nichts mit einem Fortpflanzungstrieb ähnlich dem der Tiere gemein, der alleine der Arterhaltung dient. Im Unterschied zu den Tieren ist der Geschlechtstrieb der Menschen keine rein natürliche Erscheinung, sondern der bewußten Kontrolle der Individuen unterstellt. Mithin ist er nicht ewig gegeben und konstant, wie Malthus dies behauptete. Brentano setzt in seiner Bevölkerungstheorie dem rein biologisch determinierten Fortpflanzungstrieb zur Arterhaltung ein biologisch determiniertes Geschlechtsbedürfnis entgegen, das wesentlich durch die Entscheidungen der Individuen kontrolliert werden kann. Nur auf dieser Basis kann für Brentano (1909:581) - wie das nachfolgende Zitat belegt - die Entwicklung der Bevölkerung erklärt werden.

> "Damit haben wir die Grundlagen für die Erklärung der Tatsachen der Bevölkerungsbewegung gewonnen. Es kommt darauf an festzustellen, in welchem Maße die Entwicklung zur Beeinflussung des Geschlechtstriebs und der Kinderliebe durch die Gehirntätigkeit führt, in welchem Maße sie das Weib auf den Mann als Stütze und auf die Ehe als Versorgungsmittel hinweist und ein größeres Maß des Ansehens mit dem verheirateten Stande verbindet."

Die Bevölkerungsentwicklung wird somit letztlich durch die Entscheidungen von Individuen bestimmt. Der Ausgangspunkt ist zwar das biologisch verwurzelte Geschlechtsbedürfnis, dessen Befriedigung aber durch eine bewußte Entscheidung der Menschen erfolgt, so wie man sich für den Erwerb von Gütern entscheidet, um damit andere Bedürfnisse zu befriedigen. Brentano entfernt sich mit diesen Überlegungen folglich von Bevölkerungstheorien, die die menschliche Reproduktion als überwiegend biologischen Gesetzmäßigkeiten gehorchend ansieht. Gleichzeitig richtet sich sein Hauptaugenmerk zur Erklärung der Bevölkerungsentwicklung auf die Analyse der Veränderungen in den Fertilitätsraten, da eine Änderung der Sterberaten kaum durch individuelle Entscheidungen beeinflußbar ist.[1]

Brentano (1909:583) liefert zwei Gruppen von Erklärungen für die empirische Beobachtung sinkender Fertilitätsraten:

1. Es gibt in den höheren Klassen weniger Ehen als in den niederen, insbesondere die Heiratsneigung der Männer in den höheren Klassen ist gesunken.
2. Die durchschnittliche Zahl der Kinder in einer Ehe ist zurückgegangen.

Der Rückgang der Zahl der Eheschließungen in den höheren Schichten der Gesellschaft wurde im wesentlichen auf die folgenden Veränderungen zurückgeführt:

- Aufgrund der höheren Anforderungen an die Qualifikation der Männer hattte sich deren Ausbildungszeit verlängert. In der Folge stieg sowohl das durchschnittliche Heiratsalter als auch die Zahl der ledigen Männer.
- Die vorherrschende Majoratserbfolge führte dazu, daß weichenden Erben oft nicht genug Mittel zur Verfügung standen, eine Familie standesgemäß zu unterhalten.
- Die Stellung der Frau in der Gesellschaft hatte sich verändert. So wuchs das gesellschaftliche Ansehen der unverheirateten Frauen und die Erwerbsmöglichkeiten für Frauen nahmen zu, wodurch diese eine steigende ökonomische Unabhängigkeit vom Mann erlangten.
- Die erweiterten Möglichkeiten der Bedürfnisbefriedigung sind zunehmend in Konkurrenz zu den Annehmlichkeiten des verheirateten Lebens getreten.

[1] Dies wird von der modernen Bevölkerungsökonomik z.T. anders eingeschätzt. Vergleiche hierzu den Literaturüberblick über die Veränderung der Mortalitätsraten von Sickles, Taubman (1997).

Wichtiger noch als die Abnahme der Zahl der Ehen, ist aus Brentanos (1909: 590) Sicht allerdings der allgemeine Rückgang der Zahl der Kinder in den Ehen. Hier sieht er keinen Zusammenhang zwischen Rasse, sozialer Schicht und Religion und auch nicht zur Verstädterung durch die Industrialisierung. Es ist vielmehr alleine der steigende Wohlstand, der zu einer Abnahme des Zeugungswillens beiträgt; denn mit steigendem Wohlstand treten (i) die Kinder zunehmend in Konkurrenz zu anderen Genüssen, die jetzt erreichbar sind, und (ii) verändert sich dadurch die Beziehung zu den Kindern.

> "Allein die Hauptursache der Beschränkung des Zeugungswillen des Mannes ist die Erwägung, inwieweit die Beschränktheit seiner Mittel ihn in der Befriedigung anderer Ansprüche, die er ans Leben stellt, behindern würde, falls er Kinder in größerer Anzahl auf die Welt setzen würde. ... Nicht anders wirkt die Verfeinerung der Kindesliebe. Mit fortschreitendem Wohlstand ... werden sich die Eltern mehr und mehr bewußt, daß sie dafür verantwortlich sind, was für Menschen und ob sie deren viele oder wenige auf die Welt setzen. Das führt dazu, ..., daß die Eltern bestrebt sind, den bereits vorhandenen Kindern eine bessere Erziehung zu sichern, ihnen ein größeres Erbteil zuzuwenden ... Beides führt zur Beschränkung der Geburtenzahl." (Brentano 1909:603)

Mit dieser Behauptung behandelt Brentano die Kinder implizit wie alle anderen Güter, die der Haushalt konsumieren möchte. Bei gegebenem Budget bedeutet die Entscheidung für die Befriedigung eines Bedürfnisses, daß andere Bedürfnisse nicht mehr befriedigt werden können. Es entstehen also Opportunitätskosten. Desweiteren gilt, daß mit zunehmendem Wohlstand die Ansprüche an die Qualität der Güter steigt. Dies gilt auch für die Kinder, die bei einem steigenden Einkommen der Eltern eine bessere Ausstattung erhalten sollen. Dazu gehört eine bessere Ausbildung ebenso wie ein entsprechendes Erbe. Beides, die Genußkonkurrenz und der Wunsch einer verbesserten Ausstattung der Kinder, führen bei gegebenem Budget zwangsläufig zu einem Rückgang der Kinderzahl. In der Sprache der modernen mikroökonomischen Bevölkerungstheorie entscheiden Eltern also über die Zahl und die Qualität ihrer Kinder sowie ihren eigenen Konsum bei einem gegebenen Budget (vgl. z.B. Becker, Lewis 1973). Wir werden uns mit diesen Überlegungen in Abschnitt 5.3 ausführlicher beschäftigen.

Im Gegensatz zu den bisher vorgestellten Bevölkerungstheorien ist für Brentano die Zahl der Kinder das Ergebnis ethisch neutraler Wahlhandlungen. Damit werden die normativen Elemente der bislang betrachteten Theorien ausgeblendet. Die Erklärung der Bevölkerungsentwicklung wird damit auch nicht mehr mit moralischen Bedeutungen versehen, wie dies bei Malthus noch der Fall war. Für Brentano muß der Appell, zur Kontrolle der Bevölkerungsgröße Enthaltsamkeit zu üben, wirkungslos bleiben. Ein dauerhafter Rückgang der Kinderzahl ist nur möglich, wenn dies im Eigeninteresse der Menschen liegt. Brentano (1909:607) schreibt:

> "Allein wo die Konkurrenz der Genüsse zu letzterem Verhalten (gemeint ist der Rückgang der Kinderzahl, der Verf.) veranlaßte, hat dieses an sich mit Tugend gar nichts zu tun. Es kann tugendhaft sein; wie wenn Jemand aus altruistischen Motiven auf jedweden Geschlechtsgenuß verzichtet. Wenn jemand dagegen, vor die Wahl zwischen Genüssen gestellt, den einen dem anderen vorzieht, so ist dies augenscheinlich an sich weder sittlich noch unsittlich."

Brentano läßt also durchaus zu, daß Menschen aus sittlichen Überlegungen heraus die Zahl ihrer Nachkommen beschränken. In seiner Theorie gibt es aber keinen Ort mehr, um moralisch-ethische Fragen im Zusammenhang mit der Bevölkerungsentwicklung zu behandeln. Die Bevölkerungstheorie wird somit aus dem Kontext moralphilosophischer Reflexionen herausgelöst. In diesem Rahmen läßt sich dann auch die Frage nach der optimalen Bevölkerungsgröße nicht mehr sinnvoll stellen. Folglich finden sich bei Brentano zu diesem Themenkomplex keine Überlegungen. Auch stellt sich ihm das Überbevölkerungsproblem, das Malthus formulierte, nicht mehr. Ausgehend von der Beobachtung sich ständig verbessernder Lebensbedingungen und der Annahme, daß diese sich weiter verbessern werden, muß vor dem Hintergrund seiner theoretischen Überlegungen die Zahl der Kinder stetig sinken. Die düsteren Prognosen von Malthus können dann nicht eintreffen und die Notwendigkeit entfällt, die Entwicklung der Bevölkerung durch geeignete Politikmaßnahmen zu kontrollieren. Für Brentano (1909: 618) gilt:

> "Die Feststellung des richtigen Kausalverhältnisses zwischen Besserung der Lebensbedingungen und Größe der Geburtenziffer scheint ferner geeignet, die von den Malthusianern gehegte Besorgnis, daß die Erde für die Menschen einmal zu klein werden könnte, zu beseitigen."

Wenn dennoch weiterhin ein positives Wachstum der Bevölkerung zu beobachten ist, dann ist dies, so Brentano (1909:618) auf einen noch schnelleren Rückgang der Sterberaten durch den materiellen Fortschritt zurückzuführen. Damit unterstellt Brentano aber implizit, daß sich Überbevölkerungsprobleme letztlich von alleine lösen, denn der Rückgang der Sterberaten kann nicht unendlich fortschreiten. Die Wirkung des von Malthus postulierten Bevölkerungsgesetzes wird also durch den Fortschritt in Wirtschaft und Gesellschaft und dessen Rückwirkung auf die Entscheidungen der Individuen aufgehoben.

5.3 Positive Bevölkerungstheorie der modernen Ökonomik

Brentano (1909) war der erste Bevölkerungswissenschaftler, der die Bevölkerungsentwicklung im wesentlichen durch die individuellen Entscheidungen der Ehepaare über die Zahl ihrer Kinder bestimmt sah. Dieser Gedanke wurde in der modernen ökonomischen Theorie der Familie wieder aufgegriffen, ohne daß sich hier Bezüge zu Brentano finden. Der Begründer dieses Teilgebiets der Ökonomik ist Garry S. Becker, der für seine Arbeiten 1991 den Nobelpreis für Wirtschaftswissenschaften erhielt.

In diesen Arbeiten werden Kinder genauso behandelt wie andere Güter auch. Es wird also unterstellt, daß Kinder der Bedürfnisbefriedigung ihrer Eltern dienen. Dabei wird in der Regel in direkte und indirekte Beiträge der Kinder zur Bedürfnisbefriedigung der Eltern unterschieden (Dasgupta 1993:161ff.). Direkt tragen Kinder zum Wohlbefinden der Eltern bei, indem sie das Überleben der Gattung sichern und die Familienlinie fortführen. Formal ausgedrückt ist die Zahl der Kinder ein Argument der Nutzenfunktion der Haushalte. Indirekt befriedigen Kinder die Bedürfnisse der Eltern, indem sie zum Familieneinkommen beitragen, wie dies in der Vergangenheit in den Industriestaaten der Fall war und wie dies heute noch für viele Entwicklungsländer zutrifft, oder Kinder dienen der Alterssicherung in Gesellschaften, bzw. historischen Phasen, in denen keine funktionierenden Versicherungssysteme und Kapitalmärkte existieren.

Diese Motive sind in zahlreichen ökonomischen Modellen analysiert worden. Die grundlegende Struktur und die wesentlichen Ergebnisse dieser Modelle sollen im folgenden untersucht werden. Dabei werden wir zuerst die Überlegungen statischer Modelle präsentieren; daran anschließend werden dynamischen Modelle vorgestellt. Wir wollen dabei weitgehend auf eine formale Ableitung und detaillierte Darstellung der Modelle verzichten und uns auf die Darstellung der wesentlichen ökonomischen Überlegungen konzentrieren.

5.3.1 Die ökonomische Theorie der Fertilität: statische Modelle

Die zentrale Annahme moderner bevölkerungsökonomischer Analysen lautet, daß Eltern die Entscheidung über die Zahl ihrer Kinder auf die gleiche Weise treffen, wie die Entscheidung über die Zusammensetzung ihres Konsumgüterbündels. Dieser Ansatz geht auf die Arbeit von Becker (1960) zurück. Es wird weiter unterstellt, daß Eltern eine homogene Entscheidungseinheit darstellen.[2] Die Familiengröße ergibt sich durch die Nutzenmaximierung eines Elternpaares, wobei die Auswahlmöglichkeiten durch das Budget der Eltern beschränkt sind. Die Präferenzen einer Familie hinsichtlich der realisierbaren Konsumgüterbündel und der Anzahl der Kinder werden in einer Nutzenfunktion abgebildet (Becker 1996). Es wird vorausgesetzt, daß die Funktion folgende Eigenschaften hat:

$$U = U(c, n) \text{ mit } \frac{\partial U}{\partial c} > 0, \frac{\partial U}{\partial n} > 0, \frac{\partial^2 U}{(\partial c)^2} < 0, \frac{\partial^2 U}{(\partial n)^2} < 0. \tag{5.1}$$

[2] Dies ist eine Vereinfachung von realen Entscheidungsstrukturen innerhalb einer Familie. Einen Überblick über Ansätze, die Struktur der Familie detaillierter abzubilden gibt Bergstrom (1997). Da im folgenden nur die grundlegenden Elemente bevölkerungsökonomischer Arbeiten von Interesse sind, wollen wir diese Vereinfachung beibehalten.

Dabei bezeichnet n die Zahl der Kinder und c die Menge der Marktgüter. Ferner wird unterstellt, daß die Nutzenfunktion monoton zunehmend in der Kinderzahl sowie der Menge der Marktgüter ist und die Grenznutzen bezüglich der Anzahl der Kinder und der Menge der Konsumgüter abnehmen. Diese Funktion wird maximiert, wobei die Handlungen der Eltern durch ihr Budget beschränkt sind:

$$p_c c + p_n n \leq R. \tag{5.2}$$

Dabei ist R das Einkommen, p_c der Preis des Konsumgutes und p_n der 'Preis' der Kinder, der als Opportunitätskosten der Kindererziehung interpretiert wird. Diese hängen wiederum von den Kosten für Ernährung, Kleidung, Wohnung, Ausbildung ab, enthalten aber auch ein Element, das die Bewertung der Zeit, die Eltern ihren Kindern widmen, berücksichtigt.

Unterstellt man, daß die Nutzenfunktion streng-quasikonkav in den Konsumgütern und den Kindern ist, dann steigt mit steigendem Einkommen auch die Nachfrage nach Kindern und mit steigendem 'Preis' der Kinder, d.h. höheren Opportunitätskosten, geht die Nachfrage nach Kindern zurück. Dies entspricht den Standardergebnissen der Haushaltstheorie. Dieses Modell prognostiziert also, daß bei steigendem Einkommen der Eltern auch die Zahl der Kinder steigt. Betrachtet man allerdings die demographische Entwicklung der letzten hundert Jahre in den westlichen Industrienationen, dann erkennt man, daß mit steigenden Einkommen auch die Zahl der Kinder zurückgegangen ist. Die Ergebnisse von Zeitreihenbetrachtungen und Querschnittsanalysen legen also eine negative Korrelation zwischen Einkommen und der Kinderzahl nahe (Hotz, Klerman, Willis 1997:294). Damit finden die Ergebnisse des einfachen Modells keine empirische Bestätigung.

Eine einfache Möglichkeit, die empirischen Beobachtungen in das Modell zu integrieren, bestünde darin, zu unterstellen, daß Kinder inferiore Güter sind. Diese Vorstellung wurde von Becker (1960) zurückgewiesen. Stattdessen wurde die obige Analyse erweitert, indem man unterstellte, daß die Eltern nicht nur die Zahl der Kinder, sondern auch deren Qualität als Gegenstand ihrer Entscheidung betrachten. Diese Zusammenhänge wurden erstmals von Becker, Lewis (1973) formuliert.[3] In diesen Modellen wird davon ausgegangen, daß in der Nutzenfunktion neben den Konsumgütern auch die Zahl und die Qualität der Kinder berücksichtigt wird. Dabei wird implizit angenommen, daß die Qualität der Kinder durch einen entsprechenden Einsatz von knappen Ressourcen produziert werden kann. Das Entscheidungsproblem des Haushaltes läßt sich dann wie folgt beschreiben (Nerlove, Raut 1997:1142ff., Razin, Sadka 1995:14ff.):

$$\text{Maximiere } U(c, n, q) \tag{5.3}$$

unter der Nebenbedingung:

[3] Eine detaillierte Darstellung der Entwicklung der bevölkerungsökonomischen Literatur finden sich in Hotz, Klerman, Willis (1997:294).

$$p_c c + p_n q n \leq R. \tag{5.4}$$

Dabei ist q die Qualität eines Kindes, und das Produkt $p_n qn$ gibt die Ausgaben an, die der Haushalt für seine n Kinder der Qualität q tätigen muß.

Innerhalb dieses Modellrahmens können Bedingungen abgeleitet werden, unter denen die Anzahl der Kinder mit steigendem Einkommen sinkt, obwohl der reine Einkommenseffekt positiv ist.[4] Die ökonomische Intuition dieser Ergebnisse ist einfach nachzuvollziehen. Hierzu wird die Budgetrestriktion umgeformt:

$$q = \frac{R - p_c c}{p_n n}. \tag{5.5}$$

Wie in Abbildung 5.1 dargestellt, ist für gegebene Ausgaben R zum Erwerb von Konsumgütern diese Restriktion in der Qualitäts-Quantitäts-Ebene konvex. Dies hat Folgen für die Reaktion des Haushaltes auf Einkommensänderungen. Um das zu erkennen, betrachtet man eine lineare Budgetrestriktion für eine Zwei-Güter-Ökonomie; dort ist die Steigung dieser Budgetgerade durch das Preisverhältnis der Güter gegeben. Dieses Preisverhältnis ist ein Ausdruck für das Austauschverhältnis dieser beiden Güter am Markt. Es ist bei einer linearen Budgetrestriktion konstant und verändert sich bei einer Erhöhung des Einkommens nicht, wenn die Preise für den Haushalt gegeben sind. Dies ist im Falle der konvexen Budgetrestriktion anders. Die Austauschmöglichkeiten zwischen der 'Kinderzahl' und der 'Kinderqualität', wie sie durch die Budgetrestriktion gegeben sind, sind hier nicht mehr unabhängig vom Einkommen; denn die Steigung der Budgetrestriktion (5.5) in der $(q - n)$ - Ebene ist gegeben durch:

$$\frac{dq}{dn} = \frac{-(R - p_c c)}{p_n n^2}. \tag{5.6}$$

Diese Ableitung und damit die Bewertung von Quantität und Qualität der Kinder ändert sich, wenn sich das Einkommen verändert. Zwar wird sich durch eine Änderung des Einkommens um ΔR auch die Menge der nachgefragten Konsumgüter um Δc ändern, für eine streng-quasikonkave Nutzenfunktion wird aber nicht das ganze zusätzliche Einkommen für den Kauf nur eines Gutes ausgegeben[5]; somit ist $\Delta R - p_c \Delta c > 0$ und die Bewertung zwischen Quantität und Qualität der Kinder ändert sich mit dem Einkommen.

Wir wollen dies anhand Abbildung 5.1 illustrieren.[6] Hierzu nehmen wir an, daß die Höhe des elterlichen Konsums bereits optimal bestimmt ist. Die

[4] Eine kompakte Ableitung und Diskussion der Ergebnisse findet sich bei Razin, Sadka (1995:17ff.).

[5] Strenge Quasikonkavität bedeutet, daß die Bessermengen der Präferenzfunktion streng konvex sind. Ökonomisch bedeutet dies, daß der Durchschnitt von Güterbündeln den Extremen vorgezogen wird. Damit ist bei einer Einkommenserhöhung eine größere Nutzensteigerung möglich, wenn das zusätzliche Einkommen nicht gänzlich für den Kauf eines einzigen Gutes ausgegeben wird.

[6] Die Darstellung folgt Razin, Sadka (1995:15ff).

Budgetbeschränkung ist durch die Gleichung (5.5) mit $c = c^*$ gegeben. Diese hat eine negative Steigung und einen strikt konvexen Verlauf. Sie ist dargestellt durch die Hyperbel B1. Die Präferenzen der Eltern werden repräsentiert durch die Indifferenzkurven I1 und I2 der Nutzenfunktion (5.3) in der $(q-n)$-Ebene, wobei das Optimum A dem Tangentialpunkt von Budgetrestriktion und Indifferenzkurve entspricht. Damit dies tatsächlich ein Maximum darstellt, muß die Indifferenzkurve stärker gekrümmt sein als die Budgetrestriktion; Quantität und Qualität der Kinder dürfen also nicht zu enge Substitute in den Präferenzen der Haushalte sein. Um die Unterschiede zu der Situation mit einer linearen Budgetrestriktion zu illustrieren, ist diese als Tangente an das Optimum eingezeichnet (LB1 Kurve). Eine Einkommensänderung im Falle einer linearen Budgetrestiktion entspricht einer Parallelverschiebung der Budgetgeraden. Im Vergleich zur konvexen Budgetrestiktion ändert sich hierdurch die Steigung nicht. Da bei gleicher Kinderzahl und einer Erhöhung der Qualität die Indifferenzkurve steiler wird[7], muß das neue Optimum bei linearer Budgetrestriktion rechts vom alten Optimum liegen, d.h. die Zahl der Kinder hat zugenommen (Punkt E). Ist die Budgetrestriktion allerdings streng konvex, dann ist diese bei gleicher Kinderzahl und einem höheren Einkommen steiler als die lineare (Punkt D). Damit kann - je nach Veränderung der Budgetrestriktion - das Optimum durchaus links vom ursprünglichen Optimum liegen (Punkt F), d.h. die Zahl der Kinder sinkt bei zunehmendem Einkommen.

Ob mit steigendem Einkommen die Kinderzahl tatsächlich zurückgeht, hängt von den Preis- und Einkommenselastizitäten der Nachfrage nach Kindern und von den Preis- und Einkommenselastizitäten der Nachfrage nach Qualität der Kinder ab. Wenn die Einkommenselastizität der Nachfrage nach der Kinderqualität größer ist als die Einkommenselastizität der Nachfrage nach der Zahl der Kinder, dann geht mit steigendem Einkommen die Zahl der Kinder zurück (vgl. Razin, Sadka 1995:Abschnit 3.2). Die Annahme solcher Elastizitäten schien Becker, Lewis (1973) plausibel (vgl. auch Willis 1973) und das so strukturierte Modell ist geeignet, die Beobachtungen des Rückganges der Zahl der Kinder mit steigendem Einkommen zu erklären.

Eine ökonometrische Überprüfung der Becker-Lewis Modelle ist jedoch schwierig, weil laut Hotz, Klerman, Willis (1997:323) ein Identifikationsproblem auftreten kann. Die Autoren weisen darauf hin, daß in den theoretischen Modellen Aussagen über die Reaktion der Nachfrage der Kinder bei exogenen Preis- und Einkommensänderungen unter der Voraussetzung der Konstanz al-

[7] Graphisch entspricht eine Erhöhung der Qualität bei gleicher Kinderzahl einer Bewegung entlang einer vertikalen Linie. Die Indifferenzkurve wird dabei im Schnittpunkt mit der vertikalen Linie steiler, wenn man sich in Richtung der q-Achse bewegt. Dies gilt, da sich zum einen die Zahl der Kinder nicht ändert und daher der Grenznutzen der Kinderzahl konstant bleibt; zum anderen nimmt die Qualität zu und der Grenznutzen bezüglich der Kinderzahl sinkt, wenn die Nutzenfunktion den üblichen Eigenschaften genügt. Damit ändert sich auch die Steigung der Indifferenzkurve, die dem Quotienten der Grenznutzen entspricht.

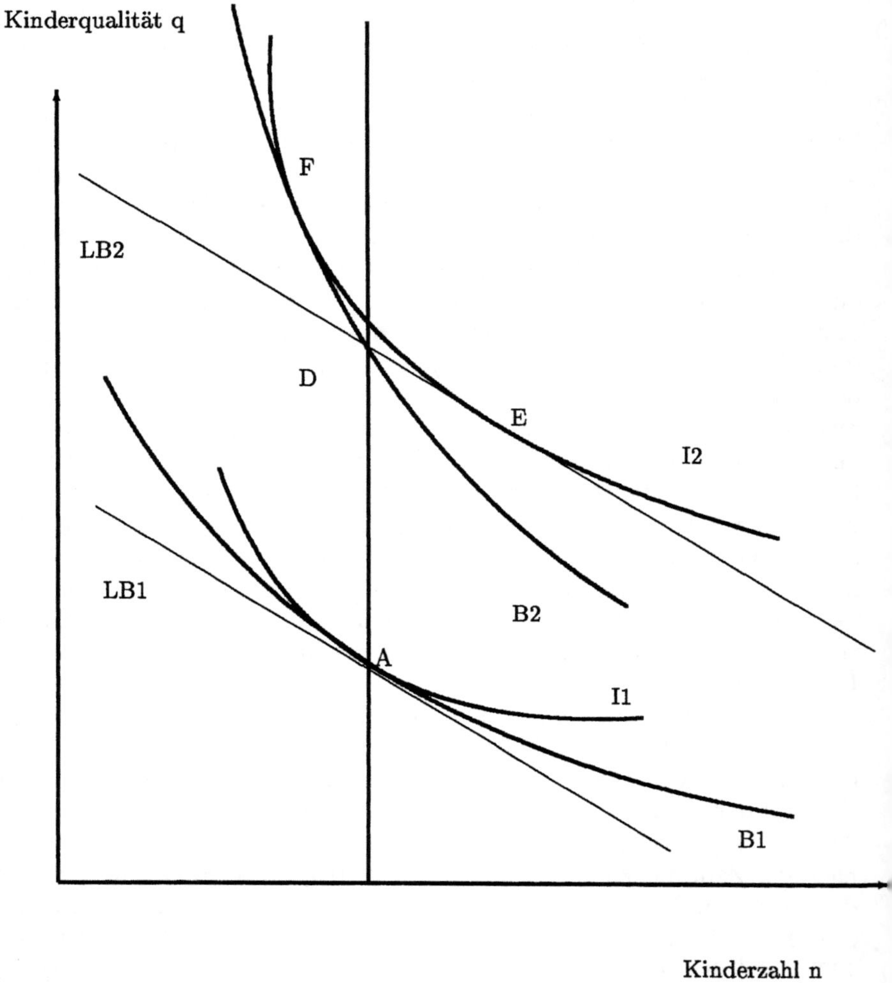

Abb. 5.1. Der trade-off zwischen Zahl und Qualität der Kinder. Quelle: Razin, Sadka (1995:16).

ler anderen Größen abgeleitet werden. Es kann allerdings nicht vorausgesetzt werden, daß die in den Daten beobachtbaren Preis- und Einkommensänderungen gerade solche unter der ceteris paribus Annahme abgeleiteten exogenen Variationen widerspiegeln. Es besteht daher das Problem, aus den vorhandenen Daten die Reaktion der Nachfrage zu identifizieren, die den Voraussetzungen der modelltheoretischen Überlegungen genügt. Wie diese überwunden werden können, diskutieren Hotz, Klerman, Willis (1997:323ff).

5.3.2 Ökonomische Theorie der Fertilität: dynamische Modelle

Intertemporale Präferenzfunktionen generativer Entscheidungen. Bisher wurde die Fertilitätsentscheidung eines Haushaltes in einem statischen Modell betrachtet. Dieses statische Modell läßt sich relativ einfach zu einem dynamischen Modell erweitern. Wenn man die Qualität der Kinder mit dem Nutzenniveau gleichsetzt, das Kinder erreichen können und weiterhin unterstellt, daß der Nutzen der Eltern vom Nutzen der Kinder abhängt, dann läßt sich eine dynamische Nutzenfunktion für den Haushalt formulieren. Diese Erweiterungen wurden in Aufsätzen z.B. von Becker (1988), Becker, Barro (1988 und 1989) und Becker, Murphy, Tamura (1990) vorgenommen. In diesen Modellen wählen die Eltern die Zahl der Kinder und die Ausstattung der Kinder mit physischem und Humankapital. Damit läßt sich, so Nerlove, Raut (1997:1147) die Größe 'Kinderqualität' aus den Becker-Lewis Modellen z.B. als Investitionen in das Humankapital der Kinder auffassen. Der trade-off in diesen Modellen besteht dann zwischen dem Altruismus, den die Eltern für ihre Kinder empfinden und dem Nutzen, den sie aus ihrem eigenen Konsum und der Zahl der Kinder ziehen. In diesen Modellen wird unterstellt, daß jedes Individuum zwei Perioden lang lebt, als Kind und als Erwachsener. Unterstellt man, daß der Nutzen jedes Kindes linear in die Nutzenfunktion eines Erwachsenen eingeht, lautet die Nutzenfunktion eines Erwachsenen der Generation i (vgl. Nerlove, Raut 1997:1147 und Becker 1996):

$$U_i = v(c_i, n_i) + a(n_i)n_iU_{i+1}. \tag{5.7}$$

In dieser Funktion hängt der Nutzen der Eltern vom eigenen Konsum (c_i), der Zahl der Kinder (n_i) und dem Nutzen der Kinder (U_{i+1}) ab, der mit der Funktion $a(n_i)$ gewichtet wird. Diese spiegelt den Grad des Altruismus wider, den Eltern ihren Kindern entgegenbringen; wobei unterstellt ist, daß das Gewicht des Nutzens der Kinder in der Präferenzfunktion der Eltern von der Zahl der Kinder negativ abhängt: es gilt also $\partial a(n_i)/\partial n_i < 0$. Nimmt man darüber hinaus an, daß für die Kinder der Eltern der Generation i, die in $i+1$ Eltern sind, die gleiche Nutzenfunktion gilt und auch für deren Kinder dieser Zusammenhang zutrifft, dann erhalten wir durch Rekursion die Nutzenfunktion, wie sie von Becker, Barro (1988) und Becker, Barro (1989) formuliert wurde:

$$U_0 = \sum_{i=0}^{\infty} A_i N_i v(c_i, n_i) \text{ mit} \tag{5.8}$$

$$A_0 = 1, A_i = \prod_{j=0}^{i-1} a(n_j), i = 1, 2, ...,$$

$$N_0 = 1, N_i = \prod_{j=0}^{i-1} n_j, i = 1, 2, ...$$

Hier wurde durch Einsetzen der Nutzenfunktion für $i = 1$ in die Nutzenfunktion für $i = 0$ in Gleichung (5.7) und durch weiteres Einsetzen der Nutzenfunktion für $i = 2$ in die für $i = 1$ usw. eine Präferenzfunktion abgeleitet, die als dynastische Nutzenfunktion bezeichnet wird (Becker, Barro 1988:5). Charakteristisch für diesen Funktionstyp ist, daß der Nutzen des ersten Elternpaares vom Konsum und der Zahl der Kinder aller Nachfahren abhängt.[8] Der Gründer der Dynastie ist hier ein altruistischer Haushalt, für dessen Altruismus jedoch eine bestimmte Form unterstellt ist: Damit der Nutzen für eine Dynastie mit stationärem Pro-Kopf-Konsum und einer stationären Zahl an Nachkommen beschränkt ist, muß $a(1) < 1$ sein.[9]

Die oben dargestellten Nutzenfunktionen sind intertemporale Nutzenfunktionen. Deshalb ist es notwendig, die zukünftigen Nutzen abzudiskontieren. Dies erfolgt im Prinzip durch die Altruismusfunktion. Mit dieser Funktion werden die Interessen der zukünftigen Generationen gewichtet. Dabei gilt, daß der Nutzen des Gründers der Dynastie ein stärkeres Gewicht erhält als seine Nachkommen. Der Altruismus übernimmt aufgrund der Annahmen über seine Form in diesen Modellen die gleiche Funktion wie die Diskontierung in intertemporalen Modellen bei gegebener Kinderzahl. Die hier unterstellte Form des Altruismus entspricht der Minderschätzung zukünftiger Bedürfnisse in intertemporalen Modellen. Im Unterschied dazu ist hier allerdings angenommen, daß die Gewichtung der Interessen zukünftiger Generationen von der Zahl der Nachkommen abhängig ist. Damit ist die Diskontierung durch die Altruismusfunktion nicht mehr exogen gegeben, sondern wird mit der Entscheidung über die Zahl der Nachkommen endogen bestimmt. An dieser Stelle muß allerdings gefragt werden, ob es ausreicht, alle zukünftigen Ereignisse alleine mit Hilfe der Altruismusfunktion zu bewerten. Folgt man

[8] Nerlove, Raut (1997:1149) machen auf die einschränkenden Annahmen, die der dynastischen Nutzenfunktion zugrundeliegen, aufmerksam: es ist unterstellt, daß die Eltern vollkommene Voraussicht haben, d.h. den zukünftigen Nutzen aller Nachkommen kennen.

[9] In der familienökonomischen Literatur gilt dies als die stärkste Form des Altruismus. Schwächere Formen des Altruismus, werden z.B von Kollmann (1997:88-89) unterstellt, der annimmt, daß nur der Konsum der Kinder in die Nutzenfunktion der Eltern eingeht. Pestieau (1989:95-96) sieht auch davon ab und nimmt an, daß nur die Zahl der Kinder in die Nutzenfunktion des Haushaltes eingeht. Er unterstellt damit eine rein egoistische Nutzenfunktion.

nämlich der Argumentation von Burton (1993:119), dann ist es notwendig, bei der Bewertung zwei Gesichtspunkte voneinander getrennt zu betrachten:

1. Es sollte berücksichtigt werden, daß Mitglieder einer Generation ihren Konsum in unterschiedlichen Perioden unterschiedlich gewichten. Das heißt, der Nutzen aus zukünftigem Konsum innerhalb einer Generation wird diskontiert.
2. Davon zu unterscheiden ist die Gewichtung der Interessen nachfolgender Generationen in den Nutzenfunktionen der heute lebenden Generationen. Dies kann durch die Altruismusfunktion erfolgen.

Diese Unterscheidung wird in überlappenden Generationen-Modellen mit endogener Fertilität in der Regel nicht vorgenommen. In diesen Modellen werden die zukünftigen Ereignisse in der Regel nur mit Hilfe der Altruismusfunktion gewichtet. (Burton 1993:119; Barro, Sala-I-Martin 1995:128 und insbesondere Fußnote S. 310). Barro, Sala-I-Martin (1995:122) weisen darauf hin, daß bei einer solchen Vorgehensweise implizit unterstellt wird, daß die reine Zeitpräferenz eines Haushaltes Null ist.

Die Budgetbeschränkung des Haushalts. Bis jetzt wurde eine Möglichkeit vorgestellt, die intertemporalen Präferenzen der Haushalte zu formulieren, wenn man die Bevölkerungsgröße als endogene Variable betrachten will. Um die Modellierung zu vervollständigen, müssen noch die intertemporalen Restriktionen betrachtet werden, denen die Haushalte unterliegen. Üblicherweise wird unterstellt, daß Haushalte Arbeitseinkommen beziehen und von ihren Eltern ein Erbe bekommen. Dieses Einkommen kann der Haushalt ausgeben, um den eigenen Konsum und den Konsum der Kinder (Kosten der Kinder) zu finanzieren. Ferner kann ein Teil als Erbe an die eigenen Kinder weitergegeben werden. Folgt man der Vorgehensweise von Becker, Barro (1988:6), läßt sich die Budgetbeschränkung eines erwachsenen Haushaltes wie folgt darstellen:

$$w_i + (1 + r_i)k_i = c_i + n_i k_{i+1} + n_i b_i. \tag{5.9}$$

Hier bezeichnet w_i das Arbeitseinkommen eines Haushaltes der Generation i und k_i das Kapital, das ein Haushalt von seinen Eltern als Erbe erhalten hat, welches sich nicht abnutzt und mit der Rate $(1+r_i)$ verzinst wird. Dieses Einkommen kann der Haushalt ausgeben, um c_i Einheiten zu konsumieren, seinen Kindern ein Erbe in Höhe von $n_i k_{i+1}$ zu hinterlassen und Ausgaben für die Kindererziehung in Höhe von $n_i b_i$ für seine Kinder zu tätigen, wobei angenommen wird, daß jedes Kind Kosten in Höhe von b_i verursacht. Damit ist unterstellt, daß Eltern ihre Kinder hinsichtlich des Erbes und der Ausgaben für die Erziehung gleich behandeln.

Da das Modell von Becker, Barro (1988) einer der wichtigsten Ausgangspunkte bei der Analyse der Probleme endogener Fertilität darstellt, sollen seine zentralen Ergebnisse wiedergegeben werden. Die detaillierte formale

Ableitung der Modellergebnisse von Becker, Barro (1988) sind in dem Anhang zu diesem Kapitel zusammengefaßt.

Im allgemeinen können zwar der Konsum und die Zahl der Kinder durch die Maximierung der Nutzenfunktion (5.8) unter der Nebenbedingung (5.9) bestimmt werden. Becker, Barro (1988) vereinfachen jedoch die Analyse durch folgende Annahmen.

1. Sie unterstellen, statt der Funktion $v(c_i, n_i)$ in (5.8) die Funktion $v(c_i)$. Darüber hinaus wird angenommen, daß die Elastizität des Nutzens in Bezug auf den Pro-Kopf- Konsums konstant ist (Becker, Barro 1988:7, vgl. dazu auch Nerlove, Raut 1997:1152). Konkret wird angenommen, daß die Funktion $v(c_i)$ die folgende Gestalt besitzt: $v(c_i) = c_i^\sigma$ mit $0 < \sigma < 1$;
2. Für die Altruismusfunktion wird unterstellt, daß der Grad des Altruismus ebenfalls eine konstante Elastizität in Bezug auf die Zahl der Kinder aufweist. Es wird damit die folgende funktionale Form unterstellt: $a(n_i) = \alpha \cdot n^{-\epsilon}$ mit $0 < \alpha < 1$ und $0 < \epsilon < 1$. (α läßt sich als Grad des Alrtuismus für gegebene Kinderzahl interpretieren.) Diese Annahme stellt sicher, daß der Nutzen einer Dynastie mit stationärer Bevölkerung und stationärem Pro-Kopf-Konsum beschränkt ist (vgl. oben Abschnitt 5.3.2; darüber hinaus wird gewährleistet, daß die Nutzenfunktion für ein gegebenes Nutzenniveau konkav und zunehmend in der Kinderzahl ist.

Die Nutzenfunktion (5.7) hat unter Berücksichtigung dieser Vereinfachungen die Form:

$$U_i = v(c_i) + \alpha \cdot n^{1-\epsilon} \cdot U_{i+1}.$$

Nach Rekursion erhalten wir dann die Zielfunktion:

$$u_0 = \sum_{i=0}^{\infty} \alpha^i N_i^{1-\epsilon} v(c_i). \tag{5.10}$$

Diese Funktion wird nun unter der Nebenbedingung maximiert, daß die Budgetrestriktion (5.9) für jede Generation erfüllt ist. Hierbei sind w_i und r_i gegeben. Aus der Optimierung lassen sich zwei Gruppen von Bedingungen erster Ordnung ableiten:[10]

$$\frac{v'(c_i)}{v'(c_{i+1})} = \alpha n_i^{-\epsilon}(1 + r_{i+1}), \quad i = 0, 1, 2, ... \tag{5.11}$$

$$v(c_i) \quad [1 - \epsilon - \sigma] = v'(c_i)[b_{i-1}((1 + r_i) - w_i], \; i = 1, 2, ... \; . \tag{5.12}$$

Darüber hinaus erhalten wir eine Budgetbeschränkung für die gesamte Dynastie der Form:

[10] Hinweise zur Herleitung dieser Ergebnisse finden sich im Anhang zu diesem Kapitel.

$$k_0 + \sum_{i=0}^{\infty} d_i N_i w_i = \sum_{i=0}^{\infty} d_i (c_i N_i + N_{i+1} b_i) \text{ mit} \tag{5.13}$$

$$d_i = \prod_{j=0}^{i} (1 + r_j)^{-1}.$$

Für diese Budgetbeschränkung gilt, daß der Gegenwartswert der Einkünfte dem Gegenwartswert der Ausgaben der Dynastie entspricht. Sie ergibt sich nach Barro, Becker (1989:483) aus den Budgetbeschränkungen für jede Generation (5.9), wenn die Transversalitätsbedingung des Optimierungsproblems gilt, d.h. der Gegenwartswert des zukünftigen Kapitalstocks für i gegen Unendlich gegen Null geht. Formal muß also gelten: $\lim_{x \to \infty} d_i N_i k_i = 0$.

Gleichung (5.11) zeigt, daß die Grenzrate der Substitution zwischen dem Konsum zweier Generationen von der Zinsrate und der Zeitpräferenz abhängt, die in diesem Modell dem unterstellten Grad an Altruismus entspricht (Es gilt nämlich $\alpha \cdot n_i^{-\epsilon} = a(n_i)$). Dabei zeigt sich, je stärker der Altruismus ist, d.h. je größer das Gewicht zukünftiger Generationen ist, desto größer ist der Konsum der nächsten Generation im Vergleich zur gegenwärtigen (Becker, Barro 1988:8). Darüber hinaus gilt, daß eine steigende Fertilität, d.h. ein höheres n_i den Altruismus pro Kind reduziert. Dadurch werden die Interessen zukünftiger Generationen stärker diskontiert und der Konsum zukünftiger Generationen sinkt (Becker, Barro 1988:10).

Gleichung (5.12) drückt aus, daß der Nutzengewinn durch ein weiteres Kind dessen Grenzkosten entspricht. Dabei gibt die rechte Seite der Gleichung die Kosten eines weiteren Erwachsenen in Generation i an, denn $b_{i-1}(1 + r_i)$ sind die Kosten, die ein Erwachsener in Generation i als Kind in der Generation $i - 1$ verursacht hat, und w_i ist sein Arbeitseinkommen (Becker, Barro 1988:10). Die linke Seite der Gleichung (5.12) gibt den Nutzen eines weiteren Erwachsenen in Generation i an, wenn deren Gesamtkonsum $C_i = c_i N_i$ konstant bleibt.[11] Verwendet man für die Nutzenfunktion die Form , die der oben getroffenen Annahme einer konstanten Elastizität genügt, dann kann die Gleichung (5.12) wie folgt geschrieben werden (Barro, Becker 1989:484):

$$c_i = \frac{\sigma}{1 - \epsilon - \sigma} [b_{i-1}(1 + r_i) - w_i]. \tag{5.14}$$

Diese Gleichung zeigt, daß sich der Pro-Kopf-Konsum in Abhängigkeit von den Nettokosten eines zusätzlichen Kindes ändert. Nachkommen haben damit den gleichen Konsum, wenn sie die gleichen Nettokosten verursachen. Erst bei steigenden (sinkenden) Nettokosten eines weiteren Nachkommen in Generation i steigt (sinkt) auch der Pro-Kopf-Konsum in dieser Generation. Becker, Barro (1989:484) betonen, daß sich dieses Resultat von den Ergebnissen der Modelle unterscheidet, in denen intertemporale Konsumentscheidungen untersucht werden, die Zahl der Nachkommen jedoch keine Entscheidungsvaria-

[11] Im Anhang wird gezeigt, daß sich diese Interpretation aus der Ableitung der Gleichung (5.14) nach N_i ergibt.

ble der Wirtschaftssubjekte darstellt. Für diese Modellstruktur gilt, daß der Konsum im Zeitablauf zunimmt, wenn der Zinssatz größer als die Zeitpräferenz ist. In dem Modell endogener Fertilität, das hier betrachtet wird, hängt die Veränderung des Konsums über die Zeit hinweg von den Nettokosten der Kinder ab. Veränderungen im Zinssatz und in der Bewertung der Zukunft, die hier dem Grad des Altruismus entspricht, beeinflussen vor allem die Zahl der Kinder.

Die Fertilitätsrate wird durch die Zusammenfassung der Gleichungen (5.11) und (5.14) bestimmt. Es gilt:

$$n_i = \left\{ \alpha[1 + r_{i+1}] \left[\frac{b_{i-1}(1 + r_i) - w_i}{b_i(1 + r_i) - w_{i+1}} \right]^{1-\sigma} \right\}^{\frac{1}{\epsilon}}. \tag{5.15}$$

Die Gleichung (5.15) belegt, daß die Fertilitätsrate von dem Grad des Altruismus α und der Zinsrate abhängt. Eine einmalige Erhöhung der Kosten pro Kind in der Generation j, führt zu einem Rückgang der Kinderzahl, die aber in der folgenden Generation völlig ausgeglichen wird. Weitere Folgen hat diese einmalige Änderung nicht. Ähnliches gilt auch für eine permanente Änderung der Kosten der Kindererziehung. Hierdurch wird die Zahl der Kinder nur in der Periode geändert, in der diese Kostenänderung zum ersten Mal auftritt. Der formale Grund hierfür ist die in der Zeit separable dynastische Nutzenfunktion (Becker, Barro 1988:11-13).

Becker, Barro (1988:13) zeigen, daß für dieses Modell ein eindeutiger steady-state existiert, wenn b, r und w über die Zeit hinweg konstant sind. Dabei gilt, daß die Zahl der Kinder positiv von dem Zinssatz und dem Zeitpräferenzfaktor, bzw. dem Grad an Altruismus abhängt. Ferner hängt das steady-state Niveau des Pro-Kopf-Konsums positiv von den Nettokosten der Kinder ab.

Entgegen vieler Einwände gegen frühere Versionen des Papiers, so Becker, Barro (1988:14), hängen die abgeleiteten Ergebnisse nur davon ab, daß der Altruismus der Eltern und damit auch die Zeitpräferenz negativ von der Zahl der Kinder abhängt. Dies ist hinreichend für die vorgestellten Ergebnisse, wenn die dynastische Nutzenfunktion, wie angenommen, additiv separabel und zeitkonsistent ist.

An dieser Stelle sei darauf hingewiesen, daß die Ergebnisse sich nicht substantiell ändern, wenn man in dem Modell von Becker, Barro (1988) die Annahme eines dynastischen Altruismus aufgibt. Kollmann (1997) zeigt nämlich, daß nur die Höhe der Fertilität sinkt, wenn man den Altruismus auf die jeweils nachfolgende Generation einschränkt. Die Vorzeichen der anderen Beziehungen, wie sie oben diskutiert wurden, ändern sich nicht.

Modellerweiterungen. Das hier dargestellte Haushaltsmodell hat zahlreiche Erweiterungen erfahren, um damit unterschiedliche Fragestellungen zu untersuchen. Einen umfassenden Überblick über die Anwendung ökonomischer Modelle zur Analyse demographischer Phänomene gibt das Handboock of Population and Family Economics, das von Rosenzweig, Stark (1997) herausgegeben wurde; einen ausführlichen Überblick über dynamische mikroökonomische Modelle endogener Fertilität findet sich in Arroyo, Zhang (1997). Deshalb soll hier nicht ausführlicher auf die Erweiterungen des Modells von Becker, Barro (1988) und weitere bevölkerungsökonomische Modelle eingegangen werden. Der interessierte Leser findet in dem Handbuch einen ausgezeichneten Überblick. Es soll hier nur auf eine Erweiterung aufmerksam gemacht werden, die wir später bei der konkreten Analyse der Wechselwirkungen zwischen Umweltproblemen und Bevölkerungsentwicklung ausführlicher darstellen wollen.

Eine zentrale Erweiterung des Modells von Becker, Barro (1988) stellt die Verknüpfung mit einem Produktionsmodell dar. Auf diese Weise erhält man ein Wachstumsmodell, das es erlaubt, Beziehungen zwischen den Wachstumsraten der Bevölkerung, der Entwicklung des Kapitalstocks und dem Wachstums des Sozialproduktes zu untersuchen. Beispiele hierfür sind Modelle von Eckstein, Stern, Wolpin (1989), Pestieau (1989), Schmitt-Rink (1989) oder Yip, Zhang (1997). [12] Auch Humankapital, das in den Modellen der Neuen Wachstumstheorie ein wesentlicher Produktionsfaktor ist, läßt sich relativ einfach in die Modelle endogener Fertilität integrieren. Ein Beispiel hierfür ist das Modell von Razin, Sadka (1995:175ff). Unterstellt man, daß der Output der Ökonomie durch Unternehmen produziert wird, der Arbeitseinsatz sich aus der Menge und der Qualität der eingesetzten Arbeit zusammensetzt, ergibt sich eine einfache Erweiterung der traditionellen Wachstumsmodelle. Berücksichtigt man außerdem, daß Eltern über die Ausgaben für ihre Kinder die Qualität der Arbeitskraft der Kinder beeinflussen können, erhält man ein einfaches Humankapital-Modell mit endogener Fertilität. Einen umfassenden Überblick über Wachstumsmodelle mit endogener Fertilität geben Robinson, Srinivasan (1997).

Fazit. Die bevölkerungsökonomischen Modelle aus dem Bereich der positiven Theorie versuchen zu erklären, wie Haushalte über die Anzahl ihrer Nachkommen entscheiden, von welchen Parametern dies abhängt und wie sich die Ergebnisse, d.h. die Zahl der Kinder ändert, wenn sich exogene Größen des Modells ändern. Das zentrale Paradigma dieser Vorgehensweise ist, daß Individuen die Zahl ihrer Nachkommen genauso bestimmen, wie sie ihre Konsumentscheidungen treffen, d.h. auf der Basis gegebener Präferenzen bezüglich der Güter und Zahl sowie Ausstattung der Kinder. Unter Beachtung gegebener Restriktionen werden die Bedürfnisse dann so befriedigt, daß ein möglichst hohes Nutzenniveau erreicht wird. Dabei wird in der Regel unterstellt, daß die Eltern die Interessen ihrer Kinder bei den eigenen Entscheidungen mit berücksichtigen. Eltern wird also ein altruistisches Verhalten ihren Nachkommen gegenüber unterstellt.

[12] Beispielhaft für die vielfältigen Erweiterungen dieser Ansätze seien die Arbeiten von Davies, Zang (1997), Galor, Weil (1996) oder Hanson, Stuart (1989) genannt.

Im Rahmen dieser Modelle kann aber noch keine Aussage darüber formuliert werden, wie die sich endogen ergebende Bevölkerungsgröße zu beurteilen ist. Insbesondere ist in diesem Modellrahmen noch keine Aussage möglich, ob die endogene Wachstumsrate der Bevölkerung, wie sie sich durch die individuellen Entscheidungen der Haushalte ergibt, zu hoch oder zu niedrig ist. Um diese Frage zu beantworten, muß ein Maßstab bzw. ein Kriterium zur Beurteilung unterschiedlicher Zustände eingeführt werden. Diese Frage kann im Rahmen wohlfahrtstheoretischer Überlegungen, d.h. im Rahmen normativer ökonomischer Theoriebildung untersucht werden.

5.4 Normative Bevölkerungstheorie der modernen Ökonomik

5.4.1 Endogene Fertilität und Pareto - Optimalität

Im vorangegangenen Abschnitt wurde untersucht, wie im Rahmen positiver ökonomischer Modelle die Höhe und die Veränderung der Fertilitätsraten erklärt werden kann. Es hat sich gezeigt, daß Ökonomen die Bevölkerungsentwicklung als Resultat individueller Wahlhandlungen verstehen. Jetzt wollen wir fragen, wie das Ergebnis individueller Entscheidungen aus der Perspektive der ganzen Gesellschaft beurteilt werden kann. Diese Frage wird in der Ökonomik im Rahmen der Wohlfahrtstheorie untersucht.[13] Gegenstand der Wohlfahrtsökonomik ist die Analyse der normativen Eigenschaften des Marktergebnisses. Es geht darum, zu untersuchen,

1. unter welchen Bedingungen, die individuellen Handlungen der Wirtschaftssubjekte zu einem guten Gesamtergebnis führen;
2. unter welchen Bedingungen ein guter Zustand, der durch eine gesellschaftliche Institution festgelegt wird, auch durch die individuellen Handlungen der Wirtschaftssubjekte erreicht werden kann.

Das Kriterium, mit dem entschieden wird, was ein guter Zustand einer Ökonomie ist und ob die individuellen Handlungen der Wirtschaftsubjekte zu einem solchen Zustand führen, ist das Pareto - Kriterium, das von vielen Ökonomen als eine minimale normative Anforderung an eine individualistische Gesellschaft betrachtet wird (vgl. Nerlove, Razin, Sadka 1989:19). Das Pareto-Kriterium besagt, daß ein Zustand A einem Zustand B vorzuziehen ist (A ist besser als B), wenn sich in A mindestens ein Individuum verbessert, ohne daß sich hierdurch ein anderes Individuum verschlechtert. Existiert ein Zustand C dem gegenüber kein anderer vorgezogen wird, dann ist der Zustand C pareto-optimal. Dabei gilt allerdings, daß mit dem Pareto-Kriterium nur eine Teilordnung aller möglichen gesellschaftlichen Zustände erreicht werden kann. Es gibt nämlich - je nach Verteilung der Eigentumsrechte - viele unterschiedliche Allokationen, die alle pareto-optimal sind.

In der Wohlfahrtstheorie gibt es zwei zentrale Sätze, die angeben, unter welchen Bedingungen ein Marktgleichgewicht, das ein Ergebnis individueller Wahlhandlungen darstellt, pareto-optimal ist, und unter welchen Bedingungen ein pareto-optimaler Zustand auch durch individuelle Entscheidungen erreicht werden kann.

Der erste Hauptsatz der Wohlfahrtstheorie geht aus von einem Marktgleichgewicht und gibt Bedingungen dafür an, daß ein solches Marktgleichgewicht pareto-optimal ist. Der zweite Hauptsatz der Wohlfahrtstheorie geht

[13] Die umfassendste Diskussion der damit verbundenen Probleme findet sich bei Nerlove, Razin und Sadka (1987) und in der Überarbeitung dieser Monographie durch Razin, Sadka (1995). An der Darstellung in diesen beiden Büchern orientieren sich die folgenden Ausführungen. Vergleiche hierzu auch den Sammelband von Zimmermann (1989).

von einem Zustand aus, der ein Pareto-Optimum darstellt und gibt nun Bedingungen an, unter denen dieses Pareto-Optimum als ein Marktgleichgewicht, d.h. als Ergebnis individueller Wahlhandlungen implementiert werden kann (vgl. z.B. Mas-Collel, Whinsten, Green 1995:546ff).

Diese Ergebnisse sind für die Ökonomik von zentraler Bedeutung, da hierauf die Rechtfertigung staatlicher Eingriffe in den Marktprozeß und damit die Korrektur der Ergebnisse individueller Wahlhandlungen auf dem Markt beruht. Immer dann, wenn die Entscheidungen der Wirtschaftssubjekte zu einem pareto-inferioren Zustand führen, d.h. sogenanntes Marktversagen auftritt, besteht aus wohlfahrtsökonomischer Sicht unter den im zweiten Hauptsatz angegebenen Bedingungen zumindestens theoretisch die Möglichkeit durch geeignete politische Maßnahmen die Situation mindestens eines Individuums zu verbessern, ohne daß sich ein anderes verschlechtert.

Das Pareto-Kriterium ist das zentrale Werturteil innerhalb der Ökonomik, mit dessen Hilfe unterschiedliche Zustände der Wirtschaft miteinander verglichen werden. Es ist daher naheliegend, das Pareto-Kriterium auch auf die Beurteilung der Wahlhandlungen von Individuen in Bezug auf die Zahl ihrer Nachkommen anzuwenden. Es stellt sich hierbei allerdings die Frage, ob eine solche Vorgehensweise sinnvoll ist, bzw. wo die Grenzen einer solchen Vorgehensweise liegen. So weisen Nerlove, Razin, Sadka (1989:20) darauf hin, daß die Anwendung des Pareto-Kriteriums auf Modelle mit endogener Fertilität nicht unproblematisch ist. Eine sinnvolle Anwendung des Pareto-Kriteriums setzt nämlich voraus, daß die Menge der Zustände, die beurteilt werden sollen, gegeben ist. Im Falle endogener Fertilität muß man allerdings damit rechnen, daß die Zustände, die miteinander verglichen werden, nicht eindeutig definiert sind. Die Autoren fragen, was es bedeutet, wenn wir bei endogener Fertilität Zustände, in denen einige Individuen niemals geboren werden, mit solchen Zuständen vergleichen, in denen sie leben. Deshalb, so folgern Nerlove, Razin, Sadka (1989:20), hat das Pareto-Kriterium nur für die heute lebenden Generationen eine sinnvolle Bedeutung. Damit ist eine optimale Bevölkerungsgröße, die wir mit Hilfe des Pareto-Kriteriums ableiten, immer nur eine optimale Bevölkerung aus der Sicht der heute lebenden Generationen.[14]

Folgt man der Analyse der Wohlfahrtsökonomik, wird zunächst untersucht, welche Bevölkerungsgröße sich einstellt, wenn die einzelnen Haushalte die Zahl ihrer Kinder und den Konsum so wählen, daß hierdurch ihr Nutzen unter der Nebenbedingung der Budgetrestriktion maximiert wird. Der daraus resultierende Zustand entspricht einem Marktgleichgewicht in der traditionellen Wohlfahrtsökonomik. Hieran anschließend wird untersucht, ob dieses Marktgleichgewicht auch ein Pareto-Optimum ist. Die Ergebnisse dieser Betrachtung sollen im folgenden dargestellt werden.

[14] Die Ergebnisse der Klub- Theorie, deren Problemstellung ähnlich der der Modelle endogener Fertilität ist, kommt an dieser Stelle zu vergleichbaren Resultaten. Vergleiche hierzu beispielsweise Schweizer (1996).

5.4.2 Pareto-Optimalität und endogene Fertilität: die Perspektive der heute lebenden Generationen

Damit eine pareto-effiziente Allokation durch ein Marktgleichgewicht gestützt werden kann, müssen zwei Arten von Bedingungen erfüllt sein (Nerlove, Razin, Sadka 1989:21).

1. Hinsichtlich der Präferenzen muß sichergestellt sein, daß jeweils abnehmende Grenzraten der Substitution vorliegen und bezüglich der Technologie, daß keine zunehmenden Skalenerträge auftreten.
2. Es muß unterstellt werden, daß für alle Güter Märkte existieren, die sich durch vollkommene Konkurrenz charakterisieren lassen, und es dürfen keine Externalitäten auftreten.

Die Frage, die auf der Grundlage dieser beiden Bedingungen untersucht werden kann, lautet: Kann endogene Fertilität die Ursache von Externalitäten sein, die dazu führt, daß das Marktgleichgewicht nicht pareto-optimal ist? Nerlove, Razin, Sadka (1987) und Razin Sadka (1995) untersuchen diese Frage am Beispiel der Nutzung einer exogen vorgegebenen Menge einer Ressource, die zusammen mit Arbeit als Produktionsinput in der Konsumgüterindustrie eingesetzt wird. Sie zeigen, daß in diesem Fall das Marktgleichgewicht auch pareto-optimal ist. Um diese Vorgehensweise zu illustrieren sollen die Überlegungen von Razin, Sadka (1995:75ff) ausführlich dargestellt werden.

Es wird eine Ökonomie betrachtet, die eine endliche Ressource, z.B. Land, einsetzt, um zusammen mit Arbeit ein Konsumgut zu produzieren. Die Konsumgüter werden aufgrund der Begrenzung der Ressourcen mit abnehmenden Grenzerträgen hergestellt. Wenn nun die Haushalte über die Zahl der Kinder und damit auch über die Zahl der zukünftigen Arbeitskräfte entscheiden, dann könnte folgende Externalität auftreten: Mit einem zusätzlichen Kind reduziert eine Familie nicht nur das Grenzprodukt ihres eigenen Kindes, sondern auch die Grenzprodukte der Kinder anderer Familien. Damit könnte es eine Differenz zwischen den privaten Kosten eines zusätzlichen Kindes und den gesellschaftlichen Kosten geben. Dies wäre eine Quelle für eine Externalität und die Bevölkerungsgröße wäre, gemessen am Pareto-Optimum, zu groß. Damit bestünde die Notwendigkeit, mit geeigneten staatlichen Eingriffen dafür zu sorgen, daß eine pareto-optimale Bevölkerungsgröße erreicht wird.

Razin, Sadka (1995:76) bestreiten allerdings, daß eine solche Externalität existiert, wenn die Haushalte, wie gerade unterstellt, über die Anzahl ihrer Kinder entscheiden. Sie zeigen dies anhand eines einfachen Zwei-Perioden Modells (vgl. hierzu auch Nerlove, Razin, Sadka 1986:601ff, Eckstein, Stern, Wolpin 1986:353ff und Nerlove, Razin, Sadka 1987:81ff). In der ersten Periode existiert ein Elternteil.[15] Das Angebot an Land und die Menge an Arbeit,

[15] Hier wird der Einfachheit halber unterstellt, daß sich ein Elternteil alleine fortpflanzt. Nerlove (1991:1336) bezeichnet dies entsprechend der biologischen Terminologie als Parthonogenese.

die ein Individuum anbietet, sind exogen gegeben. Mit Hilfe von Land und Arbeit wird ein Konsumgut produziert. Mit c_E^t wird der elterliche Konsum in den Perioden $t = 1, 2$ bezeichnet. Der Konsum eines Kindes in Periode $t = 2$ sei c_K^2. Da unterstellt wird, daß die Menge an Land exogen gegeben ist, weist die Produktionsfunktion f abnehmende Grenzprodukte der Arbeit auf. Unterstellt man, daß die Ausstattung mit Arbeit der ersten Periode gleich 1 ist, ist der Output gleich $f(1)$. In der zweiten Periode ist der Output $f(n)$, da der Elternteil n Kinder hat und unterstellt wird, daß in der zweiten Periode nur noch die Kinder arbeiten. Es gilt: $f' > 0, f'' < 0$.

Damit lassen sich die Konsummöglichkeiten wie folgt beschreiben:

$$c_E^1 + S = f(1) \quad \text{und} \tag{5.16}$$

$$c_E^2 + nc_K^2 = f(n) + S. \tag{5.17}$$

Dabei ist S die Menge an Konsum, die von der ersten in die zweite Periode transferiert wird. Es wird implizit unterstellt, daß dieses Gut kostenlos gelagert werden kann und auch nicht verzinst wird. Diese Annahmen reduzieren das Modell auf die wesentlichen Aspekte, ohne die grundlegenden Ergebnisse hierdurch zu verändern. Aus den Bedingungen (5.16) und (5.17) erhält man die gesamtwirtschaftliche Beschränkung:

$$c_E^1 + c_E^2 + nc_K^2 = f(n) + f(1). \tag{5.18}$$

Da wieder angenommen wird, daß die Eltern altruistisch sind, hängt ihre Nutzenfunktion nicht nur vom eigenen Konsum, sondern auch vom Konsum und der Zahl ihrer Kinder ab:

$$u = u(c_E^1, c_E^2, c_K^2, n). \tag{5.19}$$

In der Periode eins wählt der Haushalt (c_E^1, c_E^2, c_K^2, n) und n, so daß (5.19) unter der Nebenbedingung der Budgetrestriktion

$$c_E^1 + c_E^2 + nc_K^2 = w^1 + nw^2 + \pi^1 + \pi^2 \tag{5.20}$$

maximiert wird, wobei w^t der Gleichgewichtslohn und π^t die Gleichgewichtsrente der Landnutzung $(t = 1, 2)$ ist.

Um zu diskutieren, ob das Markgleichgewicht effizient ist, werden die individuellen und gesellschaftlichen Benefits und Kosten miteinander verglichen. Da in der Ausgangssituation nur ein Elternteil lebt, stimmt die gesellschaftliche mit der individuellen Zielfunktion überein. Damit ist der individuelle Benefit eines zusätzlichen Kindes gleich dem sozialen Benefit dieses Kindes. Er entspricht der Ableitung der Nutzenfunktion nach n, die durch u_n gegeben ist. Da abnehmende Grenznutzen unterstellt werden, ist dies eine fallende Funktion in n (vgl. Abbildung 5.2).

Die sozialen Grenzkosten (SGK) eines weiteren Kindes erhalten wir aus der Ableitung der gesamtwirtschaftlichen Ressourcenbeschränkung (5.18) nach der Kinderzahl. Diese ist

$$\text{SGK} = c_K^2 - f'(n).$$

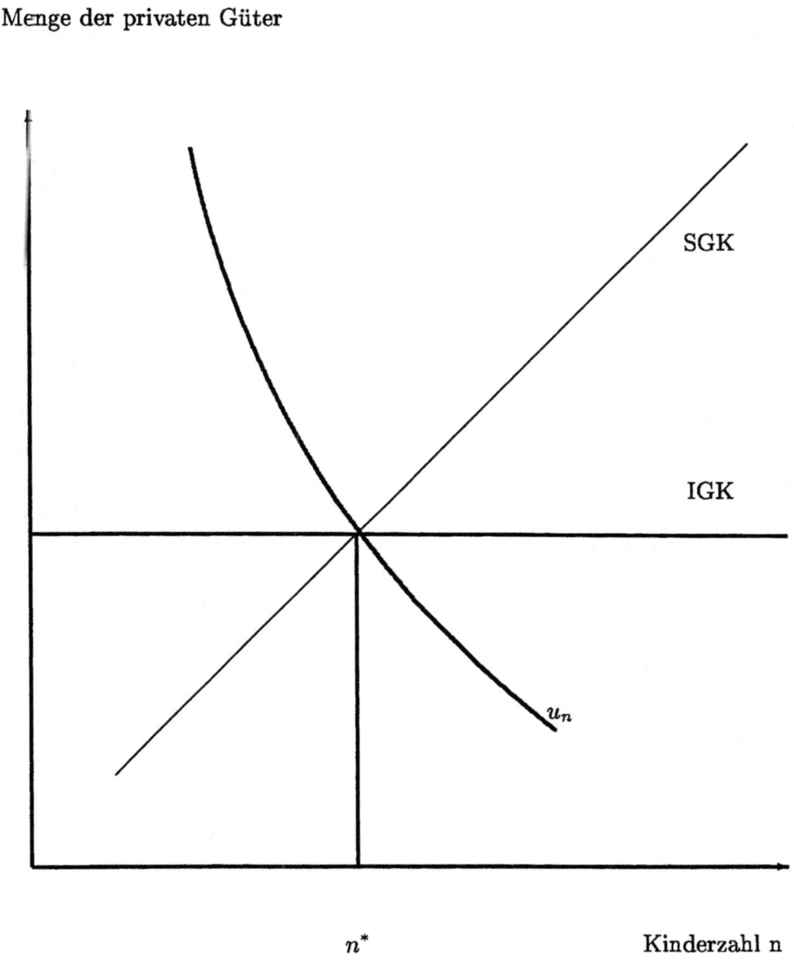

Abb. 5.2. Optimale Bevölkerungsgröße. Quelle: Razin, Sadka (1995:78)

Ein zusätzliches Kind konsumiert c_K^2 Einheiten zusätzliche Güter und trägt in Höhe von $f'(n)$ zum zusätzlichen Output bei, so daß die Differenz die sozialen Grenzkosten (SGK) eines weiteren Kindes ergibt (Razin, Sadka 1995:77). Da c_K^2 konstant ist und $f'' < 0$ ist, steigen die SGK in n.

Die privaten bzw. individuellen Grenzkosten (IGK) eines weiteren Kindes erhalten wir durch die Ableitung der Budgetbeschränkung (5.20). Diese entsprechen

$$\mathrm{IGK} = c_K^2 - w^2 .$$

Aus der Sicht eines Elternteils entstehen durch ein zusätzliches Kind weitere private Kosten in Höhe c_K^2. Gleichzeitig erhält das Kind einen gegebenen Lohn in Höhe von w^2, so daß die Differenz die privaten Grenzkosten eines Kindes ergibt. Die IGK ändern sich nicht in n, da die Eltern die Löhne als gegeben betrachten (Razin, Sadka 1995:78; vgl. Abbildung 5.2). Im Marktgleichgewicht gilt, daß die individuellen Grenznutzen u_n eines weiteren Kindes seinen Grenzkosten entsprechen. Dies ist in Abbildung 5.2 der Schnittpunkt der IGK-Kurve mit der Grenznutzen-Kurve u_n. Die entsprechende Bevölkerungsgröße für einen Elternteil ist dann n^*. Da w^2 der Gleichgewichtslohn ist, gilt $f'(n^*) = w^2$ und damit sind für n^* die sozialen Grenzkosten SGK gleich den individuellen Grenzkosten IGK und folglich ist das Marktgleichgewicht auch pareto-optimal.

Die Darstellung bei Razin, Sadka (1995) suggeriert nun, daß dieses Ergebnis auf den Altruismus der Eltern zurückzuführen, der hier durch die Abhängigkeit des elterlichen Nutzens von dem Konsum der Kinder modelliert wird. Sie betrachten nämlich eine Situation, in denen die Eltern sich nur um ihren Konsum c_E^1, c_E^2 kümmern und die Kinder nur mit einer vorher festgelegten Subsistenzmenge an Konsumgüter c_K^{2o} ausgestattet werden, stellt sich folgendes Ergebnis ein (Razin, Sadka 1995:79): Die Zahl der Kinder wird so gewählt, daß deren Grenznutzen gleich Null wird. Damit gilt: $u_n = w^2 - c_K^{2o} = 0$. Da $f'(n) = w^2$ ist, wird n so gewählt, daß $f'(n^{**}) = c^{2o}$. Im Fall eines egoistischen Haushalts wird der Konsum der Kinder niedriger gewählt als bei altruistischem Verhalten. Damit gilt $c_K^{2o} < c_K^{2*} = f'(n^*)$ und wegen der abnehmenden Grenzprodukte ist $n^{**} > n^*$. Die Bevölkerung im Marktgleichgewicht für den Fall, daß die Eltern nicht altruistisch sind, ist damit größer als im Marktgleichgewicht mit altruistischer Präferenzen.

Damit ist allerdings nicht gezeigt, daß im Falle nicht altruistischer Haushalte eine Externalität vorliegt. Zumindest ist dies in dem betrachteten Modellrahmen nicht nachvollziehbar. Wenn nämlich der Arbeitslohn gerade gleich dem Subsistenzkonsum ist, dann werden bei Gewinnmaximierung gerade soviele Arbeitskräfte (Kinder) beschäftigt, bis $f'(n^{**}) = w^2 = c_K^{2o}$ gilt. Damit sind auch für den Fall des nichtaltruistischen Haushaltes die individuellen gleich den sozialen Grenzkosten. Der Modellrahmen, den Razin, Sadka (1995) hier verwenden, ist also nicht geeignet, die eingangs beschriebene Externalität nachzuweisen. Wir werden in Kapitel 6.2.1 ein Modell kennen lernen, das hierzu besser geeignet ist.

Gezeigt haben Razin, Sadka zunächst nur, daß der Altruismus der Eltern zu keiner Externalität führt, d.d., daß das Marktgleichgewicht bei altruistischen Eltern effizient ist. Dieses Ergebnis wird von Schweizer (1996) besttigt. Er weist in seiner Arbeit allerdings auf ein Problem der Modelle endogener Fertilität hin, das zwar auch von Razin, Sadka (1995:79ff) angesprochen wird, er mißt diesem Problem aber eine größere Bedeutung bei als die beiden Autoren: bei endogener Fertilität ist die Existenz des Haushaltsgleichgewichts nicht mehr gesichert.

Dieses Problem läßt sich anhand der umgeformten Budgetbeschränkung des Haushaltes untersuchen. Es gilt:

$$c_E^1 + c_E^2 = w^1 + n(w^2 - nc_K^2) + \pi^1 + \pi^2. \qquad (5.21)$$

Geht man davon aus, daß der Lohn für den Haushalt exogen gegeben ist, dann kann der Haushalt, wenn er c_K^2 niedriger als w_2 wählt, seinen eigenen Konsum und die Zahl der Kinder ständig erhöhen und sein Nutzen geht damit gegen unendlich; ein Maximum existiert somit nicht mehr. Die Existenz eines Haushaltsgleichgewichts kann auch nicht sichergestellt werden, wenn man annimmt, daß der Konsum der Kinder durch das Subsistenzminimum nach unten beschränkt ist. Denn solange der Lohn größer ist als der Subsistenzkonsum, kann durch eine größere Kinderzahl der Nutzen der Eltern erhöht werden. Die grundsätzliche Schwierigkeit, das Pareto-Optimum durch ein Marktgleichgewicht zu stützen, liegt darin, daß die Budgetmenge des Haushaltes nicht beschränkt und nicht konvex ist.

Die Ergebnisse der allgemeinen Gleichgewichtstheorie zeigen im Rückgriff auf den Satz von Weierstraß, daß es hinreichend für die Existenz eines Haushaltsgleichgewichtes ist, daß die Budgetmenge abgeschlossen und beschränkt und die Zielfunktion stetig ist. Diese hinreichenden Bedingungen sind hier nicht mehr zwangsläufig erfüllt. Da es sich um hinreichende Bedingungen handelt, kann ein Markgleichgewicht nach wie vor existieren; wir müssen aber auch damit rechnen, daß es kein Gleichgewicht gibt. Dies hat weitreichende Konsequenzen: Wenn die Existenz eines individuellen Optimums nicht mehr gesichert ist, kann die Frage nach der Paretooptimalität der individuellen Entscheidungen nicht mehr sinnvoll gestellt werden.

Die Bedeutung des Existenzproblems wird in der Literatur, wie die Arbeiten von Schweizer (1996) und Razin, Sadka (1995) zeigen, durchaus unterschiedlich eingeschätzt. Wenn allerdings die Existenz eines Gleichgewichtes nur noch unter weiter einschränkenden Bedingungen gezeigt werden kann, muß gefragt werden, ob die Vorgehensweise der Ökonomik zur Analyse des Problems einer optimalen Bevölkerungsgröße überhaupt sinnvoll ist.

5.4.3 Soziales Optimum und Bevölkerungsgröße - die Perspektive der ganzen Gesellschaft

Soziale Entscheidungsregeln - einige Vorbemerkungen. Es wurde oben bereits ausgeführt, daß man mit Hilfe des Pareto-Kriteriums nur eine Teilordnung von möglichen Zuständen erreichen kann, da zu jeder zulässigen Anfangsausstattung auch unterschiedliche Pareto-Optima existieren. Damit kann mit diesem Kriterium keine eindeutige Ordnung der Zustände aus der Perspektive der ganzen Gesellschaft erreicht werden. Soll ein für die Gesellschaft als ganze optimaler Zustand erreicht werden, benötigt man ein weiteres Auswahlkriterium, das es erlaubt, die Menge der pareto-optimalen Zustände miteinander zu vergleichen. Ein solches Auswahlkriterium stellt eine soziale

Wohlfahrtsfunktion dar. Die Frage, welches die richtige soziale Auswahlregel darstellt, läßt sich jedoch nicht eindeutig beantworten. Denn hinter einer sozialen Wohlfahrtsfunktion stehen letztlich die Wertvorstellungen einer Gesellschaft über eine gerechte Verteilung der Güter (vgl. hierzu Arrow 1963, Sen 1970).

Ein möglicher Ansatz besteht darin, die soziale Wohlfahrtsfunktion als Aggregation individueller Nutzenfunktionen zu betrachten. Nerlove, Razin, Sadka (1989:29) bezeichnen dies als paretianische soziale Wohlfahrtsfunktion. Man muß sich hierbei allerdings darüber im Klaren sein, daß auch eine solche Wohlfahrtsfunktion eine implizite Antwort auf das Problem der Verteilungsgerechtigkeit einer Gesellschaft enthält und damit auch ein implizites Werturteil. Von den Antworten auf dieses Problem hängt dann auch die sozial optimale Bevölkerungsgröße ab. Um dies zu zeigen, soll zunächst erörtert werden, inwieweit eine Vorgehensweise, die für die Untersuchung von Situationen mit konstanter Bevölkerungsgröße Anwendung findet, auch für die Untersuchung von Situationen, in denen die Bevölkerungsgröße endogen bestimmt wird, sinnvoll ist.

Nerlove, Sadka (1995:37), zitieren Sumner (1978:95), der behauptet,

> "... most of the traditional moral theories ... were devised in and for a world in which population was not a pressing problem ..."

und weiter heißt es:

> "...many classical theories are incomplete in just this sense: they imply little or nothing for population problems. Utilitarianism is an exception to this rule: it may generate what one regards as the wrong solution, but it at least generates one."

Sumners Argument läuft also auf die folgende These hinaus: Die meisten klassischen Moraltheorien liefern keine Antworten für die Beurteilung von Bevölkerungsproblemen, nur der Utilitarismus biete eine Lösung, auch wenn es die falsche sein mag. Diese These ist nicht überzeugend.

1. Zum einen haben die Ausführungen zur Dogmengeschichte demographischer Theorien gezeigt, daß sich bereits Plato und Aristoteles in ihren philosophischen Schriften mit Bevölkerungsfragen auseinandergesetzt haben. Insbesondere die Diskussion der aristotelischen Überlegungen zum Bevölkerungsproblem zeigt, wie die Frage nach der richtigen Bevölkerungsgröße in seinen Vorstellungen eines guten und gerechten Lebens wurzeln, also eingebunden sind in seinen Entwurf einer Ethik. Dies gilt auch für zahlreiche nachfolgende Bevölkerungstheorien, die ihren Ausgangspunkt überwiegend in einer theologisch begründeten Interpretation der Welt haben und damit implizit eine umfassende Antwort auf die Frage nach der richtigen Bevölkerungsgröße liefern.
2. Zum anderen muß gegen Sumner gefragt werden, welche Qualität eine Theorie hat, von der behauptet wird, daß sie zwar zu einer falschen

Lösung des Problems führen kann, daß der Vorteil aber darin bestünde, überhaupt eine Lösung zu haben.

Wir wollen im folgenden weitere Überlegungen anführen, um die Probleme utilitaristischer Ansätze einer normativen Bevölkerungstheorie zu untersuchen. Cowen (1989:34) argumentiert, daß die am häufigsten verwendeten Ansätze einer normativen Bevölkerungstheorie (i) auf utilitaristischen Überlegungen, auf (ii) vertragstheoretichen Konzeptionen oder (iii) auf der Vorstellung eines 'Idealen Beobachters', der unparteiische Ratschläge erteilt, basieren. Dabei wollen wir uns im folgenden nur mit den utilitaristischen Überlegungen und mit vertragstheoretischen Konzeptionen beschäftigen, da diese in der ökonomischen Literatur am weitesten verbreitet sind.

Bentham'scher und Mill'scher Utilitarismus. In der bevölkerungsökonomischen Literatur wird vor allem auf utilitaristische Konzepte zurückgegriffen. Diese lassen sich in zwei Gruppen unterteilen:

- Es gibt Ansätze, die als Bentham'scher Utilitarismus bezeichnet werden; hier wird gefordert, daß die Bevölkerung so weit ausgedehnt werden soll, bis der Gesamtnutzen der Bevölkerung maximal wird.
- Der andere Ansatz ist der sogenannte Mill'sche Utilitarismus; hier bildet die Pro-Kopf Wohlfahrt das Ziel der Maximierung.

Es ist einleuchtend, daß die Ergebnisse beider Ansätze identisch sind, wenn die Bevölkerungsgröße gegeben und bekannt ist, daß sich aber Unterschiede ergeben, wenn die Bevölkerungsgröße variabel ist (Nerlove, Razin, Sadka 1987). Die soziale Wohlfahrtsfunktion für den Utilitarismus Bentham-scher Prägung entspricht der Summe der individuellen Nutzen $u_h (h = 1, ...n)$ der n Individuen:

$$W^B(u^1, ..., u^h) = \sum_{h=1}^{n} u^h \text{ (B steht für Bentham).} \tag{5.22}$$

Die soziale Wohlfahrtsfunktion für den Utilitarismus Mill'scher Prägung erhält man durch die Division der Bentham'schen Wohlfahrtsfunktion durch die Größe der Bevölkerung:

$$W^M(u^1, ..., u^h) = \frac{1}{n} \sum_{h=1}^{n} u^h \text{ (M steht für Mill).} \tag{5.23}$$

Wenn n gegeben und bekannt ist, unterscheiden sich diese beiden Kriterien nicht; denn die Mill'sche Wohlfahrtsfunktion entspricht dann einer mit einem konstanten Faktor skalierten Bentham'schen Wohlfahrtsfunktion. Daß bei unterschiedlichen Bevölkerungsgrößen diese beiden Kriterien auch unterschiedliche Ergebnisse liefern, zeigen Nerlove, Razin, Sadka (1987:61ff.) anhand eines einfachen Modells. Zu diesem Zweck betrachten diese drei Autoren ein Zwei-Generationen Cake-Eating-Modell. Die Generation 1 hat die

Größe n_1 und die Generation 2 hat n_2 Mitglieder. Ferner sei eine nicht-regenerierbare Ressource gegeben, die direkt konsumiert werden kann; die Größe der Ressource sei K. Alle Mitglieder jeder Generation haben die gleiche monoton zunehmende und konkave Nutzenfunktion $u(c_i)$. Mit c_i sei der Konsum jedes Mitglieds einer Generation $i (i = 1, 2)$ bezeichnet.

Hängt die Wohlfahrtsfunktion vom Gesamtnutzen jeder Generation ab, so gilt:

$$W^B = W^B(n_1 u(c^1), n_2 u(c^2)). \tag{5.24}$$

Die optimale Allokation ist dann die Lösung des folgenden Optimierungsproblems: Maximiere (5.24) unter der Nebenbedingung:

$$n_1 c^1 + n_2 c^2 \leq K.$$

Die Bedingungen 1. Ordnung diese Optimierungsproblemes lauten:[16]

$$\begin{aligned} n_1 W_1 u'(c^1) - \lambda n_1 &= 0 \\ n_2 W_2 u'(c^2) - \lambda n_2 &= 0. \end{aligned} \tag{5.25}$$

Dividiert man die beiden Gleichungen, erhält man die Bedingung für die optimale Bevölkerungsgröße im Falle einer Bentham' schen sozialen Wohlfahrtsfunktion. Es gilt:

$$\frac{W_1 u'(c^1)}{W_2 u'(c^2)} = 1. \tag{5.26}$$

Für eine symmetrische Wohlfahrtsfunktion mit

$$W(n_1 u(c^1), n_2 u(c^2)) = W(n_2 u(c^2), n_1 u(c^1)).$$

folgt aus dieser Bedingung, daß $c^1 = c^2$ ist, d.h. jede Generation erhält den gleichen Pro-Kopf-Konsum unabhängig davon, wie groß die jeweilige Generation ist. Eine solche Wohlfahrtsfunktion diskriminiert also nicht gegenüber den Generationen.

Anders verhält es sich, wenn man nicht die Gesamtwohlfahrt einer Generation, sondern die Pro-Kopf-Wohlfahrt betrachtet. In diesem Falle lautet das Optimierungsproblem: Maximiere

$$W^M = W^M(u(c^1), u(c^2))$$

unter der Nebenbedingung:

$$n_1 c^1 + n_2 c^2 \leq K.$$

Die Bedingungen 1. Ordnung haben dann die Form:

$$\begin{aligned} W_1 u'(c^1) - \lambda n_1 &= 0 \\ W_2 u'(c^2) - \lambda n_2 &= 0. \end{aligned} \tag{5.27}$$

[16] W_i ist die partielle Ableitung der Wohlfahrtsfunktion nach dem i-ten Argument (i=1,2); u' ist die partielle Ableitung nach dem Konsum eines Mitgliedes der Generation i.

Dividiert man auch hier die beiden Gleichungen, erhält man nun die folgende Optimalbedingung:

$$\frac{W_1 u'(c^1)}{W_2 u'(c^2)} = \frac{n_1}{n_2} \tag{5.28}$$

Nach dieser Optimalbedingung erhalten wir nur dann eine Gleichverteilung - gemessen am Pro-Kopf-Konsum - der verfügbaren Ressource zwischen den beiden Generationen, wenn $n_1 = n_2$ ist. Für eine wachsende Bevölkerung mit $n_2 > n_1$ wäre bei einer Gleichverteilung des Konsums auf die beiden Generationen die Pro-Kopf-Wohlfahrt der größeren Generation niedriger. Damit ist für $n_2 > n_1$ auch $c_1 > c_2$ und diese Wohlfahrtsfunktion diskriminiert die Generation mit der größeren Bevölkerung.

Beide Ansätze - sowohl der Bentham'sche als auch der Mill'sche Utilitarismus - sind mit Problemen verbunden. So kann die Anwendung des Bentham'schen Utlilitarismus dazu führen, daß in einer Welt mit gegebenen Ressourcen die Bevölkerung groß und der Lebensstandard gering ist. Parfit (1984:387ff) hat dies als "repugnant conclusion"[17] bezeichnet. Um dies zu vermeiden, schlagen Blackorby, Donaldson (1984) vor, beim Bentham-Kriterium eine kritische Schwelle zu unterstellen, die der individuelle Nutzen nicht unterschreiten darf. Diese Vorgehensweise wird unten ausführlicher diskutiert.

Aber auch die Anwendung des Mill'schen Utilitarismus ist mit Problemen verbunden. Dieses Kriterium führt zu einer Bevorzugung der lebenden Individuen gegenüber denen, die noch nicht geboren sind. Um dies zu illustrieren, betrachten Razin, Sadka (1995:41) folgendes Beispiel. Gegeben sei eine Gesellschaft mit zwei Individuen, Peter und Paula. Das kardinal gemessene Nutzenniveau von Peter sei 1 und das von Paula 0. Wenn nun ein weiteres Gesellschaftsmitglied, Anna, mit dem Nutzenniveau 0 hinzukommt, ändert sich die Gesamtwohlfahrt dieser Gesellschaft nicht. Das Ergebnis ändert sich dagegen, wenn man die durchschnittliche Wohlfahrt betrachtet. In der Ausgangssituation mit Peter und Paula beträgt die Durchschnittswohlfahrt der Gesellschaft 1/2. Durch das neue Mitglied der Gesellschaft Anna sinkt die Pro-Kopf-Wohlfahrt auf 1/3. Auf der Basis der Durchschnittsbetrachtung würde man die Aufnahme von Anna in die Gesellschaft verweigern, da die Pro-Kopf-Wohlfahrt der Gesellschaft sinkt. Die Durchschnittsbetrachtung führt folglich zu einer Ablehnung eines weiteren Gesellschaftsmitgliedes (Nerlove, Sadka 1995:41ff).

Noch deutlicher treten die Probleme einer Beurteilung von gesellschaftlichen Zuständen anhand der Durchschnittsbetrachtung zu Tage, wenn man von einer gegebenen Bevölkerungsgröße ausgeht. Dann ist es, so Cowen (1989:35), möglich, die Wohlfahrt der Gesamtgesellschaft zu steigern, wenn diejenigen Individuen umgebracht werden, deren Pro-Kopf-Wohlfahrt kleiner ist, als der gesellschaftliche Mittelwert oder deren Wohlfahrt unterhalb einer

[17] Übersetzen ließe sich dieser Ausdruck mit 'sich widersprechende Schlußfolgerung' bzw. widersprüchliche Folgerung. Im folgenden soll allerdings der englische Ausdruck verwendet werden.

kritischen Schwelle liegt. Blackorby, Donaldson (1991:262ff) kritisieren dieses Argument von Cowen. Um die unterschiedlichen Sichtweisen des Problems deutlich zu machen, wollen wir zunächst Cowens Argumentation nachzeichnen, um im Anschluß daran die Kritik an Cowen durch Blackorby, Donaldson vorzustellen. Beide Positionen sollen anhand eines Beispiels, das Blackorby, Donaldson (1991:262ff) anführen, illustriert werden.

Betrachtet wird eine Welt, die zwei Perioden existiert. In dieser Welt gibt es zunächst zwei Individuen Yuriko und Bruno. Ferner werden zwei Zustände A und B unterschieden. In Zustand A leben beide Individuen in beiden Perioden. In Zustand B leben Yuriko und Bruno in Periode 1 und in Periode 2 lebt nur noch Yuriko. Die kardinal gemessenen Nutzenniveaus der zwei Individuen für beide Zustände und die jeweils betrachteten Perioden sind in der Tabelle 5.1 zusammengefaßt:

Tabelle 5.1. Beispiel zum Mill'schen Utilitarismus. Quelle: Blackorby, Donaldson (1991:263)

	Zustand A		Zustand B	
	Periode 1	Periode 2	Periode 1	Periode 2
Yuriko	20	20	20	20
Bruno	5	5	5	-

Verwendet man wie Cowen (1989) eine Durchschnittsbetrachtung zur Ordnung gesellschaftlicher Zustände, die die Alternativen periodenweise miteinander vergleicht, dann kommt man zu dem Ergebnis, daß das Umbringen eines Individuums den Zustand der Gesellschaft verbessert. In dem Beispiel bedeutet dies, daß bei der Durchschnittsbetrachtung Zustand B besser als Zustand A beurteilt wird. In Periode 1 sind in dem obigen Beispiel beide Zustände aus der Perspektive der durchschnittlichen Wohlfahrt gleich gut; diese ist $\frac{1}{2}(20+5) = 12,5$. In Periode 2 unterscheiden sich die Zustände A und B. Zustand B ist jetzt besser: da nur noch Yuriko lebt, ist die Durchschnittswohlfahrt in Periode 2 der Alternative B 20 und das ist größer als die Durchschnittswohlfahrt des Zustandes A. Die Pro-Kopf-Wohlfahrt würde also steigen, wenn man ausgehend von Alternative A Bruno umbringen würde, d.h. Alternative B realisierte. Das gleiche Ergebnis läßt sich erzielen, wenn man keine Durchschnittsbetrachtung verwendet, sondern eine kritische Schwelle für das Nutzenniveau von ($\alpha > 5$) unterstellt. Bei diesem Entscheidungskriterium wird die Summe der individuellen Nutzenniveaus abzüglich einer kritischen Schwelle betrachtet. Blackorby, Donaldson (1984:22 und 1991:262) formalisieren dies wie folgt:

$$V^{\alpha}(x) = \sum_{i \in N(x)} [U^i(x) - \alpha] \text{ mit } i \in \{1, ..., N(x)\}. \tag{5.29}$$

Dabei bezeichnet $V^{\alpha}(x)$ die Gesamtwohlfahrt des Zustandes x beim kritischen Nutzenniveau α; $U^i(x)$ ist das Nutzenniveau des Haushaltes i in Situation x und $N(x)$ ist die Anzahl der Lebenden im Zustand x. Verwendet man dieses Entscheidungskriterium, dann wird ein Zustand vorgezogen, wenn die Summe der Nutzen der Individuen einer Gesellschaft, abzüglich einer kritischen Schwelle, größer ist als in einem alternativen Zustand. Für ein kritisches Nutzenniveau von $\alpha > 5$ gilt für das obige Beispiel ebenfalls, daß der Zustand B (ohne Bruno) besser ist als Zustand A. In Periode 1 sind die Ergebnisse identisch, wogegen in Periode 2 für $\alpha > 5$ gilt: $(20 - \alpha) + (5 - \alpha) < (20 - \alpha)$. Damit ist auch bei Berücksichtigung einer kritischen Schwelle Zustand B besser als Zustand A und die Situation einer Gesellschaft würde sich durch das Umbringen eines Gesellschaftsmitgliedes verbessern.

Blackorby, Donalson (1991:262ff) argumentieren nun allerdings, daß die von Cowen (1989) formulierten Probleme nur dann auftreten, wenn man die Alternativen periodenweise vergleicht. Betrachtet man stattdessen den Lebensnutzen eines Individuums, dann tritt sowohl bei der Durchschnittsbetrachtung als auch bei der Annahme einer kritischen Schwelle für das Nutzenniveau das angesprochene Problem nicht mehr auf. Bei der Durchschnittsbetrachtung ist die Wohlfahrt für den Zustand A gleich $1/2(20+20+5+5) = 25$ und für den Zustand B ergibt sich ein Wert von $1/2(20+20+5) = 22,5$. Damit ist der Zustand A besser als der Zustand B und aus der Durchschnittsbildung ergibt sich keine Empfehlung für das Töten von Bruno.

Das gleiche gilt, so Blackorby, Donaldson (1991:263) auch für die Annahme einer kritischen Schwelle mit $\alpha > 5$. Der Lebensnutzen von Yuriko U_Y^A ist in Zustand A gleich 40, der Lebensnutzen von Bruno U_B^A hat den Wert 10. In Zustand B ist der Lebensnutzen von Yuriko U_Y^B ebenfalls gleich 40, der Lebensnutzen von Bruno U_B^B dagegen nur 5. Nach dem Kriterium (5.29) ist Zustand A für $\alpha > 5$ dann besser als Zustand B, wenn $(40-\alpha)+(10-\alpha) > (40-\alpha)+(5-\alpha)$. Da diese Ungleichung erfüllt ist, kann gemäß dem von Blackorby, Donaldson (1984) vorgeschlagenen Kriterium, der Zustand der Gesellschaft durch das Umbringen eines Individuums nicht verbessert werden. Die Annahme einer kritischen Schwelle für das Nutzenniveau empfiehlt daher nicht das Umbringen von Individuen, deren Nutzenniveau unterhalb des durchschnittlichen Nutzenniveaus einer Gesellschaft liegt; allerdings wird durch das Kriterium die Geburt eines Kindes abgelehnt, dessen Nutzenniveau zwar positiv ist, aber unterhalb der kritischen Schwelle liegt. Auf diese Weise werden die Probleme des Bentham'schen Utilitarismus, die als 'repugnant conclusion' bezeichnet werden vermieden, ohne daß hierdurch Schwächen des Mill'schen Utilitarismus auftreten.

Vertragstheoretische Konzeptionen. Als Alternative zu utilitaristischen Konzepten einer normativen Bevölkerungstheorie werden vertragstheoretische Ansätze verwendet. Es stellt sich die Frage, ob diese es erlauben, die oben dargestellten Probleme utilitaristischer Überlegungen zu vermeiden. Als bedeutende Anknüpfungspunkte für die Antwort auf diese Frage sieht Cowen

(1989:39) die vertragstheoretischen Arbeiten von Harsanyi (1955) und Rawls (1971). Dabei bezieht er sich insbesondere auf Rawls, obwohl dieser seine Überlegungen nicht für die Untersuchung von Bevölkerungsproblemen verwendet hat (vgl. hierzu auch Dasgupta 1994:100).

Rawls (1971) argumentiert, daß die geeignetsten Prinzipien zur Beurteilung ethischer Probleme diejenigen seien, die ein rationaler Entscheidungsträger anwenden würde, wenn er keine Informationen über seinen Standpunkt in der Welt hätte. Die Individuen befinden sich unter dieser Bedingung hinter einem "Schleier des Unwissens", was ihre Position in der Welt betrifft. Ist dies der Fall, werden die Entscheidungen so getroffen, als ob jedes Individuum wie ein unparteiischer Beobachter handelt. Allerdings kann diese Vorgehensweise nicht einfach auf eine Situation mit einer variablen Bevölkerungsgröße übertragen werden. Entweder man muß unterstellen, daß alle Individuen hinter dem "Schleier des Unwissens" sicher sein können, daß sie geboren werden, dann aber läßt sich die Frage nach der sozial optimalen Bevölkerungsgröße nicht mehr sinnvoll untersuchen. Damit setzt, so Cowen (1989:40), die Anwendung dieser Vorgehensweise voraus, daß die Individuen hinter dem "Schleier des Unwissens" nicht wissen, ob sie geboren werden. Dies führt aber zu nicht unerheblichen Problemen. Nach Cowen (1989:40) unterstellt die Anwendung von Rawls vertragstheoretischem Modell nämlich, daß die Individuen ihre Entscheidungen auf der Basis ihrer eigenen Interessen treffen. Dies führe aber dazu, daß die Bevölkerung zu groß wird, wenn hinter dem "Schleier der Unwissens" auch über die Bevölkerungsgröße entschieden wird. Er illustriert dies am Gedankenexperiment von Hurka (1983:499).

Man stelle sich vor, ein übermächtiges Individuum schlägt eine Wette vor, bei der die Gewinnwahrscheinlichkeit 0,51 und die Verlustwahrscheinlichkeit entsprechend 0,49 beträgt. Falls die Wette gewonnen wird, wird zu jedem zukünftigen Zeitpunkt die dann existierende Bevölkerung mit ihrer Pro-Kopf Wohlfahrt verdoppelt. Wenn dagegen die Wette verloren wird, stirbt die Menschheit aus.

Ein Individuum, das sich hinter dem "Schleier des Unwissens" befindet und noch nicht weiß, ob es geboren wird oder nicht, und aufgrund individueller Nutzenüberlegungen entscheidet, wird diese Wette immer wieder annehmen. Um dies zu illustrieren, wollen wir unterstellen, daß die Bevölkerungsgröße ohne die Annahme der Wette zu jedem Zeitpunkt die Größe Θ hat. Nimmt ein Individuum die Wette an, dann ist der Erwartungswert der Bevölkerungsgröße $0,51 * (2 * \Theta) + 0,49 * 0 = 1,02 * \Theta$. Damit ist die erwartete Bevölkerungsgröße bei Annahme der Wette größer als bei Ablehnung und durch die Annahme dieser Wette steigt die Wahrscheinlichkeit geboren zu werden, ohne daß sich dadurch der Lebensstandard verschlechtert. Cowen (1989:40) argumentiert, daß in solchen Entscheidungssituationen jedem potentiellen Leben in der kollektiven Entscheidungsregel das gleiche Gewicht zukommt und zwar unabhängig von der Größe der Bevölkerung. Während es bei einer sehr kleinen Bevölkerung moralisch gerechtfertigt scheint, die oben dargestellte Wette anzunehmen, stellt sich dies bei einer großen Bevölkerung anders dar. Diese Differenzierung erlaubt aber die dargestellt Vorgehensweise nicht. Ähnliche Kritik an der Verwendung Rawls'scher Überlegungen formuliert Dasgupta (1994, 1998). Er stellt dabei insbesondere eine Betrachtungsweise in Frage, die von potentiellen Individuen ausgeht und nicht von den aktuell Lebenden. Damit kritisiert er indirekt die Vorstellung eines "Schleier des Unwissens" hinter dem man noch nicht weiß, ob man überhaupt geboren wird.

Die Darstellung und Diskussion unterschiedlicher Ansätze für eine normative Bevölkerungstheorie haben gezeigt, daß auf der Basis utilitaristischer und vertragstheoretischer Konzepte nicht unbeträchtliche Schwierigkeiten auftreten, die Frage nach der optimalen Bevölkerungsgröße konsistent zu beantworten.

5.4.4 Sozial optimale Bevölkerungsgröße und endogene Fertilität

In dem vorangegangenen Abschnitt wurde diskutiert, wie die Verteilung des Konsums auf die unterschiedlichen Generationen erfolgt, wenn unterschiedliche soziale Wohlfahrtsfunktionen zugrunde gelegt werden und welche Probleme bei der Beantwortung der Frage nach einer geeigneten sozialen Auswahlregel auftreten. In diesem Abschnitt wollen wir die zuletzt genannten Probleme erst einmal vernachlässigen. Es soll hier untersucht werden, welche Bevölkerungsgröße die Wohlfahrt einer Gesellschaft maximiert, wenn man unterschiedliche Wohlfahrtsfunktionen zugrunde legt. Es sind dies die Bentham'sche , die Mill'sche, die beide bereits in Abschnitt 5.4.3 eingeführt wurden und die Rawls'sche Wohlfahrtsfunktion, deren Gestalt unten eingeführt und begründet wird. Die betreffenden Ergebnisse sollen verglichen werden mit einer sogenannten Laissez-faire Lösung, die der Bevölkerungsgröße entspricht, die sich ergibt, wenn die Individuen über die Zahl ihrer Nachkommen selber entscheiden, wenn die Bevölkerungsgröße also endogen bestimmt wird. Diese Fragestellung wurde für die Bentham- und Mill-Lösung von Nerlove, Razin, Sadka (1987) untersucht (vgl. auch Razin, Yuen 1995). Die Analyse für die Rawls'sche Nutzenfunktion findet sich bei Spiegel (1993).

Die zuerst genannten Autoren betrachten eine Ökonomie bestehend aus zwei Generationen. In der ersten Periode gibt es einen Erwachsenen der die "Eltern" repräsentiert, dessen Konsum mit c^1 bezeichnet wird. Dieser hat n identische Kinder, die in der zweiten Periode aufwachsen. Der Erwachsene stirbt am Ende der Periode 1 und hinterläßt jedem seiner Kinder ein Erbe b. Die Zahl der Kinder n, die in der ersten Periode geboren werden, ist eine Entscheidungsvariable für den Haushalt. In der zweiten Periode leben n Personen, die jeweils c^2 Einheiten konsumieren. Die Eltern berücksichtigen bei ihren Konsumentscheidungen sowohl die Anzahl der Kinder als auch deren Nutzen. Damit hat die Nutzenfunktion der Eltern die Form:

$$u^1(c^1, n, u^2(c^2)). \tag{5.30}$$

u^1 nimmt zu in c^1 und u^2, aber nicht notwendigerweise in n. u^1 ist konkav in c^1 und u^2, u^2 konkav und zunehmend in c^2 Die Budgetbeschränkung ist durch die folgende Gleichung gegeben:

$$c^1 + nb = K. \tag{5.31}$$

K läßt sich hierbei als gegebene Anfangsausstattung mit einer endlichen Ressource verstehen, die direkt konsumiert wird. Da die zweite Generation über keine eigene Ausstattung verfügt, ist der Konsum in Periode zwei so hoch wie das Erbe. Es gilt:

$$c^2 = b. \tag{5.32}$$

Damit ist die Budgetrestriktion für die gesamte Ökonomie aus (5.31) und (5.32) durch folgende Gleichung gegeben:

$$c^1 + nc^2 = K. \tag{5.33}$$

Die Laissez-faire Allokation ergibt sich durch die Maximierung von (5.30), unter der Nebenbedingung (5.33). Die hieraus resultierende optimale Allokation sei (c^{1L}, c^{2L}, n^L). Um die Bentham-optimale Allokation zu ermitteln, wird die Zielfunktion

$$B(c^1, c^2, n) = n^1(c^1, n, u^2(c^2)) + nu^2(c^2) \tag{5.34}$$

unter der Nebenbedingung:

$$c^1 + nc^2 = K \tag{5.35}$$

maximiert. Die hieraus resultierende Allokation wird mit (c^{1B}, c^{2B}, n^B) bezeichnet. Die Mill-optimale Allokation ist das Resultat der Maximierung der Zielfunktion:

$$M(c^1, c^2, n) = \frac{u^1(c^1, n, u^2(c^2)) + nu^2(c^2)}{1+n} = \frac{B(c^1, c^2, n)}{1+n} \tag{5.36}$$

unter der Nebenbedingung:

$$c^1 + nc^2 = K. \tag{5.37}$$

Die optimale Allokation wird mit (c^{1M}, c^{2M}, n^M) bezeichnet.

Nerlove, Razin, Sadka (1987:67) vergleichen nun die Ergebnisse dieser Maximierungsprobleme hinsichtlich der sich endogen ergebenden Bevölkerungsgröße miteinander. Dabei soll insbesondere aufgezeigt werden, ob und wenn ja, welche Abweichungen sich zwischen der Laissez-Faire Lösung und den sozialen Optima, die mit dem Bentham- und dem Mill-Kriterium berechnet werden, ergeben. Von dem Ergebnis dieses Vergleiches hängt es ab, ob die Bevölkerungsgröße, wie sie sich als Ergebnis individueller Nutzenmaximierung ergibt, korrigiert werden muß und in welche Richtung diese Korrektur erfolgen soll.

Nerlove, Razin, Sadka (1987:67) vergleichen zunächst die beiden sozialen Optima miteinander. Da beiden Maximierungsproblemen die gleiche Restriktion zugrunde liegt, (c^{1M}, c^{2M}, n^M) die Mill-optimale Allokation darstellt und nach Gleichung (5.36) $M = \frac{B}{1+n}$ ist, gilt:

$$M(c^{1M}, c^{2M}, n^M) = \frac{B(c^{1M}, c^{2M}, n^M)}{1+n^M} \geq \frac{B(c^{1B}, c^{2B}, n^B)}{1+n^B} \\ = M(c^{1B}, c^{2B}, n^B). \tag{5.38}$$

Da (c^{1B}, c^{2B}, n^B) die Bentham' sche Wohlfahrtsfunktion maximiert gilt:

$$B(c^{1B}, c^{2B}, n^B) \geq B(c^{1M}, c^{2M}, n^M). \tag{5.39}$$

Faßt man die Unleichungen (5.38) und (5.39) zusammen, ergibt sich folgende Beziehung:

$$\frac{1+n^M}{1+n^B} \leq \frac{B(c^{1M}, c^{2M}, n^M)}{B(c^{1B}, c^{2B}, n^B)} \leq 1 \tag{5.40}$$

Aus Ungleichung (5.40) folgt $n^B \geq n^M$, d.h. die Bentham-optimale Bevölkerungsgröße ist mindestens so groß wie die Mill-optimale.

Die Mill-optimale und die Laissez-faire Allokation werden von Nerlove, Razin, Sadka (1987:68) wie folgt verglichen: Da die Ressourcenrestriktion identisch ist, gilt:

$$M(c^{1M}, c^{2M}, n^M) \geq M(c^{1L}, c^{2L}, n^L). \tag{5.41}$$

Unter Berücksichtigung von $M = \frac{B}{(1+n)}$ folgt aus (5.41)

$$B(c^{1M}, c^{2M}, n^M) \geq \left(\frac{1+n^M}{1+n^L}\right) B(c^{1L}, c^{2L}, n^L). \tag{5.42}$$

Berücksichtigt man, daß $B(c^{1L}, c^{2L}, n^L) = u^1(c^{1L}, n^L, u^2(c^{2L})) + nu^2(c^{2L})$ ist, (c^{1L}, c^{2L}, n^L) die Nutzenfunktion u^1 unter der gleichen Nebenbedingung maximiert und $u^2 \geq 0$ ist, gilt:

$$B(c^{1L}, c^{2L}, n^L) \geq u^1(c^{1L}, n^L, u^2(c^{2L})) \geq u^1(c^{1M}, n^M, u^2(c^{2M})). \tag{5.43}$$

Aus (5.42) und (5.43) folgt dann

$$\frac{1+n^M}{1+n^L} \leq \frac{B(c^{1M}, c^{2M}, n^M)}{u^1(c^{1M}, n^M, u^2(c^{2M}))} \\ = \frac{u^1(c^{1M}, n^M, u^2(c^{2M})) + nu^2(c^{2M})}{u^1(c^{1M}, n^M, u^2(c^{2M}))} \\ = 1 + \frac{n^M u^2(c^{2M})}{u^1(c^{1M}, n^M, u^2(c^{2M})} \tag{5.44}$$

und damit gilt:

$$\frac{1+n^M}{1+n^L} \leq 1 + \frac{n^M u^2(c^{2M})}{u^1(c^{1M}, n^M, u^2(c^{2M})}. \tag{5.45}$$

Da der Ausdruck auf der rechten Seite von Ungleichung (5.45) echt größer als eins ist, ist eine eindeutige Aussage über das Verhältnis der Bevölkerungsgröße im Mill-Optimum im Vergleich zur Laissez-faire Lösung nicht möglich. Nerlove, Razin, Sadka (1987:69ff) zeigen anhand eines Beispieles, daß das Ergebnis entscheidend von den Parametern der Nutzen- und Wohlfahrtsfunktionen abhängt.

Das gleiche Ergebnis erhalten die Autoren bei dem Vergleich der Laissez-faire Lösung mit der Bentham-optimalen Bevölkerungsgröße. Aufgrund der Definition des Laissez-faire-Optimums und der Bentham-optimalen Allokation gilt:

$$u^1(c^{1L}, n^L, u^2(c^{2L})) \geq u^1(c^{1B}, n^B, u^2(c^{2B})) \text{ und} \tag{5.46}$$
$$u^1(c^{1B}, n^B, u^2(c^{2B}) + n^B u^2(c^{2B}) \geq u^1(c^{1L}, n^L, u^2(c^{2L}) + n^L u^2(c^{2L}).$$

Damit diese beiden Bedingungen erfüllt sind, muß also gelten:

$$n^B u^2(c^{2B}) \geq n^L u^2(c^{2L}). \tag{5.47}$$

Aus Ungleichung (5.47) läßt sich nun ebenfalls keine eindeutige Aussage über das Verhältnis von n^B und n^L ableiten.

Nerlove, Razin, Sadka (198764ff) haben mit ihren oben wiedergegebenen Untersuchungen gezeigt, daß eine allgemeine Aussage darüber, in welcher Weise die Bevölkerungsgröße, die sich aus der individuellen Nutzenmaximierung der Haushalte ergibt, von der sozial optimalen Bevölkerungsgröße abweicht, die hier anhand des Bentham- und Mill-Kriteriums abgeleitet wurde, nicht getroffen werden kann. Ob die Bevölkerung gemessen am sozialen Optimum zu groß oder zu klein ist, hängt von der konkreten Form der zugrunde liegenden Nutzen- und Wohlfahrtsfunktionen ab.

Wir haben oben neben den utilitaristischen Konzeptionen auch die Probleme vertragstheoretischer Konzepte zur Beurteilung der optimalen Bevölkerungsgröße diskutiert. Dementsprechend wollen wir im folgenden darlegen, in welcher Beziehung die Laissez-faire Allokation zu einer Allokation steht, die mit Hilfe des Rawls-Kriteriums abgeleitet wird. Diese Frage wurde von Spiegel (1993) untersucht.

Die Rawls-optimale Allokation wird in der ökonomischen Literatur mit Hilfe des Maximin-Kriteriums abgeleitet (vgl. Boadway, Wildasin 1984:277; Atkinson, Stiglitz 1980). Dies geht zurück auf den zweiten der von Rawls (1971:302) formulierten Grundsätze für die Beurteilung von Zuständen einer Gesellschaft. In diesem fordert Rawls, daß soziale und wirtschaftliche Ungleichheit so organisiert sein muß, daß diese bei gegebenem gerechten Spargrundsatz den am wenigsten Begünstigten den größten Vorteil bringt.

Eine formale Umsetzung dieses Prinzips in unserem Kontext wurde von Spiegel (1993) vorgenommen. Er unterstellt eine soziale Wohlfahrtsfunktion, die die Nutzenfunktion der Eltern sowie den Nutzen der Kinder umfaßt. Dabei wird angenommen, daß die Nutzenfunktion der Eltern von deren Konsum, der Zahl der Kinder sowie dem Nutzen der Kinder abhängt. Hieraus ergibt sich die folgende Wohlfahrtsfunktion (Spiegel 1993:366):

$$R(c^1, c^2, n) = \min[u^1(c^1, n, u^2(c^2)), u^2(c^2)]. \tag{5.48}$$

Dies bedeutet, daß der Nutzen der am schlechtesten gestellten Person unter der Nebenbedingung:

$$c^1 + nc^2 = K \tag{5.49}$$

maximiert werden soll. Aus diesem Ansatz erhalten wir die Rawls-optimale Allokation (c^{1R}, c^{2R}, n^R). Diese soll nun mit der Laissez-faire Allokation verglichen werden. Hierzu müssen zwei Fälle unterschieden werden:

1. Es gilt $u^1(c^1, n, u^2(c^2)) \leq u^2(c^2)$, d.h. der Nutzen der Kinder ist mindestens so groß wie der Nutzen der Eltern. Dann ist die Ableitung der Rawls-optimalen Bevölkerungsgröße äquivalent zur Ableitung der Laissez-faire Allokation. Damit ist die Bevölkerungsgröße, die sich aus der individuellen Nutzenmaximierung ergibt, auch sozial optimal.
2. Es gilt $u^1(c^1, n, u^2(c^2)) \geq u^2(c^2)$. In diesem Fall sind die individuellen und die sozialen Optimierungsprobleme nicht mehr äquivalent. Das Rawls-Kriterium verlangt dann, die zukünftige Generation besser zu stellen als dies in der Laissez-faire Allokation der Fall ist. Da wir positive Grenznutzen im Konsum unterstellen, muß in der Rawls-optimalen Allokation der Konsum der Kinder größer sein als in der Laissez-faire Allokation; mithin gilt: $c^{2R} > c^{2L}$. Um nun zu untersuchen, welche Bedeutung dies für die Bevölkerungsgröße hat, ermittelt Spiegel (1993: 387) aus den Bedingungen erster Ordnung für die Rawls-optimale Allokation, die Bevölkerungsgröße als implizite Funktion des Konsums der Kinder c^2. Die Ableitung dieser Funktion ergibt, daß $\partial n / \partial c^2 < 0$ ist,[18] wenn die Nutzenfunktionen den üblichen Annahmen genügen. D.h., bei einem höheren Konsum der Kinder ist die Bevölkerungsgröße bei der Rawls-optimalen Allokation kleiner als bei der Laissez-faire Allokation. Da wir oben argumentiert haben, daß der Konsum der Kinder in der Rawls-optimalen Allokation größer sein muß als in der Laissez-faire Allokation, ist die Bevölkerung in der Laissez-faire-Allokation gemessen am Rawls-Optimum zu groß.

Spiegel (1993) zeigt damit, daß in einer Situation, in der die Kinder mindestens so gut gestellt sind wie ihre Eltern, die Laissez-faire Allokation auch Rawls-optimal ist. Wenn die Kinder jedoch schlechter gestellt sind als die Eltern, dann ist die Laissez-faire Bevölkerung größer als die Rawls-optimale, und die individuellen Entscheidungen führen zu keinem sozialen Optimum.

5.5 Grenzen der Bestimmung einer optimalen Bevölkerungsgröße

In den vorangegangenen Abschnitten wurde aufgezeigt, wie während der letzten vier Jahrzehnte in ökonomischen Theorien Bevölkerungsfragen un-

[18] Auf die Darstellung der Ableitung des Ergebnisses soll hier aus Platzgründen verzichtet werden. Vergleiche hierzu Spiegel (1993:367- 369).

tersucht werden. Dabei wurden in Abschnitt 5.3 die Fragestellungen und die Modellstruktur im Rahmen der positiven ökonomischen Theorie in statischer und dynamischer Hinsicht dargestellt und analysiert. In diesen Ansätzen wird unterstellt, daß die Eltern über die Anzahl ihrer Kinder auf die gleiche Art und Weise entscheiden, wie über die Zusammensetzung ihres Konsumgüterbündels. In komparativ-statischen Analysen lassen sich dann Aussagen über die Änderung der Kinderzahl treffen, wenn sich exogene Größen des Modells ändern.

Viele der gegenwärtigen Bevölkerungsprobleme werden als Probleme der Überbevölkerung oder Unterbevölkerung diskutiert. Dahinter steht die Vorstellung, daß es eine optimale Bevölkerungsgröße gibt. Auch diese Frage kann, wie in Abschnitt 5.4 diskutiert wurde, unter einem rein ökonomischen Gesichtspunkt beantwortet werden. Ansatzpunkte hierzu bietet die Wohlfahrtsökonomie. Betrachtet man das Bevölkerungsproblem aus diesem Blickwinkel, dann ergibt sich eine Rechtfertigung für die Korrektur der Bevölkerungsentwicklung. Immer dann, wenn die individuellen Entscheidungen der Haushalte zu einem Ergebnis führen, das nicht pareto-optimal ist, kann durch geeignete Maßnahmen die Lage eines Individuums verbessert werden, ohne daß sich ein anderes verschlechtert.

Die vorausgegangenen Ausführungen haben jedoch gezeigt, daß eine solche Vorgehensweise zwar prinzipiell möglich ist, daß damit aber erhebliche Probleme verbunden sind:

1. Das Pareto-Kriterium stellt eine Beurteilung der Allokationen dar, die alleine die Wertschätzung der heute Lebenden umfaßt. Zwar werden die zukünftigen Generationen berücksichtigt, aber deren Präferenzen werden von denen formuliert, die heute die Entscheidungen treffen. Ist die Bevölkerungsgröße gegeben, können Maßnahmen mit dem Pareto-Kriterium sinnvoll beurteilt werden. Es scheint unproblematisch anzunehmen, daß eine Politik, bei der sich jemand verbessert, ohne daß sich ein anderer verschlechtert, durch alle Mitglieder der Gesellschaft Zustimmung erhält. Dies ist jedoch in Modellen endogener Fertilität nicht mehr ohne weiteres möglich. Da die Politikmaßnahmen auch die Anzahl derjenigen bestimmt, die künftig leben, diese aber nicht darüber abstimmen können, bleibt es alleine eine Entscheidung der heute lebenden Generationen, was zu einem pareto-superioren Zustand führt. Eine Entscheidung setzt damit auch ein Wissen bzw. Vorstellungen über die Präferenzen der zukünftigen Generationen voraus.
2. Aufgrund der formalen Struktur des Problems, d.h. der nicht konvexen und nicht beschränkten Budgetmenge (vgl. Abschnitt 5.3.1), ist es möglich, daß zwar ein pareto-optimaler Zustand gefunden werden kann, daß hierzu aber kein Marktgleichgewicht existiert.
3. Da das Pareto-Kriterium nur eine Teilordnung der möglichen Zustände erlaubt, benötigt man eine soziale Auswahlregel, um die gesellschaftlich optimale Bevölkerungsgröße zu ermitteln. Wählt man diesen Weg, dann

muß festgelegt werden, wie ein Zustand bestimmt wird, in dem eine gerechte Verteilung der Ressourcen zwischen den heute Lebenden und den zukünftigen Generationen vorliegt. Es müssen somit die Interessen der heute lebenden Generationen und der zukünftigen Generationen miteinander verglichen werden. Zu diesem Zweck wurden drei unterschiedliche Kriterien untersucht, die dies leisten: (i) die Bentham- (ii) die Mill- sowie (iii) die Rawls-Lösung wurden jeweils mit dem Ergebnis individueller Nutzenmaximierung verglichen. Dabei wurde gezeigt: eine eindeutige Aussage darüber, ob die Bevölkerungsgröße, die sich aus den unabhängigen Entscheidungen der Individuen ergibt zu groß ist, hängt davon ab, welche Wohlfahrtsfunktion man zugrunde legt. Aus ökonomischer Sicht läßt sich aber keines der drei vorgestellten Kriterien bezüglich der Wohlfahrtsfunktion a-priori ablehnen.

Vor dem Hintergrund der oben zusammengefaßten Kritikpunkte liegt folgender Schluß nahe: will man die Ergebnisse der normativen ökonomischen Theorie verwenden, um die Frage nach einer optimalen Bevölkerungsgröße und nach geeigneten Politikmaßnahmen zu beantworten, stößt man auf erhebliche Probleme. Neben dem allgemeinen Problem, daß man eine Aussage auf der Basis von sozialen Wohlfahrtsfunktionen treffen will, die immer implizite Urteile über die Verteilungsgerechtigkeit enthalten, die wiederum alleine auf Grundlage der ökonomischen Theorie nicht möglich sind, wirft jede der normativen Theorien, wie in Abschnitt 5.4.3 gezeigt, spezielle Probleme aufgrund ihres besonderen Ansatzes auf. Um die Fragen nach einer optimalen Bevölkerungsgröße zu untersuchen, muß man daher entweder auch über alternative Konzepte der Beurteilung gesellschaftlicher Zustände nachdenken, oder aber die Untersuchungen müssen auf den Gegenstandsbereich der positiven ökonomischen Theorie beschränkt bleiben. Zur Klärung sowohl der generellen als auch speziellen Probleme werden folglich weitergehende ethische Überlegungen bedeutsam, die allerdings im Rahmen der vorliegenden Untersuchung nicht weiter ausgeführt werden können. Dies bedeutet aber keineswegs, daß man mit den oben vorgestellten Theorien Bevölkerungsfragen nicht sinnvoll untersuchen kann. Man muß sich jedoch der Problematik der ökonomischen Ansätze insbesondere der normativen Bevölkerungstheorien bewußt sein.

Anhang

Herleitung der Optimalbedingungen für das Becker-Barro-Modell

In Kapitel 5 wurden die wesentlichen Ergebnisse des Modells endogener Fertilität von Becker, Barro (1988) zusammengefaßt. Die formale Ableitung der Ergebnisse soll im nachfolgenden Anhang dargestellt werden.

Becker, Barro (1988) unterstellen in ihrem Modell, daß der Gründer der Dynastie eine Nutzenfunktion über einen unendlichen Zeithorizont maximiert. Dabei muß die Budgetrestriktion für jede der betrachteten Perioden erfüllt sein. Formal läßt sich das Optimierungsproblem unter Berücksichtigung der vereinfachenden Annahmen von Becker, Barro (1988), wie sie im Text diskutiert wurden, wie folgt darstellen:

$$\text{Max: } u_0 = \sum_{i=0}^{\infty} \alpha^i N_i^{1-\epsilon} v(c_i). \tag{5.50}$$

Die Nebenbedingung für jeden Erwachsenen der Generation i lautet:

$$w_i + (1 + r_i)k_{i-1} = c_i + n_i k_{i+1} + n_i b_i. \tag{5.51}$$

Damit eine Optimallösung mit positiven Kinderzahl existiert, muß gelten:

$$1 - \epsilon > \sigma. \tag{5.52}$$

Dies läßt sich folgendermaßen erläutern: Es wird die Anzahl der Nachkommen in Periode i, N_i variiert, wobei der Gesamtkonsum $C_i = N_i c_i$ für Generation i und die Zahl der Personen und der Gesamtkonsum für alle Generationen j mit $i \neq j$ konstant gehalten wird. Die daraus resultierende Nutzenänderung gibt die Bewertung zusätzlicher Mitglieder der Generation i an. Da weitere Kinder Kosten verursachen, muß so Becker, Barro (1988:7), der Nutzenzuwachs eines weiteren Mitgliedes in der Nähe des Optimums positiv sein, damit die Zahl der Kinder überhaupt positiv ist.

Um dies formal zu zeigen, schreiben wir die Nutzenfunktion mit $v(c_i) = c_i^{\sigma}$ in folgender Form:

$$u_0 = \sum_{i=0}^{\infty} (c_i N_i)^{\sigma} \alpha^i N_i^{1-\epsilon-\sigma}. \tag{5.53}$$

Als Ableitung dieser Funktion nach N_i für einen konstanten Gesamtkonsum $C_i = N_i c_i$ erhalten wir:

$$\frac{\partial u_0}{\partial N_i} = (c_i N_i)^{\sigma} \alpha^i N_i^{-\epsilon-\sigma}(1 - \epsilon - \sigma). \tag{5.54}$$

Diese Ableitung ist dann positiv, wenn $1 - \epsilon > \sigma$ ist, wie oben in (5.52) behauptet wurde.

Die Bedingungen erster Ordnung lassen sich durch die Ableitung der Lagrangefunktion:

$$L = \sum_{i=0}^{\infty} \alpha^i N_i^{1-\epsilon} v(c_i) - \lambda_i [c_i + n_i(k_{i+1} + b_i) - w_i - (1 + r_i)k_i \tag{5.55}$$

nach den Variablen c_i, n_i, und k_i für $i = 1, 2....$ ermitteln. Auf diese Weise charakterisieren Nerlove, Raut (1997:1153) den optimalen Konsumpfad und das optimale Bevölkerungswachtum für das Becker-Barro-Modell.

Die Ergebnisse von Becker und Barro (1988, 1989), wie sie im Text angegeben wurden, lassen sich durch andere Überlegungen einfacher nachvollziehen. Die intertemporale Budgetbeschränkung für die gesamte Dynastie hat die folgende Form:

$$k_0 + \sum_{i=0}^{\infty} d_i N_i w_i = \sum_{i=0}^{\infty} d_i (N_i c_i + N_{i+1} b_i) \quad \text{mit} \tag{5.56}$$

$$d_i = \prod_{j=0}^{i} (1 + r_j)^{-1}.$$

Für diese Budgetbeschränkung gilt, daß der Gegenwartswert der Einkünfte dem Gegenwartswert der Ausgaben der Dynastie entspricht. Sie ergibt sich nach Barro, Becker (1989:483) aus den Budgetbeschränkungen für jede Generation, wenn die Transversalitätsbedingung des Optimierungsproblems gilt, d.h. der Gegenwartswert des zukünftigen Kapitalstocks für i gegen Unendlich gegen Null geht. Formal muß also gelten: $\lim_{x \to \infty} d_i N_i k_i = 0$.

Wir können nun den Optimierungsansatz mit dieser intertemporalen Budgetbeschränkung neu formulieren. Die Lagrangefunktion hat dann die nachfolgende Form:

$$L = \sum_{i=0}^{\infty} (\alpha^i N_i^{1-\epsilon} v(c_i)) - \lambda \sum_{i=0}^{\infty} d_i (c_i N_i + N_{i+1} b_i - N_i w_i) - k_0. \tag{5.57}$$

Diese leiten wir ab nach c_i und N_i. Unterstellen wir die gleiche Nutzenfunktion wie in (5.53) erhalten wir die notwendigen Bedingungen in der Form:

$$\frac{\partial L}{\partial c_i} : \ \alpha^i N_i^{-\epsilon} v'(c_j) = \lambda N_i d_i \tag{5.58}$$

$$\begin{aligned} \frac{\partial L}{\partial N_i} &: (1 - \epsilon - \sigma) v(c_i) \alpha^i N_i^{-\epsilon} + v'(c_i) c_i \alpha^i N^{-\epsilon} \\ &= \lambda d_i [c_i + b_{i-1}(1 + r_i) - w_i]. \end{aligned} \tag{5.59}$$

Gleichung (5.58) gibt zusammen mit der Ableitung der Lagrangefunktion nach c_{i+1} und unter Berücksichtigung von $N_{i+1} = n_i N_i$ die folgende Optimalbedingung (5.11) im Text:

$$\frac{v'(c_i)}{v'(c_{i+1})} = \alpha n_i^{-\epsilon} (1 + r_{i+1}), \quad i = 0, 1, 2, \dots \ . \tag{5.60}$$

Die Optimalbedingung (5.12) läßt sich ableiten, indem man die Ableitung der Lagrangefunktion nach N_i durch die Ableitung nach c_i dividiert. Wir erhalten dabei zunächst:

$$\frac{(1-\epsilon-\sigma)v(c_i)\alpha^i N_i^{-\epsilon} + v'(c_i)c_i\alpha^i N^{-\epsilon}}{\alpha^i N_i^{-\epsilon} v'(c_j)} = \frac{\lambda d_i[c_i + b_{i-1}(1+r_i) - w_i]}{\lambda d_i}. \tag{5.61}$$

Nach Umformung erhalten wir dann die Gleichung (5.12) des Textes.

$$v(c_i)[1-\epsilon-\sigma] = v'(c_i)[b_{i-1}(1+r_i) - w_i], \quad i = 1, 2, \dots\ . \tag{5.62}$$

6. Bevölkerung und Umweltnutzung in der ökonomischen Literatur

6.1 Einführung

Wir haben uns im vorangegangenen Teil mit ökonomischen Theorien der Fertilität auseinandergesetzt. Dabei standen sowohl positive Fragestellungen zur Erklärung der Bevölkerungsentwicklung als auch die normative Frage nach der optimalen Bevölkerungsgröße im Zentrum der Untersuchung. Der Zusammenhang zwischen Umweltproblemen und Bevölkerungsentwicklung wurde bislang alleine auf der Basis empirisch deskriptiver Analysen diskutiert. Im folgenden wollen wir die positiven und normativen Aspekte des Zusammenhangs von Bevölkerungsentwicklung und Umweltproblemen in den Vordergrund der Betrachtung rücken. Dabei sollen zunächst die wesentlichen Ergebnisse umwelt- und bevölkerungsökonomischer Publikationen, in denen jener Zusammenhang untersucht wird, vorgestellt werden. Daran anschließend wird die Bedeutung der Modellstruktur für die Ergebnisse der Studien aufgezeigt. Dies bildet den Ausgangspunkt, um im anschließenden Kapitel 7 einen Ausblick darauf zu geben, wie die wesentlichen Charakteristika des Zusammenhangs von Bevölkerungsentwicklung und Umweltnutzung (vgl. Abschnitt 1.3) in ein ökonomisches Modell integriert werden können und welche möglichen Probleme dabei entstehen.

Wir haben in der Einleitung erwähnt, daß die Beschäftigung mit dem Zusammenhang von Umweltnutzung und Bevölkerungsentwicklung in der Ökonomik bislang allenfalls am Rande stattfindet. Deshalb ist es nicht überraschend, wenn nur wenige modelltheoretische Publikationen vorliegen, in denen der Zusammenhang von Bevölkerungsentwicklung bzw. Bevölkerungsgröße und Umweltnutzung in normativen und positiven Analysen untersucht wird. Die bisher vorgelegten Arbeiten lassen sich aber nicht nur anhand der Frage unterscheiden, ob es sich hierbei um positive oder normative Analysen handelt. Darüber hinaus unterscheiden sich die Modelle in ihrer regionalen und zeitlichen Differenzierung sowie der Frage, ob die Bevölkerungsgröße modellendogen bestimmt wird, oder ob die Änderung der Modellergebnisse bei einer exogen wachsenden Bevölkerung im Rahmen komparativ statischer Überlegungen diskutiert wird. Anhand der regionalen und zeitlichen Eigenschaften wollen wir die nachfolgende Betrachtung gliedern, da in den meisten Publikationen sowohl positive als auch normative Fragestellungen behandelt werden.

Hinsichtlich der betrachteten Regionen lassen sich Modelle, in denen lokale Umweltprobleme analysiert werden, von solchen unterscheiden, in denen die Charakteristiken globaler Umweltprobleme abgebildet werden. Lokale Umweltprobleme zeichnen sich in der Regel durch einen direkten Zusammenhang zwischen der Umweltnutzung und der regionalen Bevölkerungsgröße aus.[1] Demgegenüber ist der Zusammenhang zwischen Bevölkerungsentwicklung und globalen Umweltproblemen indirekter Natur, d.h. über die Produktions- und Konsumweise der Gesellschaft vermittelt.

Anhand der Unterscheidung in regionale und globale Umweltprobleme wollen wir die im folgenden dargestellten Modelle ordnen. Darüber hinaus wollen wir innerhalb der Analyse von regionalen und globalen Umweltproblemen, statische und dynamische Modelle getrennt untersuchen. Beginnen wollen wir mit der Analyse regionaler Umweltprobleme in Abschnitt 6.2. Hier werden zunächst statische Modelle endogener Fertilität vorgestellt (Abschnitt 6.2.1). Diese finden sich in den Monographien von Dasgupta (1993) und Shah (1998).[2] In Abschnitt 6.2.2 stellen wir die Arbeiten von Nerlove (1991) und Nerlove, Mayer (1997) vor. In ihnen werden die Wechselwirkungen zwischen Bevölkerungsentwicklung und regionalen Umweltproblemen in einem dynamischen Modell betrachtet, um zu untersuchen, (i) ob ein Zustand existiert, bei dem sich weder die Bevölkerungsgröße noch der Umweltzustand ändert und (ii) ob ein solcher Zustand stabil ist.

In Abschnit 6.3 werden wir Modelle zur Analyse globaler Umweltprobleme vorstellen. Aus statischer Sicht untersuchen Cronshaw, Requate (1997) den Zusammenhang zwischen Umweltproblemen und Bevölkerungsgröße, die durch die Produktion von Gütern entstehen. Sie verwenden hierzu ein Modell, in dem die Bevölkerung exogen gegeben ist und die Änderungen der Umweltnutzung bei einer sich ändernden Bevölkerungsgröße im Rahmen komparativ statischer Überlegungen abgeleitet werden. Dieses Modell wird in 6.3.1 untersucht. In 6.3.2 werden wir das dynamische Modell von Harford (1998) vorstellen.

[1] Im Zusammenhang mit regionalen Umweltproblemen kommt der Migration als eine der Reaktionen auf Veränderungen in der Umweltqualität eine zentrale Bedeutung zu. Es ist zu erwarten, daß die Bevölkerung auf Veränderung der Umweltqualität in ihrer Umgebung eher mit Wanderung denn mit verändertem Reproduktionsverhalten reagiert. Zu dem Themenkomplex umweltbedingte Migration gibt es allerdings noch weniger Literatur als zum Thema Umweltnutzung und Bevölkerungswachstum. Vgl. zur Bedeutung umweltbedingter Migration UNHCR 1996, sowie Clarke, Ng (1993) und Kennedy (1995).

[2] Die Ausführungen in 6.2.1 beziehen sich ausschließlich auf die Arbeit von Shah (1998), da er die Überlegungen von Dasgupta (1993) in einem formalen Modell formuliert hat. Dasguptas Verdienst ist es, die grundlegende Struktur des Problems aufgezeigt zu haben.

6.2 Regionale Umweltprobleme

6.2.1 Statische Modelle

Shah (1998:Kap 7) untersucht den Zusammenhang von Umweltnutzung und Bevölkerungsgröße im Rahmen von Überlegungen zur Überfüllungsproblematik.[3] Er zeigt dabei, unter welchen Bedingungen die individuellen Entscheidungen über die Zahl der Kinder zu ineffizienten Ergebnissen führen.[4] Shah (1998: Kapitel 7) unterscheidet zwei Ineffizienzen durch Überfüllung, (i) ineffizenten Konsum und (ii) ineffiziente Produktion. Dieser Unterscheidung folgt die nachfolgende Darstellung.

Ineffizienter Konsum durch Überfüllungsexternalitäten. Ausgangspunkt von Shahs (1998:82) Analyse ist die These, daß Menschen Überfüllung als unangenehm empfinden: In größeren Gesellschaften kommt es nach seiner Auffassung zu mehr Interaktionen zwischen den Mitgliedern. Dies erfordert mehr Regulierungen, da beispielsweise die Wahrscheinlichkeit des Auftretens sozialer Probleme in einer größeren Gesellschaft steigt. Durch eine höhere Regelungsdichte ergeben sich jedoch Einschränkungen der individuellen Freiheiten, die das Wohlbefinden des Einzelnen beeinträchtigen. Dieser Zusammenhang läßt sich formal abbilden, in dem man unterstellt, daß eine größere Bevölkerung zu Nutzeneinbußen bei den Individuen führt.[5] Im Modell wird diese Überlegung durch die Integration eines entsprechenden Terms in die Nutzenfunktion der Individuen abgebildet. Shah (1998:82) mißt den Überfüllungseffekt mit Hilfe der Funktion $c = c(N)$, für die gilt: $c'(N) \geq 0$. Dabei ist N die Bevölkerungsgröße, die sich durch Addition von z Haushalten der Größe n_i $(i = 1, ..., z)$ ergibt,d.h. $N = \sum_i^z n_i$. Die nicht negative Ableitung der Überfüllungsfunktion bedeutet, daß der Überfüllungseffekt mit steigender Bevölkerungsgröße konstant bleibt oder zunimmt. Die Nichtnegativität der Ableitung nach der Bevölkerungsgröße läßt somit zu, daß bei einer kleinen Bevölkerung die Überfüllungsproblematik nicht zwangsläufig auftreten muß. Die Nutzenfunktion eines Haushaltes i hängt ab von der Überfüllungsfunktion $c(.)$, dem realisierten Konsumgüterbündel a_i und der Haushaltsgröße n_i des Haushaltes. Sie hat damit die folgende Gestalt:

$$u^i(a_i, n_i, c(N_{-i})) \quad \text{mit} \quad u_a, u_n > 0, \; u_c \leq 0. \tag{6.1}$$

Der Nutzen eines Haushaltes hängt positiv vom Konsum und der Haushaltsgröße ab, und der Nutzen ist nicht zunehmend in der Überfüllung, wobei

[3] Hinter dem Begriff der Überfüllung können sich unterschiedliche negative Beeinträchtigungen von Individuen durch eine hohe Bevölkerungsdichte verbergen. Hierunter lassen sich auch Umweltprobleme subsummieren, die durch eine steigende Bevölkerungsdichte erwartet werden.

[4] An dieser Stelle folgt Shah (1998) der Argumentation von Dasgupta (1993:350ff), der allerdings keine vollständige modelltheoretische Analyse hierzu vorgelegt hat.

[5] Shah (1998:82) weist darauf hin, daß es kulturelle Traditionen gibt, in denen Nähe als positiv bewertet wird. Für solche Gesellschaften wäre dann seine Analyse nicht angemessen.

die Form $c(N_{-i})$ mit $N_{-i} = \sum_{j=1,\, j\neq i}^{z} n_j$ ausdrückt, daß der Haushalt keine Überfüllung durch die Mitglieder seines eigenen Haushaltes erleidet, sondern nur durch die Größe der anderen Haushalte. Da $c'(N_{-i}) \geq 0$ und $u_c \leq 0$ sinkt der Nutzen eines Haushaltes, wenn die Größe der anderen Haushalte steigt, bzw. der Nutzen bleibt konstant, wenn Überfüllung noch nicht wirksam ist.

Die Budgetbeschränkung des Haushaltes i ist durch folgende Gleichung gegeben:

$$a_i + pn_i = v_i. \tag{6.2}$$

Dabei sind a_i die Ausgaben für ein Konsumgüterbündel, dessen Preis auf eins normiert wurde und damit das Numeraire der betrachteten Wirtschaft ist; pn_i sind die Ausgaben für die Kinder, wobei der Preis p eines Kindes in Einheiten des Konsumgüterbündels gemessen wird; v_i ist das exogen gegebene Einkommen des Haushaltes.

Die optimale Bevölkerungsgröße ermittelt Shah (1998:83) mit Hilfe einer sozialen Wohlfahrtsfunktion, die auf der Basis der individuellen Nutzenfunktionen aller z Haushalte der Ökonomie definiert wird. Es gilt:

$$W = W(u^1(.), ..., u^i(.), ..., u^z(.)) \text{ mit } \partial W/\partial u^i > 0 \ \ (i = 1, ..., z). \tag{6.3}$$

Diese Wohlfahrtsfunktion wird unter der Nebenbedingung der gesamtwirtschaftlichen Budgetrestriktion maximiert, die sich aus der Aggregation der individuellen Budgetrestriktionen (6.2) ergibt. Es gilt:

$$\sum_{i=1}^{z} a_i + p\sum_{i=1}^{z} n_i = \sum_{i=1}^{z} v_i. \tag{6.4}$$

Die Bedingungen erster Ordnung erhält man aus der Ableitung der Lagrangefunktion

$$L = W(u^1(.), ..., u^i(.), ..., u^z(.)) + \lambda \cdot \left[\sum_{i=1}^{z} v_i - \sum_{i=1}^{z} a_i - p\sum_{i=1}^{z} n_i.\right]$$

nach a_i und n_i. Für alle $i = 1, .., z$ gilt als notwendige Bedingung für das Optimum:

$$\begin{aligned} \frac{\partial L}{\partial a_i} &= \frac{\partial W}{\partial u^i} u_a^i - \lambda = 0 \\ \frac{\partial L}{\partial n_i} &= \frac{\partial W}{\partial u^i} u_n^i + \sum_{i\neq j} \frac{\partial W}{\partial u^j} u_c^j c' - p\lambda = 0. \end{aligned} \tag{6.5}$$

Wenn man annimmt, daß die individuellen Nutzenfunktionen mit gleichen Gewichten in die Wohlfahrtsfunktion eingehen, d.h, die Ableitungen der Wohlfahrtsfunktion nach den individuellen Nutzenfunktionen $\partial W/\partial u^i$, für alle $i = 1, ..., z$ gleich sind, dann ergibt sich folgende notwendige Bedingung für die optimale Bevölkerungsgröße:

$$\frac{u_n^i}{u_a^i} = p - \frac{\sum_{i \neq j} u_c^j c'}{u_a^i}. \tag{6.6}$$

Im sozialen Optimum wird der Konsum und die Haushaltsgröße so gewählt, daß die Grenzrate der Substitution zwischen Konsum und Kindern gerade dem relativen Preis eines Kindes p, korrigiert um den Term $\sum_{i \neq j} u_c^j c' / u_a^i$ entspricht. Unter Berücksichtigung des negativen Vorzeichens ist dieser Korrekturterm nie negativ, da $u_c^j \leq 0$ und $c' \geq 0$ sowie $u_{a_i}^i > 0$ gilt. Damit ist die rechte Seite der Gleichung (6.6) beim Auftreten von Überfüllungseffekten größer als in einer Situation, in denen keine Überfüllungsexternalitäten auftreten. Bei der Existzenz von Überfüllungsexternalitäten ist damit der Preis eines Kindes höher als dies ohne die Existenz von Überfüllungseffekten der Fall wäre.

Shah (1998:84) vergleicht nun dieses Ergebnis der Maximierung einer sozialen Wohlfahrtsfunktion mit dem Resultat der individuellen Optimierung. Das individuelle Optimum eines Haushaltes berechnet sich aus der Maximierung von (6.1) unter der Nebenbedingung (6.2) für einen gegebenen Wert von $c(N_{-i})$. Es gilt damit im Optimum:

$$\frac{u_n^i}{u_a^i} = p. \tag{6.7}$$

Der Unterschied zwischen den Bedingungen erster Ordnung im sozialen und im individuellen Optimum liegt gerade in dem Term $\sum_{i \neq j} u_c^j c' / u_a^i$, der den Wohlfahrtseffekt der Überfüllung mißt. Wenn also durch weitere Kinder ein Überfüllungseffekt ausgelöst wird und Überfüllung für die Individuen zu Nutzenverlusten führen, dann besteht eine Differenz zwischen individuellem und sozialem Optimum. Unter der Berücksichtigung der Überfüllungsexternalität sind die Opportunitätskosten eines weiteren Kindes höher im Vergleich zur Situation ohne Berücksichtigung der Externalität. Durch die Vernachlässigung des Überfüllungseffektes eines zusätzlichen Kindes ist die Bevölkerungsgröße, die sich als Resultat individueller Optimierungsüberlegungen ergibt, gemessen am sozialen Optimum zu groß. Damit kann die Gesellschaft durch kleinere Familien einen superioren Zustand erreichen.

Ineffiziente Produktion durch Überfüllungsexternalitäten. Shah (1998:85) untersucht ein weiteres Problem, das durch eine höhere Bevölkerungsdichte verursacht werden kann: das Problem ineffizienter Produktion. Das Modell, das er hierzu formuliert, orientiert sich an der Situation von Familien im ländlichen Raum von Entwicklungsländern und an den lokalen Umweltproblemen, die dort durch eine hohe Bevölkerungsdichte verursacht werden.

Charakteristisch für den ländlichen Raum in Entwicklungsländern ist, daß Kinder schon in jungen Jahren zur Produktion im Haushalt beitragen, indem sie z.B. Futter für Tiere und Brennholz sammeln. Aus dieser Perspektive sind

Kinder Inputs für die Produktion des Haushaltes.[6] Ein weiteres Kind erhöht damit die Produktionsinputs, über die ein Haushalt verfügen kann.

Allerdings kann übermäßiges Sammeln von Feuerholz oder von Futter für Tiere die Umweltqualität beeinträchtigen; denn das von den Kindern gesammelte Brennholz und das Futter für Tiere sind Ressourcen, zu denen in den Entwicklungsländern typischer Weise ein freier Zugang besteht. Es ergeben sich somit die für Allmende-Güter charakteristischen Nutzungsprobleme: Es besteht ein individueller Anreiz möglichst viele Kinder zu haben, um sich eine möglichst große Menge an Ressourcen anzueignen. Da die zur Verfügung stehenden Ressourcen begrenzt sind, ist es aber unter Umständen für alle günstiger, wenn die Zahl der Kinder niedrig ist, da die Grenzproduktivität eines Kindes bei einer geringeren Gesamtzahl an Kindern höher ist.

Diesen Zusammenhang untersucht Shah (1998:85ff) in einem einfachen statischen Modell. Er unterstellt, daß in einer ländlichen Region wiederum z identische Haushalte der Größe n_i leben. Die gesamte Bevölkerung ist dann

$$N = \sum_{i=1}^{z} n_i = \sum_{j=1,\, j\neq i}^{z} n_j + n_i = (z-1)n + n_i = N_{-i} + n_i. \tag{6.8}$$

Diese Notation erlaubt es, das individuelle Optimum für den Haushalt i übersichtlicher abzuleiten; N_{-i} mit $N_{-i} = \sum_{j=1,\, j\neq i}^{z} n_j$ ist wiederum die Bevölkerungsgröße ohne die Kinder des Haushaltes i. Bezeichnet man die gegebene Ressource, d.h. die Umwelt um das Dorf, in der Futter oder Holz gesammelt wird, mit K, dann läßt sich der Output aller dieser Aktivitäten durch die Produktionsfunktion $Y \leq H(N, K)$ beschreiben. Der Output ist damit eine Funktion des Arbeitseinsatzes, der hier mit der Bevölkerungsgröße übereinstimmt, und der Umwelt K. Shah nimmt an, daß die Produktionsfunktion konstante Skalenerträge sowie abnehmende Grenzproduktivitäten hat und daß $H(0, K) = 0$ gilt, d.h. ohne den Einsatz von Arbeit kann kein positiver Output produziert werden. Betrachtet man den Umweltbestand als konstant, d.h. setzt man beispielsweise $K = 1$, wird durch $H(N, 1) = F(N)$ eine Funktion F definiert. Für diese Funktion gilt entsprechend, daß $F(0) = 0$ und daß die positiven Grenzprodukte abnehmend sind, d.h., $F'(N) > 0$ und $F''(N) < 0$. Ferner ist $\lim_{N\to\infty} F(N) = const$, da der Faktor K nur in einer begrenzten Menge zur Verfügung steht. Aus diesen Annahmen ergeben sich (Shah 1998:87) die nachfolgenden Beziehungen. Es gilt:

$$\frac{F(N)}{N} > F'(N) \quad \text{und} \quad \lim_{N\to\infty} \frac{F(N)}{N} = 0.$$

Der Term $n_i \cdot [F(N)/N]$ bezeichnet den Output eines Haushaltes i; dieser sinkt mit zunehmendem N, da das Durchschnittsprodukt $F(N)/N$ abnimmt.[7]

[6] Dasgupta (1993:359) weist z.B. darauf hin, daß in armen Familien in Entwicklungsländern, Kinder bereits im Alter von sechs Jahren zum Familieneinkommen beitragen, indem sie Haustiere hüten, Feuerholz, Dung oder Futter sammeln.

[7] Dies kann durch Differenzieren des Terms nach N leicht gezeigt werden.

Setzt man den Preis des Outputs gleich eins und bezeichnet den Lohnsatz mit w, dann ist der Gewinn für Haushalt i durch folgende Beziehung gegeben:[8]

$$\pi_i = n_i \frac{F(N)}{N} - wn_i. \tag{6.9}$$

Hieraus folgt unter Berücksichtigung von (6.8)

$$\pi_i = n_i \frac{F((z-1)n + n_i)}{(z-1)n + n_i} - wn_i. \tag{6.10}$$

Der Haushalt i wählt seine Familiengröße so, daß sein Gewinn maximal wird. Damit erhält man durch Ableiten von (6.10) nach n_i folgende Optimalbedingung:

$$\frac{F((z-1)n + n_i)}{(z-1)n + n_i} + n_i \left(\frac{F'((z-1)n + n_i)}{(z-1)n + n_i} \right) - n_i \left(\frac{F((z-1)n + n_i)}{((z-1)n + n_i)^2} \right) = w. \tag{6.11}$$

Da in dem Modell angenommen ist, daß alle Haushalte identisch sind, läßt sich die optimale Kinderzahl $\hat{n}$ und die Gesamtbevölkerung $\hat{N}$, die sich aus der individuellen Optimierung ergibt, aus der Umformulierung von Gleichung (6.11) gewinnen:[9]

$$\frac{F(\hat{N})}{\hat{N}} + \hat{n} \frac{F'(\hat{N})}{\hat{N}} - \hat{n} \frac{F(\hat{N})}{\hat{N}^2} = w \quad \text{mit} \quad \hat{N} = z\hat{n}. \tag{6.12}$$

Nach weiterer Umformung erhalten wir:

$$\frac{F(\hat{N})}{\hat{N}} - \frac{1}{z} \left(\frac{F(\hat{N})}{\hat{N}} - F'(\hat{N}) \right) = w\hat{n}. \tag{6.13}$$

Shah (1998:88) untersucht, ob es eine Bevölkerungsgröße gibt, die zu einem insgesamt höheren Gewinn pro Haushalt führt, als der Gewinn, der sich einstellt, wenn jeder Haushalt sein individuelles Optimum realisiert. Hierzu wird angenommen, daß eine gemeinsame Gewinnmaximierung vorgenommen und der so entstandene Gewinn auf alle Individuen gleichverteilt wird. Der Gewinn ergibt sich dann als

$$\pi = F(zn) - wzn.$$

[8] Der Lohn taucht hier als Kosten auf, weil in diesem Modell der Haushalt als ländlicher Produktionsbetrieb betrachtet wird.

[9] Das Dach über der Variablen bezeichnet hier das Ergebnis der individuellen Gewinnmaximierung.

Die Bedingung erster Ordnung erhält man durch Ableiten nach der gesamten Bevölkerungsgröße $N = zn$. Sie lautet $F'(N) = w$. Entsprechend muß die optimale Bevölkerungsgröße $\tilde{N}$ die folgende Bedingung erfüllen:[10]

$$F'(z\tilde{n}) = w \text{ mit } \tilde{N} = z\tilde{n}. \tag{6.14}$$

Shah (1998) zeigt, daß bei der gemeinsamen Gewinnmaximierung die Bevölkerungsgröße und damit auch die Größe der einzelnen Familien kleiner ist als bei individueller Gewinnmaximierung. Durch Umformung von Gleichung (6.13) erhält man folgende Beziehung:

$$F'(\hat{N}) - w = \frac{1-z}{z}\left(\frac{F(\hat{N})}{\hat{N}} - F'(\hat{N})\right). \tag{6.15}$$

Die rechte Seite der Gleichung (6.15) ist kleiner Null, da das Durchschnittsprodukt unter den getroffenen Annahmen größer ist als das Grenzprodukt. Wenn also gilt:

$$F'(\hat{N}) - w < 0 \quad \text{und} \quad F'(\tilde{N}) - w = 0,$$

dann folgt hieraus:

$$F'(\hat{N}) < F'(\tilde{N}).$$

Da $F''(N) < 0$ ist, gilt: $\hat{N} > \tilde{N}$ und $\hat{n} > \tilde{n}$. Damit ist die Bevölkerungsgröße und Haushaltsgröße bei individueller Gewinnmaximierung größer als bei gemeinsamer Gewinnmaximierung. Dies gilt auch für den Gewinn pro Haushalt, da $F'(\hat{N}) < w$ und $F'(\tilde{N}) = w$ ist. Shah (1998:88ff) hat damit gezeigt, daß die individuelle Gewinnmaximierung aus der Perspektive der ganzen Gesellschaft zu einem suboptimalen Ergebnis führt. Durch kleinere Familien und damit durch eine kleinere Bevölkerungsgröße kann ein für die Gesellschaft besserer Zustand erreicht werden.

Folgerungen aus der Analyse von Shah. Shah (1998) hat in seiner Arbeit zwei mögliche Arten von Ineffizienzen individueller Entscheidungen über die Zahl der Kinder untersucht: ineffizenter Konsum und ineffiziente Produktion. Die Untersuchung zeigt, daß individuelle Entscheidungen zu Allokationen führen, die aus der Perspektive der ganzen Gesellschaft suboptimal sind. Diese Ergebnis stellt sich ein, weil die Handlungen von Individuen Auswirkungen auf andere Individuen haben, die bei den eigenen Entscheidungen nicht berücksichtigt werden:

1. Wer sich für ein zusätzliches Kind entscheidet, der erhöht die Bevölkerungsdichte, die wiederum negative Auswirkungen auf das Wohlbefinden der anderen Individuen hat.

[10] Die Tilde über den Variablen bezeichnet hier das Ergebnis der gemeinsamen Gewinnmaximierung.

2. In einer landwirtschaftlich geprägten Region, in der Allmenderessourcen wesentliche Produktionsinputs darstellen und Kinder bereits in jungen Jahren zum Haushaltseinkommen beitragen, besteht ein Anreiz, viele Kinder zu haben. Jedes weitere Kind eines Haushaltes reduziert jedoch auch die Grenzproduktivität der Kinder aller anderen Haushalte, ohne daß dies bei der eigenen Entscheidung berücksichtigt wird.

Die Gesellschaft kann sich besserstellen, wenn es zu einer Koordination der individuellen Entscheidungen kommt. Dabei bleibt zunächst offen, ob sich im Laufe der Zeit eine Koordination der Entscheidungen von alleine ergibt, weil die Haushalte beispielsweise lernen, daß sie Vorteile durch eine geringere Zahl von Kindern haben, oder ob die Koordination durch gesellschaftliche Institutionen erfolgen muß. Diese Frage wird von Shah (1998) nicht weiter untersucht. Wir werden sie in Kapitel 8 noch einmal aufgreifen.

Die Ergebnisse von Shah (1998) beruhen auf statischen Modellen, die sehr stark von der realen Situation abstrahieren. Dies gilt insbesondere für die Analyse der Ineffizienzen im Konsum; denn negative Auswirkungen auf das Wohlbefinden von Haushalten bei einer steigenden Bevölkerungsgröße können unterschiedliche Ursachen haben. Eine schlechtere Umweltqualität ist nur eine mögliche Folge. Von daher sind diese Überlegungen zunächst nur geeignet, um auf die Koordinationsprobleme individueller Entscheidungen aufmerksam zu machen. Differenziertere Erkenntnisse über den Zusammenhang zwischen Umweltnutzung und Bevölkerungsentwicklung lassen sich nur in einem in dieser Hinsicht stärker strukturierten Modell gewinnen. Ein solches Modell, in dem die Wechselwirkungen zwischen Umweltnutzung und Bevölkerungsentwicklung über die Zeit hinweg untersucht werden, wollen wir im nächsten Abschnitt vorstellen.

6.2.2 Dynamische Modelle: Endogene Fertilität und Umweltnutzung

Nerlove (1991) und Nerlove, Mayer (1997) untersuchen den Zusammenhang von Umweltproblemen und Bevölkerungsentwicklung innerhalb einer Region in einem dynamischen Modell endogener Fertilität.[11] Der Einfachheit halber unterstellen die Autoren zunächst, daß die Entscheidung der Haushalte über die Zahl der Kinder nicht von der Freude abhängt, die Eltern durch ihre Kinder erfahren. Das einzige Motiv Kinder zu haben, ist deren Beitrag zur Produktion der Haushalte. Im Anschluß daran wird diskutiert, wie sich die Ergebnisse ändern, wenn man unterstellt, daß die Eltern altruistisch sind, d.h. der Nutzen der Kinder ein Argument der elterlichen Nutzenfunktion

[11] Die beiden Publikationen stimmen in weiten Teilen überein. Dies gilt insbesondere für das nachfolgend vorgestellte Modell von Nerlove, Meyer (1997). Deshalb ist immer diese Arbeit zitiert. Nur wenn auf Zusammenhänge Bezug genommen wird, die in der neueren Veröffentlichung nicht behandelt werden, wird die ältere Publikation von Nerlove (1991) angeführt.

darstellt. Die Ergebnisse der beiden Modellvarianten wollen wir im folgenden voneinander getrennt vorstellen.[12]

Endogene Fertilität und Umweltnutzung: egoistische Haushalte. Nerlove, Mayer (1997:262) bezeichnen mit N_{t-1} die Zahl der Eltern am Ende der Periode $t-1$, die jeweils über die Zahl b_{t-1} ihrer Nachkommen entscheiden. Folglich beträgt der Umfang N_t der Bevölkerung $N_{t-1} + b_{t-1}N_{t-1}$ am Beginn von Periode t. Des weiteren wird angenommen, daß die Eltern am Ende von Periode t sterben und die Kinder erwachsen werden. Unter Berücksichtigung dieser Zusammenhänge ergibt sich der Wachstumsfaktor der Bevölkerung als:

$$\frac{N_t}{N_{t-1}} = b_{t-1}.$$

Nerlove, Mayer (1997:262) unterstellen, daß Kinder zwei Perioden leben. In der ersten Periode sammeln die Kinder Feuerholz und versorgen ihre Eltern, in der zweiten Periode sind die Kinder selbst Erwachsene, zeugen Kinder und werden von ihren Kindern versorgt. Dabei wird angenommen, daß das gesamte Holz, das Kinder sammeln, gleichmäßig auf die Mitglieder der Familie aufgeteilt wird.

Der erwartete Output der Familie sei $x_t = f(b_{t-1}, Z_{t-1})$; dabei entspricht die Wachstumsrate b_{t-1} der Geburtenrate und Z_{t-1} bezeichnet den Zustand der Umweltzerstörung; es gelte $f(0, Z_{t-1}) = 0$, d.h. ohne den Arbeitseinsatz der Kinder ist der Output Null. Darüber hinaus sei für die Produktionsfunktion unterstellt $f_1 > 0; f_{11} < 0; f_2 < 0 \ \forall b_{t-1} \geq 0, Z_{t-1} > 0$[13]. Eine wichtige Eigenschaft der Produktionsfunktion, die wir später für die Analyse des Zusammenhanges von Umweltnutzung und Bevölkerungsentwicklung brauchen, wird durch die Ableitung des erwarteten Grenzproduktes eines zusätzlichen Kindes nach dem Umweltzustand, f_{12}, gegeben. Ist $f_{12} < 0$, dann bedeutet dies, daß eine Verschlechterung des Umweltzustandes aus der Sicht der Eltern, das erwartete Grenzprodukt eines weiteren Kindes senkt, eine bessere Umweltqualität das erwartete Grenzprodukt entsprechend verbessert.

Nerlove (1991:1341) nennt auch Gründe für die Annahme, daß $f_{12} > 0$ ist, d.h, das von den Eltern erwartete Genzprodukt eines weitern Kindes steigt mit einer Verschlechterung des Umweltzustandes: ländliche Gegenden von Entwicklungsländern, in denen die Umweltbedingungen schlecht sind, sind stärker durch Tierhaltung als durch den Anbau von Agrarprodukten geprägt. Beim Hüten von Tieren haben Kinder relative Vorteile gegenüber den

[12] In beiden Modellen wird angenommen, daß die Konsummöglichkeiten und die Umweltqualität keinen Einfluß auf die Fähigkeit haben, Kinder zu bekommen. Daß die Möglichkeiten einer Gesellschaft Nahrungsmittel hoher Qualität bereitzustellen allerdings von großer Bedeutung für die demographische Entwicklung war, zeigen die Arbeiten von Fogel (1997, 1994).

[13] Die tiefgestellten Zahlen bei f bezeichnen die Variablen, nach denen abgeleitet wird. So ist f_1 die partielle Ableitung nach b_{t-1}; f_2 die nach Z_{t-1}.

Erwachsenen. Verschlechtert sich in einer durch Ackerbau geprägten Region die Umweltbedingungen, könnte dies ein Übergang zur Tierhaltung nach sich ziehen. In diesem Fall ist es zu rechtfertigen, daß eine Verschlechterung des Umweltzustandes zu einem höheren erwarteten Grenzprodukt eines weitern Kinder führt. Diese Argumentation scheint allerdings wenig realistisch, weshalb später vor allem der Fall eines sinkenden Grenzproduktes bei einer Verschlechterung der Umweltqualität betrachtet wird. Im folgenden geht Nerlove (1991) dabei bis auf eine Ausnahme (siehe die Darstellung im Anschluß an Gleichung (6.20) davon aus, daß $f_{12} < 0$ ist.

Die Eltern wählen die Zahl der Kinder nun so, daß ihr Nutzen im Ruhestand, also in Periode t maximiert wird. Nimmt man an, daß der Nutzen ausschließlich eine monotone Funktion des elterlichen Konsums darstellt, dann maximieren die Eltern den Pro-Kopf-Konsum[14]

$$\frac{x_t}{b_{t-1}+1} = \frac{f(b_{t-1}, Z_{t-1})}{b_{t-1}+1}. \tag{6.16}$$

Die Optimalbedingungen. Als Bedingung erster Ordnung erhält man für ein gegebenes Z_{t-1} und unter Vernachlässigung des Zeitindex die folgende Bedingung:

$$\frac{(b+1)f_1(b,Z) - f(b,Z)}{(b+1)^2} = 0$$

und nach Umformung

$$f_1 = \frac{f}{b+1} \text{ bzw. } b = \frac{f}{f_1} - 1 \text{ bzw. } b+1 = \frac{f}{f_1}. \tag{6.17}$$

Bedingung (6.17) drückt aus, daß die Eltern die Zahl ihrer Kinder im Optimum so wählen, daß deren Grenzprodukt gerade dem Durchschnittsprodukt des Haushaltes entspricht. Diese Optimalbedingng ist für einen gegebenden Umweltzustand in Abbildung 6.1 illustriert. Die Bevölkerungswachstumsrate ergibt sich als Schnittpunkt der Geraden $b+1$ und der Kurve f/f_1.

Im Optimum ist b positiv, d.h. Eltern haben Kinder, da $b = 0$ gleichbedeutend mit $f(0, Z) = 0$ wäre, was wegen $f_1 > 0$ keine Lösung für die Gleichung (6.17) sein kann. Nerlove (1991:1341) zeigt, daß Gleichung (6.17) eine eindeutige Lösung mit positiver Geburtenrate besitzt (vgl. hierzu auch Nerlove, Meyer 1997:263). Unter der Voraussetzung, daß $\frac{f}{f_1}$ konvex ist, genügt es zu zeigen, daß gilt:[15]

[14] Hier wird durch $b_{t-1}+1$ dividiert, weil Nerlove (1991:1336) der Einfachheit halber unterstellt, daß die Fortpflanzung durch Parthonogenese erfolgt. Eine andere Rechtfertigung hierfür wäre - wie in der Demographie üblich - rein weibliche Bevölkerungen zu betrachten (vgl. Dinkel 1989).

[15] Man muß allerdings nicht direkt postulieren, daß die Kurve f/f_1 konvex ist, wie Nerlove, Meyer dies tun. Es kann vielmehr durch zweimaliges Ableiten dieser Beziehung gezeigt werden, daß f/f_1 unter den verwendeten Annahmen über die Produktionsfunktion konvex ist, wenn deren dritte Ableitung Null ist.

$$\frac{\partial \frac{f}{f_1}}{\partial b} > 1.$$

Berechnen wir die Ableitung nach b, dann erhalten wir

$$\frac{\partial \frac{f}{f_1}}{\partial b} = \frac{f_1^2 - f \cdot f_{11}}{f_1^2} = 1 - \frac{f \cdot f_{11}}{f_1^2} > 1,$$

da abnehmende Grenzproduktivität ($f_{11} < 0$) bezüglich der Kinder unterstellt wurde.

Bisher wurde die optimale Geburtenrate für einen gegebenen Umweltzustand Z_{t-1} bestimmt. Dieses Optimierungsproblem wird nun für verschiedene Umweltzustände gelöst. Die betreffenden Optimallösungen lassen sich dann in der folgenden Funktion zusammenfassen:

$$b_{t-1} = h(Z_{t-1}). \tag{6.18}$$

Wie sich aus der Abbildung 6.1 ergibt, ist die Geburtenrate stets positiv, ob sie aber größer, gleich oder kleiner als eins ist, d.h. ob die Bevölkerung wächst ($b_{t-1} > 1$), stationär ist ($b_{t-1} = 1$), oder schrumpft ($b_{t-1} < 1$) hängt von der Produktionsfunktion ab.

Änderung der optimalen Geburtenrate bei Änderung des Umweltzustandes. Nerlove (1991:1342) fragt weiter, welche Eigenschaften die Funktion (6.18) hat. Insbesondere geht es ihm darum, zu untersuchen, wie die optimale Geburtenrate vom Umweltzustand abhängt. Dazu wird die Gleichung (6.17), aus der die Funktion (6.18) bestimmt wird, nach Z differenziert. Es gilt:

$$\frac{db}{dZ} = \frac{d}{dZ}\left[\frac{f}{f_1}\right] = \frac{\partial}{\partial b}\left[\frac{f}{f_1}\right]\frac{db}{dZ} + \frac{\partial}{\partial Z}\left[\frac{f}{f_1}\right].$$

Nach Bildung der Ableitungen und Umformung erhalten wir:

$$\frac{db}{dZ} = \frac{f_1 f_2 - f f_{12}}{(f \cdot f_{11})}. \tag{6.19}$$

Da $f_{11} < 0$ und $f, b > 0$, wird das Vorzeichen des Nenners von (6.19) negativ. Für das Vorzeichen des Zählers gilt wiederum, daß $f_1 > 0$ und $f_2 < 0$. Damit hängt das Vorzeichen des Zählers von der Ableitung f_{12} ab, d.h. von der Änderung des Grenzproduktes eines weiteren Kindes, wenn sich die Umweltqualität verändert.

Da sich die Reaktion des Grenzprodukts eines zusätzlichen Kindes auf eine Veränderung der Umweltqualität, die wiederum vom Zustand der Umwelt Z abhängt, verändern kann, sind allgemeine Aussagen über das Vorzeichen von (6.19) von Interesse. Hierzu formt Nerlove (1991:1343) die Beziehung um. Er erhält dann:

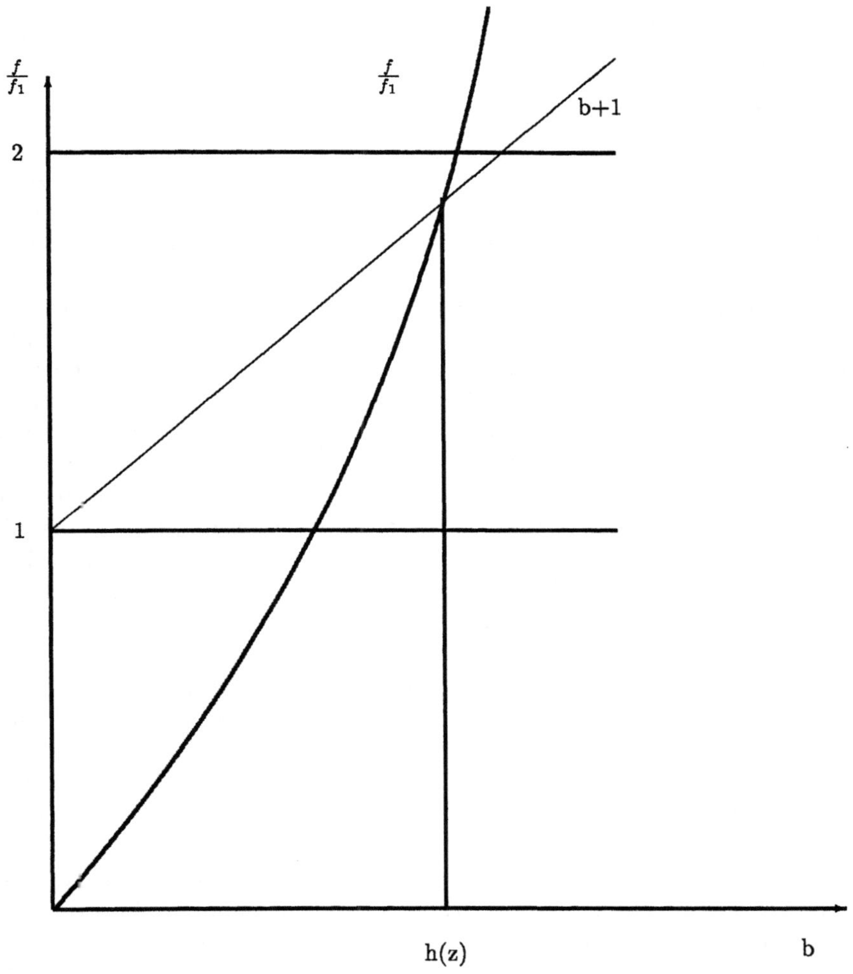

Abb. 6.1. Optimale Geburtenrate - egoistische Eltern. Quelle: Nerlove (1991:1342)

$$\frac{db}{dZ} = \frac{f_1 f_2}{f f_{11}}[1 - \frac{\phi}{\psi}] \text{ mit} \tag{6.20}$$
$$\phi = f_{12}\frac{Z}{f_1} \text{ und } \psi = f_2\frac{Z}{f}.$$

ϕ ist dabei die Elastizität des Grenzprodukts in bezug zur Umweltqualität und ψ gibt die Elastizität des Outputs bezüglich der Umweltqualität wider. Um das Vorzeichen des Ausdruck von (6.20) zu diskutieren, wollen wir schrittweise vorgehen. Da wir annehmen, daß $f_1 > 0, f_2 < 0, f > 0$ und $f_{11} < 0$, ist der Ausdruck

$$\frac{f_1 f_2}{f f_{11}}$$

positiv. Damit wird das Vorzeichen der Ableitung db/dZ durch das Vorzeichen des Ausdrucks in der eckigen Klammer bestimmt. Da $f_2 < 0$ ist $\psi < 0$. Das Vorzeichen wird damit durch das Vorzeichen von ϕ und dem Verhältnis der Beträge der Variablen ψ und ϕ bestimmt. Falls, die oben erwähnte Ausnahme gegeben ist, daß $f_{12} > 0$ ist, ist ϕ ebenfalls positiv und es gilt, $db/dZ > 0$. Ist, wie in der Realität zu erwarten f_{12} dagegen negativ, hängt es von den Beträgen der Variablen ψ und ϕ ab, wie die optimale Geburtenrate auf eine Änderung des Umweltzustandes reagiert. Für $|\phi| > |\psi|$ sinkt die Geburtenrate mit einer Verschlechterung der Umweltqualität; für $|\phi| < |\psi|$ steigt die Geburtenrate mit einer Verschlechterung der Umweltqualität.

Die Reaktion der Geburtenrate auf eine Veränderung der Umweltqualität hängt damit (i) von der erwarteten Änderung des Grenzproduktes eines Kindes bei einer Veränderung der Umweltqualität und (ii) von dem Verhältnis des Betrages der Outputelastizitäten zu dem Betrag der Elastizität des Grenzprodukts eines Kindes in Bezug zur Umweltqualität ab. Diese Größen können sich, wie Nerlove, Meyer (1997:266) betonen, im Zeitablauf verändern. Es ist durchaus vorstellbar, daß bei einer zunächst guten Umweltqualität eine Verschlechterung der Umweltqualität zu einer Verbesserung des Grenzproduktes eines weiteren Kindes führt. Damit steigt die Geburtenrate bei einer Verschlechterung der Umweltqualität. Dies kann sich aber mit einer weiteren Verschlechterung der Umweltqualität derart ändern, daß dadurch nun auch das Grenzprodukt eines zusätzlichen Kindes reduziert wird. Dies kann je nach dem Verhältnis der Beträge der Elastizität zu einer veränderten Reaktion der Geburtenrate auf eine Änderung der Umweltqualität führen: Mit einer anhaltenden Verschlechterung der Umweltqualität wird es wahrscheinlicher, daß eine weitere Umweltzerstörung zu einem Rückgang der Kinderzahl führt. Diese Ausführungen machen deutlich, daß die Beziehung zwischen Umweltqualität und dem erwarteten Einkommen der Familienmitglieder komplex ist, und die Möglichkeit besteht, daß die Ableitung der Funktion $h(Z)$ das Vorzeichen wechselt.

Zusammenhang von Umweltnutzung und Bevölkerungsentwicklung. Für die Beurteilung des Zusammenhangs von Umweltnutzung und Bevölkerungsentwicklung ist es weiter von Interesse, zu untersuchen, ob ein Umweltzustand Z existiert mit $h(Z) = 1$, d.h. ein Umweltzustand, bei dem die Bevölkerung stationär ist. Dies hängt wie Nerlove, Meyer (1997:267 und 275ff) zeigen, von den konkreten Eigenschaften der Funktion h(Z) ab.

Bislang wurde nur die Abhängigkeit des Bevölkerungswachstums von der Umweltqualität betrachtet. Um das Modell zu kompletieren, muß der Zusammenhang zwischen der Bevölkerungsgröße, wie sie sich durch die Entscheidungen der Haushalte ergibt, und dem Umweltzustand bzw. der Umweltqualität abgebildet werden. Nerlove, Meyer (1997: 267) schließen das dynamische Modell, indem sie einfach unterstellen, daß die Rate der Umweltänderung eine Funktion der Bevölkerungsgröße ist. Formal gilt:

$$\frac{Z_t}{Z_{t-1}} = g(N_{t-1}).$$

Dabei wird unterstellt, daß $g' > 0$. Für $g(N) > 1$ verschlechtert sich die Umweltqualität, während sie sich für $g(N) < 1$ verbessert. Über die zweite Ableitung der Funktion werden keine Annahmen getroffen. Auch wird die Rückwirkung der Entscheidung der Eltern über die Kinderzahl auf die Umwelt bei den Entscheidungen der Haushalte nicht berücksichtigt.

Mit den obigen Überlegungen beschreiben Nerlove, Meyer (1997) die Wechselwirkungen zwischen Umweltnutzung und Bevölkerungsentwicklung anhand der folgenden zwei nichtlinearen Differenzengleichungen:

$$\frac{N_t}{N_{t-1}} = h(Z_{t-1}) \quad \text{und} \tag{6.21}$$

$$\frac{Z_t}{Z_{t-1}} = g(N_{t-1}). \tag{6.22}$$

Die zentrale Frage lautet nun, ob für dieses dynamische Modell ein stationärer Zustand, $(\tilde{Z}, \tilde{N})$, existiert, für den gilt:

$$h(\tilde{Z}) = 1 = g(\tilde{N}).$$

Ein solches Paar $(\tilde{Z}, \tilde{N})$ beschreibt einen Umweltzustand und eine Bevölkerungsgröße, bei der sich die Umweltqualität und die Bevölkerung nicht verändert. Ob sich solch ein stationärer Zustand durch eine kleine Bevölkerung und hohe Umweltqualität oder durch eine große Bevölkerung und einen schlechten Umweltzustand auszeichnet, läßt sich a priori nicht entscheiden. Nerlove, Meyer (1997: 268ff) untersuchen, ob und unter welchen Bedingungen ein stationärer Zustand erreicht wird und ob dieser stabil ist. Wir wollen die Analyse hier nicht wiedergeben, sondern uns auf die Zusammenfassung der Ergebnisse beschränken. Nerlove, Meyer (1997) zeigen, (i) daß sich Bedingungen für die Funktion $h(Z)$ formulieren lassen, so daß ein stationärer Zustand existiert und (ii) daß die Stabilitätseigenschaften des Gleichgewichts von den Ableitungseigenschaften der Funktion $h(Z)$ abhängen. Denn wir haben oben diskutiert, daß sich die Reaktion der Geburtenrate auf eine Änderung der Umweltqualität, die durch die Ableitung der Funktion h gegeben ist, ändern kann; für die Funktion g wurde dagegen unterstellt, daß $g' > 0$ ist. Das Fazit der beiden Autoren lautet, daß keiner der möglichen stationären Zustände stabil ist. Kleine Abweichungen vom Gleichgewicht können zur 'Bevölkerungsexplosion', zum Aussterben der Bevölkerung, oder zu zyklischen Schwankungen führen, je nach der konkreten Form des dynamischen Systems.

Endogene Fertilität und Umweltnutzung: altruistische Haushalte. Das Ergebnis, daß die Beziehung zwischen Umweltnutzung und Bevölkerungsentwicklung instabil ist, wurde auf der Basis der Annahme abgeleitet, daß die Haushalte keinen direkten Nutzen durch ihre Kinder haben; Kinder stiften alleine als Arbeitskräfte in der Haushaltsproduktion Nutzen. Im letzten Abschnitt des Aufsatzes diskutiert Nerlove (1991:1344ff), ob sich die vorangegangenen Ergebnisse ändern, wenn man unterstellt, daß die Haushalte ihren Kindern gegenüber altruistisch sind. In diesem Fall hängt der Nutzen der Eltern nicht mehr nur vom eigenen Konsum, sondern auch von dem Nutzen der Kinder ab. Nerlove (1991) verwendet hier eine Nutzenfunktion, die wir in Abschnitt (5.3) ausführlich untersucht haben. Nerlove nimmt an, daß gilt:

$$V_t = u(c_t) + ab_{t-1}V_{t+1},\ 0 < a < 1. \tag{6.23}$$

Dabei ist a das Gewicht, mit dem der von den Eltern angenommene Nutzen V_{t+1} künftiger Generationen in die Nutzenfunktion der Eltern $U(c_t)$ eingeht. Setzt man für c_t die Gleichung (6.16) ein und vernachlässigt den Zeitindex, ergibt sich:

$$V_t = \frac{f(b,Z)}{(b+1)} + abV_{t+1},\ 0 < a < 1. \tag{6.24}$$

Berechnen wir für ein gegebenes V_{t+1} die optimale Geburtenrate $\hat{b}$, dann erhalten wir

$$\hat{b} = \frac{f(\hat{b},Z)}{f_1(\hat{b},Z)} - \left[1 + \frac{a(\hat{b}+1)^2 V_{t+1}}{f_1(\hat{b},Z)}\right]. \tag{6.25}$$

Die Optimalbedingungen (6.17) und (6.25) unterscheiden sich durch den Term

$$-\frac{a(\hat{b}+1)^2 V_{t+1}}{f_1(\hat{b},Z)}.$$

Damit liegt - wie Abbildung (6.2) zeigt - die Kurve

$$\frac{f(\hat{b},Z)}{f_1(\hat{b},Z)} - \frac{a(\hat{b}+1)^2 V_{t+1}}{f_1(\hat{b},Z)}$$

rechts von der Kurve

$$\frac{f(\hat{b},Z)}{f_1(\hat{b},Z)}.$$

Mithin liegt der Schnittpunkt mit der Kurve $b+1$ ebenfalls weiter rechts. Dies bedeutet, daß bei Annahme altruistischer Haushalte die Zahl der Kinder größer ist. Es gilt mithin $\hat{b} \geq b$. Die Liebe der Eltern zu ihren Kindern stellt ein weiteres Motiv dar, Kinder auf die Welt zu bringen. Dies führt zu einer im Optimum größeren Bevölkerung im Vergleich zu einer Situation, in der Eltern

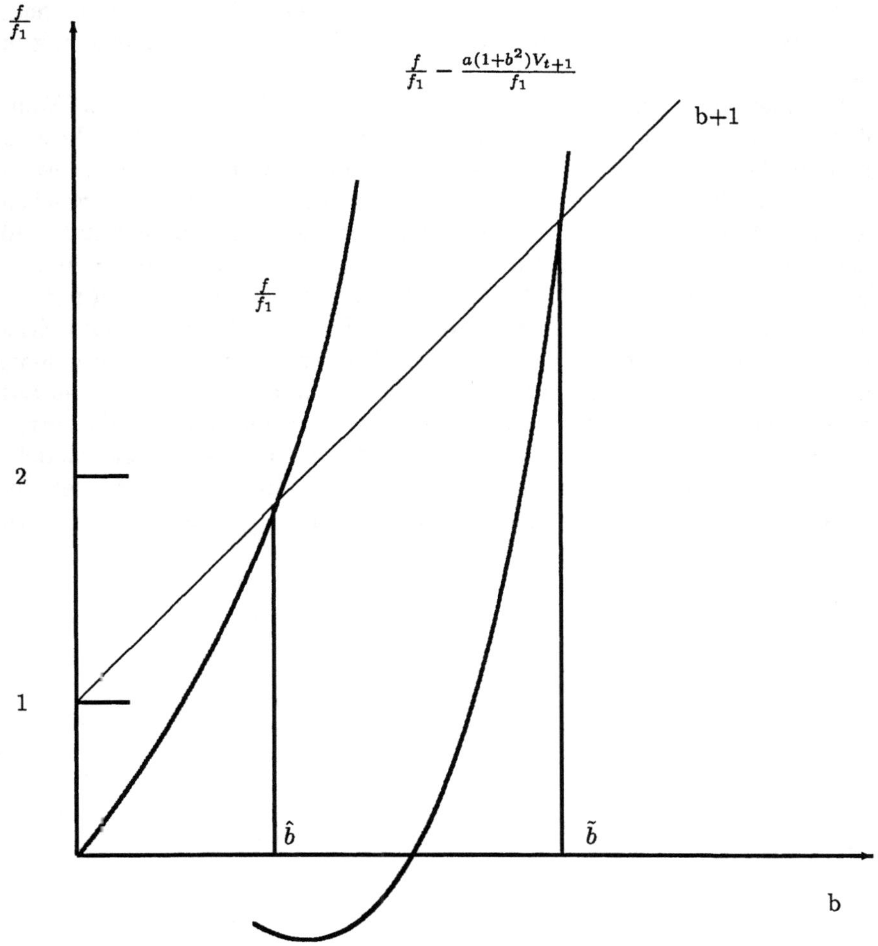

Abb. 6.2. Optimale Geburtenrate - altruistische Eltern. Quelle: Nerlove (1991:1345)

die Kinder ausschließlich als Produktionsinputs betrachten. Der Altruismus ist, so Nerlove (1991:1346) und Nerlove, Meyer (1997:273) daher nicht geeignet die Beziehung zwischen Umweltnutzung und Bevölkerungsentwicklung zu stabilisieren.

Darüber hinaus entsteht in dem Falle, in dem sich die Eltern um die Wohlfahrt ihrer Kinder kümmern, eine Differenz zwischen der Laissez-faire Lösung und dem Pareto-Optimum aus der Sicht der heutigen Generation. Denn wenn die Nutzung der Umwelt kostenlos ist, dann entsteht eine Differenz zwischen dem erwarteten Nutzen eines zusätzlichen Kindes für das Individuum und dem tatsächlichen sozialen Nutzen eines weitern Kindes. Um diese zu korrigieren, benötigt der soziale Planer Vorstellungen über die Gewichtung des Nutzens der Kinder in der Nutzenfunktion der Eltern und darüber, auf welche Weise die Gesamtbevölkerung die Umwelt beeinträchtigt. Welche Probleme auftreten, eine Bevölkerungspolitik zu formulieren, die es erlaubt einen aus der Sicht der heute lebenden Genetationen paretooptimalen Zustand zu erreichen wollen wir in Abschnitt 6.4 im Anschluß an die Darstellung des Modells von Harford (1998) (vgl. Abschnitt 6.3.2) diskutieren, da dieses Modell auf einfache Weise erlaubt, die optimale Umwelt- und Bevölkerungspolitik zu charakterisieren.

6.3 Globale Umweltprobleme

In dem vorangegangenen Abschnitt haben wir Modelle vorgestellt, deren Ziel es war, den Zusammenhang zwischen Umweltnutzung und Bevölkerungsentwicklung zu untersuchen, wobei in diesen Modellen die Analyse lokaler Umweltprobleme im Zentrum der Betrachtung standen. Dabei zeigte sich, daß der Zusammenhang zwischen lokalen Umweltproblemen und Bevölkerungsentwicklung vor allem für die Analyse der Situation im ländlichen Raum von Entwicklungsländern von Bedeutung ist. Es finden sich in der ökonomischen Literatur darüber hinaus aber auch Arbeiten, in denen der Zusammenhang zwischen globalen Umweltproblemen und Bevölkereungsentwicklung untersucht wird. Charakteristisch hierfür ist es, daß der Zusammenhang zwischen Umweltnutzung und Bevölkerungsentwicklung in der Regel indirekter Natur ist, also über die Produktions- und Konsumweise vermittelt wird. Insofern untersuchen diese Modelle den Zusammenhang zwischen Umweltnutzung und Bevölkerungsentwicklung im Kontext moderner industrieller Produktion und der Charakteristika des Konsums in den modernen Industriegesellschaften. Hier lassen sich ebenfalls statische und dynamische Modelle unterscheiden.

6.3.1 Statische Modelle

Statische Modelle der Art, wie sie in der Einleitung zu diesem Abschnitt angesprochen wurden, haben Cronshaw, Requate (1997) formuliert. Sie untersuchen in einem einfachen allgemeinen Gleichgewichtsmodell first-best Allokationen einer Wirtschaft, in der Konsumgüter mit Arbeit und dem Kuppelprodukt Emissionen produziert werden. Emissionen verursachen Umweltschäden, die in dem Modell als 'public bads' abgebildet werden. Da Arbeit sowohl zur Produktion von Konsumgütern als auch zur Vermeidung von Emissionen eingesetzt werden kann und der Arbeitseinsatz mit der Bevölkerungsgröße variiert, kann in diesem Modell der trade-off zwischen Konsum, Bevölkerungsgröße und Umweltnutzung untersucht werden. Das Modell unterscheidet sich aber in einem wesentlichen Aspekt von den vorher dargestellten Modellen: die Bevölkerungsgröße ist in diesem Modell keine endogene Variable. Das heißt es wird nicht die first-best optimale Bevölkerunggröße bestimmt, sondern in komparativ statischen Analysen gezeigt, wie sich die first-best Allokation ändert, wenn man die exogen gegebene Bevölkerungsgröße variiert. Da diese Untersuchung für die Diskussion der Rolle der Bevölkerungsentwicklung im Hinblick auf die Umweltnutzung - wie wir unten sehen werden - von Bedeutung ist, wollen wir deshalb im folgenden Abschnitt die Struktur dieses Modells näher beschreiben und die wichtigsten Ergebnisse vorstellen. Daran anschließend sollen die Ergebnisse zusammenfassend kommentiert werden.

Bevölkerungsgröße und Umweltqualität - das Modell von Cronshaw-Requate. Die Autoren unterstellen eine Ökonomie die aus n identischen

Wirtschaftssubjekten besteht, deren Nutzen vom individuellen Konsum (q) und Arbeitseinsatz (l) sowie den Gesamtemmissionen (E) abhängen. Die Präferenzen seien konvex und werden mit Hilfe der individuellen Nutzenfunktion $U(q, l, E)$ für die n identischen Individuen dargestellt. Dabei ist angenommen, daß der Nutzen in q streng monoton zunimmt sowie in l und E streng monoton abnimmt. Cronshaw, Requate (1997: 302) betrachten ausschließlich symmetrische Allokationen, in denen jedes Wirtschaftsubjekt die gleiche Menge des Konsumgutes erhält und die gleiche Menge an Arbeit anbietet. Da Emissionen als 'public bad' modelliert werden, leiden alle Individuen unter der gleichen Menge an Emissionen.

Das Konsumgut wird mit Hilfe von Arbeit und Emissionen hergestellt. Die Technologie wird durch eine Produktionsfunktion $Q \leq F(L, E)$ mit konstanten Skalenerträgen abgebildet, wobei $Q = nq$ den aggregierten Output, $L = nl$ den aggregierten Arbeitseinsatz und E die Gesamtemissionen repräsentiert. Hier wird unterstellt, daß zwischen Arbeit und Emissionen substituiert werden kann. Üblicherweise wird diese Annahme durch die Vorstellung gerechtfertigt, daß es möglich sei, Arbeit einzusetzen, um Emissionen zu vermeiden.[16] Aufgrund der Symmetrieannahme kann die Produktionsfunktion auch wie folgt geschrieben werden: $nq \leq F(nl, E)$. Definiert man dann noch eine Größe Pro-Kopf-Emissionen, $e = E/n$, gilt aufgrund der konstanten Skalenerträge $q \leq F(l, e)$. Das Nutzenniveau jedes Wirtschaftssubjektes im Pareto-Optimum ergibt sich aus der Maximierung der Nutzenfunktion unter der Nebenbedingung der Produktionsmöglichkeiten, die durch die Technologie gegeben sind. Cronshaw, Requate (1997:302) bezeichnen das Nutzenniveau der optimalen Allokation mit V_n. Dieses ergibt sich als

$$V_n = \max_{q,l,e \geq 0} U(q, l, ne) \text{ s.t. } q \leq F(l, e). \tag{6.26}$$

Die Autoren zeigen zunächst, daß das Nutzenniveau eines Haushaltes in der first-best Allokation in der Bevölkerungsgröße nicht zunimmt (Cronshaw, Requate 1997:302). Dazu werden die optimalen Allokationen (q_m, l_m, e_m) und (q_n, l_n, e_n) für zwei unterschiedliche Bevölkerungsgrößen m und n mit $m < n$ betrachtet. Da die optimale Allokation bei der Bevölkerungsgröße n auch für die Bevölkerungsgröße m zulässig ist, gilt für das optimale Nutzenniveau V_m der optimalen Allokation mit der Bevölkerungsgröße m:

$$V_m \geq U(q_n, l_n, me_n) \geq U(q_n, l_n, ne_n), \tag{6.27}$$

da der Nutzen mit der Zunahme der Gesamtemissionen abnimmt. Für eine Produktionsfunktion mit $F_e(l, 0) = \infty$ sind die Pro-Kopf-Emissionen im Optimum stets positiv; damit gilt für $n > m$, daß $ne_n > me_n$ und wegen der strengen Monotonie der Nutzenfunktion ist $V_m \geq U(q_n, l_n, me_n) > U(q_n, l_n, ne_n)$. Aufgrund der Annahmen über die Nutzenfunktion der Wirtschaftssubjekte gibt es drei mögliche Ursachen für die Verschlechterung bei einer gestiegenen Bevölkerung (Cronshaw, Requate 1997:303):

[16] Diese Vorgehensweise findet sich beispielsweise bei Siebert (1995).

1. Die Emissionen sind höher.
2. Der Pro-Kopf Arbeitseinsatz ist höher.
3. Der Pro-Kopf Konsum ist niedriger.

Entgegen der landläufigen Auffassung, so die Autoren, kann nicht gezeigt werden, daß sich der Zustand der Gesellschaft bei höherer Bevölkerungsgröße aufgrund der höheren Emissionen verschlechtert. Dieses wird von Cronshaw, Requate (1997:303ff) durch die komparativ-statische Analyse der Bedingungen erster Ordnung belegt. Wir wollen die formalen Einzelheiten an dieser Stelle nicht weiter ausführen. Stattdessen sollen zunächst verbale Überlegungen die Ergebnisse illustrieren.

Hierzu wollen wir fragen, welche Reaktionen im Optimum zu erwarten sind, wenn die Bevölkerungsgröße variiert. Falls die Bevölkerung wächst, dann sinkt der Pro-Kopf-Konsum bei konstanten aggregierten Emissionen, d.h. fallenden Pro-Kopf-Emissionen und konstantem Pro-Kopf-Arbeitseinsatz. Dem Rückgang des Pro-Kopf-Konsums kann durch höhere Emissionen begegnet werden. Dies wird dann erfolgen, wenn der Nutzenverlust durch einen geringeren Konsum größer ist als durch die höheren Emissionen. Ist dagegen der Nutzenverlust durch zusätzliche Emissionen hoch, kann das Wirtschaftssubjekt auch das Emissionsniveau fixiert lassen und den Arbeitseinsatz erhöhen, um entweder die Konsumgutproduktion zu steigern oder die Emissionen zu reduzieren. Dies zeigt, daß unterschiedliche Anpassungen möglich sind, wenn sich die Bevölkerungsgröße ändert. Welche Anpassung nun erfolgt, läßt sich a priori nicht eindeutig feststellen. Dies hängt von der konkreten Gestalt der Präferenzen und der Technologie ab.

Cronshaw, Requate (1997:303-306) untersuchen die Reaktionen des Pro-Kopf-Outputs, des Pro-Kopf-Arbeitseinsatzes, der Pro-Kopf-Emissionen und der Umweltwirkung der Produktion für unterschiedliche exogen gegebene Bevölkerungsgrößen. Ausgangspunkt ihrer Untersuchung sind die folgenden Annahmen bezüglich der Produktionstechnik und der Präferenzen, die teils oben schon erwähnt wurden:

1. Die Produktionsfunktion sei zweimal stetig differenzierbar, monoton, konkav und linear homogen und es gelte $F_{le} \geq 0$.
2. Die Nutzenfunktion sei konkav und es gelte $U_{ql} = U_{lE} = U_{qE} = 0$, d.h, daß sich beispielsweise der Grenznutzen des Konsums nicht ändert, wenn sich die Emissionen ändern.

Die Bedingungen erster Ordnung für ein symmetrisches Pareto-Optimum lauten:

$$q_n = F(l_n, e_n) \tag{6.28}$$

$$-\frac{U_l(q_n, l_n, E_n)}{U_q(q_n, l_n, E_n)} = F_l(l_n, e_n) \tag{6.29}$$

$$-n \cdot \frac{U_E(q_n, l_n, E_n)}{U_q(q_n, l_n, E_n)} = F_e(l_n, e_n). \tag{6.30}$$

Die Bedingungen lassen sich wie üblich interpretieren: (6.28) ist die Bedingung für effiziente Produktion; (6.29) gibt an, daß im Optimum die Grenzrate der Substitution zwischen Arbeit und Konsum dem Grenzprodukt der Arbeit entsprechen muß, und (6.30) sagt aus, daß die Summe der Grenzraten der Substitution zwischen Emissionen und Konsum über alle Haushalte dem Grenzprodukt der Emissionen gleich sein muß. Aussagen über die Reaktion der pareto-optimalen Allokation bei einer Variation der Bevölkerungsgröße lassen sich durch komparativ-statische Analysen ableiten. Dabei werden die Ableitungen des Pro-Kopf-Konsums, des Pro-Kopf-Arbeitseinsatzes und der Pro-Kopf-Emissionen nach der Bevölkerungsgröße im Optimum gesucht.

Anhand dieser Ableitungen zeigen Cronshaw, Requate (1997:305ff), daß unter den im Modell getroffenen Annahmen der Pro-Kopf-Konsum bei steigender Bevölkerung sinkt; demgegenüber kann der Pro-Kopf-Arbeitseinsatz sinken oder steigen. Dies hängt von den Substitutionselastizitäten zwischen Arbeit und Emissionen in der Produktion ab. Weiterhin gilt, daß die Pro-Kopf-Emissionen sinken, was aber für die Konsumenten und den Regulator nicht die entscheidende Variable darstellt; denn für diese sind vielmehr die aggregierten Emissionen von Bedeutung, da die Emissionen ein 'public-bad' darstellen. Über die Änderung der Gesamtemissionen läßt sich aber keine allgemein gültige Aussage formulieren. Denn diese hängt von komplexen Beziehungen zwischen Elastizitäten und Faktoranteilen in der Produktionsfunktion ab (Cronshaw, Requate 1997:306).

Statt einer allgemeinen Analyse dieser Bedingungen werden von den beiden Autoren unterschiedliche Beispiele untersucht, die illustrieren sollen, daß unter den getroffenen Annahmen eine eindeutige Aussage darüber, ob die aggregierten Emissionen mit steigender Bevölkerungsgröße im 'first- best' Optimum zunehmen oder abnehmen, nicht formuliert werden kann. Darüber hinaus zeigen Cronshaw, Requate (1997:308), daß durch Aufgabe der beiden oben genannten Annahmen bezüglich der Produktionsfunktion und der Nutzenfunktion, sogar der Pro-Kopf-Konsum und der Pro-Kopf-Arbeitseinsatz sowie die aggregierten Emissionen steigen können, wenn die Bevölkerung wächst.

In einem nächsten Schritt untersuchen die beiden Autoren, wie sich die Löhne und die optimale Emissionssteuer im 'first-best' Optimum bei einer wachsenden Bevölkerung ändern. Es zeigt sich, daß unter den oben getroffenen Annahmen die Emissionssteuer mit wachsender Bevölkerung steigt, während der Lohn sinkt. Von besonderem Interesse ist dabei das Ergebnis, daß die Pigou-Steuer in jedem Falle steigt, auch wenn gezeigt wurde, daß bezüglich des aggregierten Emissionsniveaus unter den gleichen Annahmen eine eindeutige Aussage nicht möglich ist.

Zusammenfassender Kommentar zum Cronshaw-Requate Modell. Cronshaw, Requate (1997) haben den Zusammenhang zwischen Umweltnutzung und Bevölkerungsentwicklung mit Hilfe eines einfachen Gleichgewichtsmodells komparativ-statisch untersucht. Die zentralen Aussagen der beiden

Autoren lassen sich wie folgt zusammenfassen: Bei einer wachsenden Bevölkerungsgröße wird das optimale Nutzenniveau nicht steigen; wenn man darüber hinaus unterstellt, daß die Grenzproduktivität der Emissionen für $E = 0$ unendlich ist, dann wird das Nutzenniveau sogar strikt sinken. Dies bedeutet, daß Bevölkerungswachstum eine Gesellschaft schlechter stellt, in der bei der Produktion der Güter Emissionen entstehen, die ein 'public-bad' darstellen. Die Verschlechterung des Zustandes ist allerdings nicht ausschließlich auf die höheren Emissionen zurückzuführen; weitere Ursachen können im Rückgang des Pro-Kopf-Konsums und in der Erhöhung des Arbeitseinsatzes liegen. Da alle diese Größen Argumente der Nutzenfunktion sind und damit bei gegebenen Produktionsmöglichkeiten ein trade-off zwischen diesen Größen besteht, ist es ökonomisch plausibel, daß die Aussagen bezüglich der aggregierten Emissionen, dem Pro-Kopf-Konsum und dem Arbeitseinsatz von den konkreten Spezifikationen der zugrundeliegenden Nutzenfunktionen und Produktionstechnologien abhängen.

Ein solches Ergebnis muß aus der Perspektive der Politik zwangsläufig unbefriedigend bleiben. Denn eine gegenüber Parametervariationen und funktionalen Formen robuste Politikempfehlung läßt sich nicht ableiten. Dies gilt innerhalb des Modellrahmens insbesondere mit Blick auf die Frage, welches das optimale aggregierte Emissionsniveau ist. Ob bei einer wachsenden Bevölkerung ein höheres oder niedrigeres Emissionsniveau implementiert werden soll, wenn die Gesamtemissionen ein 'public-bad' darstellen, bleibt nämlich offen. Ein Ausweg könnte das Ergebnis von Cronshaw, Requate (1997) aufzeigen, daß die Emissionssteuer im Optimum bei einer wachsenden Bevölkerung steigt. Dies könnte, so die Autoren, den Schluß nahelegen, daß eine preisbezogene Umweltpolitik, bei der die Steuer steigt, wenn die Bevölkerung wächst, einer mengenbasierten Umweltpolitik vorzuziehen sei. Cronshaw, Requate (1997:310) weisen allerdings darauf hin, daß auch im Falle der Implementierung einer Pigou-Steuer der Regulator vollständige Informationen über Präferenzen und Technologie benötigt, um die optimale Steuer zu ermitteln. Wenn er über diese verfügt, dann läßt sich auch das jeweils optimale Niveau der Gesamtemissionen bestimmen.

Die Modellergebnisse wurden durch komparativ-statische Überlegungen abgeleitet. Ob damit auch dynamische Aspekte des Verhältnisses von Umweltnutzung und Bevölkerungsentwicklung wiedergegeben werden, ist aber eine offene Frage. Die Autoren argumentieren, daß das Modell wichtige intra-temporale trade-offs widerspiegelt, die auch in einem dynamischen Modell von Bedeutung seien. Die Anwendung komparativer Statik zur Analyse einer optimalen Umweltpolitik sei dann gerechtfertigt, so Cronshaw; Requate (1997:313), wenn die Änderungen der Umweltwirkungen in kürzeren Zeiträumen auftreten als die Bevölkerungseffekte. Es ist zwar richtig, daß Änderungen im Bevölkerungswachstum nur langfristig zu erreichen sind. Das hat gerade unsere Diskussion in Abschnitt 1.2 und 3 gezeigt. Dennoch sind diese, gemessen an den Zeitskalen, die für einige wichtige globale Umweltprobleme von Bedeutung sind, eher kurze Zeiträume. Gerade für Umweltprobleme wie den Treibhauseffekt oder die Zerstörung der Ozonschicht gilt, daß die Schäden mit erheblichen Zeitverzögerungen auftreten und die Umweltqualität für lange Zeiträume beeinflussen. Daher dürften die Modellergebnisse der beiden Autoren eher im Hinblick auf die Analyse des Zusammenhangs von lokalen Umweltproblemen und der Bevölkerungsentwicklung in diesen Räumen von Interesse sein, wenn man davon ausgeht, daß eine regionale Änderung der Bevölkerungsgröße durch Migration nicht ebenfalls innerhalb der betrachteten kurzen Zeiträume erfolgt.

In der umweltökonomischen Literatur finden sich wenige dynamische Modelle zur Analyse des Zusammenhangs von wirtschaftlicher Entwicklung und Umweltnutzung, in denen die Bevölkerung endogen wächst. Wir wollen eines davon, das von Harford (1998), im folgenden Abschnitt (6.3.2) ausführlich vorstellen. Hier wollen wir nur auf das Problem der Existenz eines steady states aufmerksam machen, das in diesen Modellen auftritt. Einige der wenigen Autoren, die sich mit diesen Fragen beschäftigt haben sind Keeler, Spence, Zeckhauser (1972) und Gradus, Smulders (1993) und Heer (1996, 1997). Allerdings kommen die Autoren zu unterschiedlichen Antworten auf die Frage, ob bei einer wachsenden Bevölkerung ein steady-state existiert. Wir werden in Kapitel 7 auf dieses Problem mit Bezug zu den entsprechenden Modellen eingehen.

6.3.2 Dynamische Modelle

Harford (1998) untersucht den Zusammenhang zwischen Bevölkerungsgröße und negativen Umweltexternalitäten in einem einfachen Zwei-Generationen-Modell, in dem durch den Konsum von Gütern negative Externalitäten entstehen. Er zeigt, daß in diesem Fall die Umweltexternalität durch zwei Steuern internalisiert werden kann. Zum einen muß eine geeignete Pigou-Steuer erhoben werden. Zum anderen muß eine Steuer pro Kind eingeführt werden, deren Höhe durch den Gegenwartswert der Pigou-Steuer, die die Nachfahren des Haushaltes zu entrichten haben, bestimmt wird. Zum besseren Verständnis dieses Resultats, wollen wir das Modell in seinen wesentlichen Elementen darstellen.

Die optimale Konsumentscheidung der Kindergeneration. Harford (1998:260ff) betrachtet zwei Generationen: die Generation 0 und deren Kinder, die Generation 1. Es wird unterstellt, daß jede Generation nur eine Periode lebt, und daß sich die Generationen nicht überlappen. Insgesamt leben N_0 Menschen in der Elterngeneration und N_1 in der Generation der Kinder. Es wird weiter angenommen, daß jedes Mitglied i der Generation 0 n_{0i} $(i = 1, ...N_0)$ Kinder hat. [17] Darüber hinaus nimmt Harford (1998:261) an, daß jedes Mitglied der Generation 0 das gleiche Einkommen und gleiche

[17] Zur Vereinfachung wird wiederum unterstellt, daß die Fortpflanzung durch einen Elternteil alleine erfolgt.

Präferenzen hat, und daß dies für die Kinder ebenfalls gilt. Die Nutzenfunktion jedes Mitgliedes der Kindergeneration (Generation 1) ist konkav und hat die folgende Gestalt:

$$U_{1j} = U_{1j}[c_{1j}, x_{1j}, A_1]. \tag{6.31}$$

Dabei bezeichnen c und x Konsumgüter, die auf Wettbewerbsmärkten bereitgestellt werden; A_1 ist ein 'public-bad', das dem aggregierten Konsum von Gut x in der Generation 1 entspricht, d.h., die Umweltqualität wird durch den Konsum des Gutes x beeinträchtigt. Damit gilt:

$$A_1 = \sum_{m=1}^{N_1} x_{1m}.$$

Es wird unterstellt, daß jeder Haushalt seinen Nutzen unter der Nebenbedingung einer Budgetrestriktion maximiert. Diese hat die folgende Gestalt:

$$b_{1*} + I_{1j} = c_{1j} + (q_1 + t_1)x_{1j}. \tag{6.32}$$

In dieser Budgetbeschränkung entspricht q_1 dem Preis des Konsumgutes x_1 in Einheiten des Numeraire-Gutes c_1; t_1 ist eine konstante Steuer auf Gut x_1; b_{1*} der lump-sum Transfer des Steueraufkommens im Optimum und I_{1j} das Einkommen. Das Einkommen eines Haushaltes j der Kindergeneration, das für ihn exogen gegeben ist, wird zum Teil durch das Erbe (Kapital) bestimmt, das der Haushalt von seinen Eltern erhält. Damit gilt für das Einkommen:

$$I_{1j} = k_{0i}(1 + r_1) + w_1; \tag{6.33}$$

k_{0i} ist das Kapital, das Kind j von den Eltern i erbt; wenn die Eltern i allen ihren n_{0i} Kindern insgesamt K_{0i} Einheiten Kapital hinterlassen, ergibt sich ein Pro-Kopf-Erbe von $k_{0i} = K_{0i}/n_{0i}$. Dieses Erbe wird mit r_1, dem Wettbewerbszins in Periode 1 verzinst; w_1 ist der gegebene Lohn für die eine Einheit Arbeit, mit der ein Haushalt ausgestattet ist.

Das individuelle Optimum der Kindergeneration ergibt sich nun aus der Maximierung der Zielfunktion (6.31) hinsichtlich x_{1j}, c_{1j} unter der Nebenbedingung der Budgetrestriktion (6.32). Dabei erhält Harford (1998:261) die folgende Optimalbedingung:

$$\frac{\partial U_{1j}/\partial x_{1j}}{\partial U_{1j}/\partial c_{1j}} = q_1 + t_1 - \frac{\partial U_{1j}/\partial A_1}{\partial U_{1j}/\partial c_{1j}}. \tag{6.34}$$

Gleichung (6.34) läßt sich wie folgt interpretieren: Auf der linken Seite steht die Grenzrate der Substitution zwischen dem Konsum c_1 und x_1. Die Summe der drei Ausdrücke auf der rechten Seite bilden den Preis des Konsumgutes x_1 in Einheiten des Gutes c_1, der sich wiederum aus mehreren Teilen zusammensetzt. q_1 ist der Marktpreis des Gutes, t_1 die Steuer, die pro Einheit des Gutes gezahlt werden muß; der Term

$$\frac{\partial U_{1j}/\partial A_1}{\partial U_{1j}/\partial c_{1j}}$$

mißt die individuelle Beeinträchtigung durch den negativen externen Effekt, der vom Konsum des Gutes x_1 ausgeht. Er ist gleich der Grenzrate der Substitution zwischen A_1 und c_{1j}. Er gibt daher an, wieviel Einheiten von Gut c der Haushalt bereit ist aufzugeben, um die negative Beeinträchtigung, die von einer Einheit des 'public-bad' ausgeht und zu dem auch sein eigener Konsum x_1 beiträgt, zu reduzieren.

Die optimale Konsumentscheidung der Elterngeneration. Für die Haushalte der Elterngeneration unterstellt Harford (1998:261) die folgende Nutzenfunktion:

$$V_{0i} = U_{0i}[c_{0i}, x_{0i}, A_0] + \beta n_{0i} U_{1j}[c_{1j}, x_{1j}, A_1]. \tag{6.35}$$

Dabei ist U_{0i} der im Konsum und dem 'public-bad' konkave Nutzen der Eltern; U_{1j} ist der Nutzen jedes Kindes. Mit $0 < \beta < 1$ als Gewichtungsfaktor der Interessen künftiger Generationen liegt wiederum eine ähnliche Struktur vor, wie sie mit der Nutzenfunktion von Becker, Barro (1988) in Abschnitt 5.3 ausführlich diskutiert wurde. Die Haushalte sind altruistisch, wobei der Nutzen eines Kindes mit einem positiven Gewicht, das allerdings kleiner eins ist, in den Nutzen der Eltern eingeht. Die Budgetbeschränkung eines Mitgliedes der Generation 0 hat folgende Gestalt:

$$b_{0*} + I_{0i} = c_{0i} + (q_0 + t_0)x_{0i} + (p + T)n_{0i} + K_{0i}. \tag{6.36}$$

Die Interpretation der linken Seite und der ersten beiden Terme der rechten Seite von Gleichung (6.36) ergibt sich analog der Interpretation von Gleichung (6.32); hinzu kommen jetzt aber zwei weitere Terme $(p + T)n_{0i}$ und K_{0i}. Harford (1998:262) bezeichnet mit p die Kosten der Kindererziehung und mit T eine Steuer, die pro Kind erhoben wird. Damit sind $(p + T)n_{0i}$ die Gesamtkosten der Kindererziehung. K_{0i} stellt den Teil des elterlichen Einkommens dar, der an die Kinder vererbt wird. Der altruistische Elternhaushalt wählt die Größen c_{0i}, x_{0i}, n_{0i} und K_{0i} so, daß die Zielfunktion (6.35) unter der Nebenbedingung (6.36) und (6.32) maximiert wird. Dies ergibt die folgende Optimalbedingung (Harford 1998:261).

$$\frac{\partial U_{0i}/\partial x_{0i}}{\partial U_{0i}/\partial c_{0i}} = q_0 + t_0 - \frac{\partial U_{0i}/\partial A_0}{\partial U_{0i}/\partial c_{0i}}. \tag{6.37}$$

Die Interpretation der Optimalbedingung (6.37) erfolgt analog der Interpretation der Gleichung (6.34). Der Haushalt i der Elterngeneration (Generation 0) wählt seinen Konsum so, daß die Grenzrate der Substitution zwischen den beiden Konsumgütern deren Preisverhältnis entspricht. Dieses schließt den Preis der Güter, die Steuer, sowie die bewertete negative Externalität durch den Konsum x_{0i} ein. Als zweite Optimalbedingung erhalten wir:

$$\frac{\partial U_{1j}/\partial c_{1j}}{\partial U_{0i}/\partial c_{0i}} = \frac{1}{\beta(1 + r_1)}. \tag{6.38}$$

Gleichung (6.38) sagt aus, daß die Menge an Konsumgütern, die ein Elternhaushalt bereit ist aufzugeben, um jedem seiner Kinder eine zusätzliche Einheit Konsum zu ermöglichen, invers zu dem Produkt aus Grad an Altruismus β und Zinsfaktor $(1+r_1)$ ist. Die dritte Optimalbedingung lautet:[18]

$$p+T=\left[\frac{\beta U_{1j}}{\partial U_{0i}/\partial c_{0i}}\right]-\left[\frac{\partial U_{1j}/\partial c_{1j}}{\partial U_{0i}/\partial c_{0i}}\right]\cdot(1+r_1)\beta k_{0i}$$
$$+\beta n_{0i}\cdot\left[\frac{\partial U_{1j}/\partial A_1}{\partial U_{0i}/\partial c_{0i}}\right]\cdot x_{1j}. \tag{6.39}$$

Dies gibt unter Berücksichtigung von (6.38):

$$p+T=\left[\frac{\beta U_{1j}}{\partial U_{0i}/\partial c_{0i}}\right]-k_{0i}+\beta n_{0i}\cdot\left[\frac{\partial U_{1j}/\partial A_1}{\partial U_{0i}/\partial c_{0i}}\right]\cdot x_{1j}. \tag{6.40}$$

Durch weitere Umformungen erhalten wir:

$$(p-T+k_{0i})\cdot\frac{\partial U_{0i}}{\partial c_{0i}}=\beta U_{1j}+\beta n_{0i}\frac{\partial U_{1j}}{\partial A_1}\cdot x_{1j}. \tag{6.41}$$

Die Auflösung der Gleichung (6.41) liefert die nutzenmaximale Anzahl der Nachkommen. Diese wird so gewählt, daß die Gesamtkosten eines Kindes, die sich aus den Kosten der Kindererziehung und dem Erbe pro Kind, gewichtet mit dem Grenznutzen des numeraire Gutes, ergeben, dem Nettonutzenzuwachs durch ein weiteres Kind entsprechen. Dieser setzt sich zusammen aus dem Nutzen eines Kindes, das die gleiche Ausstattung wie die anderen Kinder erhält - gewichtet mit dem Grad an Altruismus - abzüglich eines Terms, der den negativen Umwelteffekt widergibt, den ein weiteres Kind durch seinen Konsum des verschmutzenden Gutes bei seinen Geschwistern verursacht.

Die pareto-effiziente Allokation. Nach der Analyse der Bedingungen für ein individuelles Optimum, wendet sich Harford (1998:292) der Untersuchung der pareto-effizienten Allokation zu. Hierzu wird angenommen, daß in jeder Generation ein Planer existiert, der aus der Sicht der jeweiligen Generation ein Pareto-Optimum berechnet. Dies unterstellt, daß jeder Planer die Handlungen der anderen Generationen als gegeben betrachtet. Harford (1998:262) rechtfertigt dies damit, daß nur die jeweils lebende Generation Einfluß auf die Politik der eigenen Generation nehmen kann, da weder die Verstorbenen noch die Ungeborenen ihre Präferenzen in einer Abstimmung artikulieren können. Folglich wird angenommen, daß in der Kindergeneration ein repräsentativer Haushalt lebt, dessen Nutzen maximiert wird. Seine Budgetbeschränkung lautet dann

$$(1+r_1)k_0+w_1=c_1+q_1x_1.$$

[18] In dem Aufsatz von Harford (1998) findet sich bei den nachfolgenden Ableitungen ein Druckfehler. Vor dem Ausdruck $\beta n_{0i}\cdot(.)$ muß im Gegensatz zur Veröffentlichung ein Pluszeichen stehen.

Darüber hinaus wird wiederum berücksichtigt, daß $A_1 = N_1 x_1$ ist.

Aus der Maximierung der Nutzenfunktion unter der Nebenbedingung dieser Budgetbeschränkung ergibt sich die folgende Optimalbedingung:

$$\frac{\partial U_1/\partial x_1}{\partial U_1/\partial c_1} = q_1 - N_1 \frac{\partial U_1/\partial A_1}{\partial U_1/\partial c_1}. \tag{6.42}$$

Die Grenzrate der Substitution zwischen x_1 und c_1 im Pareto-Optimum entspricht gerade der Grenzrate der Substitution zwischen diesen beiden Gütern im individuellen Optimum, wie sie durch die Gleichung (6.34) gegeben ist, wenn der Steuersatz t_1, wie folgt festgelegt wird:

$$t_1 = -(N_1 - 1) \cdot \frac{\partial U_1/\partial A_1}{\partial U_1/\partial c_1}. \tag{6.43}$$

Dabei entspricht die rechte Seite der Gleichung (6.43) der üblichen Pigou-Steuer, die hier dem negativen Wert der Summe der Grenzrate der Substitution zwischen dem verschmutzenden Konsumgut und dem Nummeraire Gut aller anderen Mitglieder der Generation.

Der pareto-optimale Zustand der Elterngeneration ergibt sich durch die Wahl der Größen c_0, x_0, n_0 und K_0, so daß die Nutzenfunktion des repräsentativen Elternhaushaltes

$$V_0 = U_0[c_0, x_0, A_0] + \beta n_0 U_1[c_1, x_1, A_1]. \tag{6.44}$$

unter den Nebenbedingungen $(1+r_1)k_0 + w_1 = c_1 + q_1 x_1$ und $I_0 = c_0 + q_0 x_0 + pn_0 + K_0$ maximiert wird. Darüber hinaus wird der Beitrag des Konsums x_0 zum 'public-bad' in Generation 0 berücksichtigt: es gilt $A_0 = N_0 x_0$. Ferner beeinflussen die Entscheidungen in der Generation 0 bezüglich der Zahl der Kinder auch die Höhe des 'public-bad' in der Generation 1, da $A_1 = N_1 x_1 = N_0 n_0 x_1$ ist.

Aus der Maximierung ergeben sich die folgenden drei Optimalbedingungen (Harford 1998:263ff).

$$\frac{\partial U_0/\partial x_0}{\partial U_0/\partial c_0} = q_0 - N_0 \frac{\partial U_0/\partial A_0}{\partial U_0/\partial c_0} \tag{6.45}$$

$$\frac{\partial U_1/\partial c_1}{\partial U_0/\partial c_0} = \frac{1}{\beta(1+r_1)} \tag{6.46}$$

$$p = \left[\frac{\beta U_1}{\partial U_0/\partial c_0}\right] - k_0 + \beta n_0 N_0 x_1 \cdot \left[\frac{\partial U_1/\partial A_1}{\partial U_0/\partial c_0}\right]. \tag{6.47}$$

Die Steuersätze, die festgelegt werden müssen, damit das individuelle Optimum, das durch die Bedingungen (6.37), (6.38) und (6.41) charakterisiert wird, pareto-optimal ist, lassen sich aus dem Vergleich von (6.37) mit (6.45) und von (6.41) mit (6.47) ermitteln.

Der Vergleich von (6.37) mit (6.45) ergibt, daß die Steuer auf das Gut x wie folgt festgelegt werden muß:

$$t_0 = -(N_0 - 1)\frac{\partial U_0/\partial A_0}{\partial U_0/\partial c_0}.$$

Der Vergleich von (6.40) mit (6.47) ergibt eine Steuer auf die Kinder in Höhe von:

$$T = -\beta n_0 (N_0 - 1) x_{1*} \cdot \left[\frac{\partial U_1/\partial A_1}{\partial U_0/\partial c_0}\right]. \tag{6.48}$$

Dies entspricht unter Verwendung von (6.46) und (6.43) sowie der Bedingung $n_0 \cdot N_0 = N_1$:

$$T = \frac{t_1 x_{1*}}{1 + r_1} \cdot \frac{(N_1 - n_0)}{(N_1 - 1)}. \tag{6.49}$$

Gleichung (6.48) läßt sich wie folgt interpretieren. T ist die Steuer, die Eltern pro Kind zahlen müssen. Der Ausdruck $-\beta n_0 \cdot \frac{\partial U_1/\partial A_1}{\partial U_0/\partial c_0}$ gibt an, welchen Wohlfahrtsverlust die Generation 0 erleidet, wenn die Generation 1 eine zusätzliche Einheit Emission verursacht; x_{1*} ist der optimale Konsum des verschmutzenden Gutes durch die Kinder. Die Generation der Eltern wird durch die Emissionen der Kinder beeinträchtigt, obwohl die Eltern in diesem Modell nicht mehr leben, wenn ihre Kinder verschmutzende Güter konsumieren. Dies liegt an dem Altruismus der Eltern gegenüber ihren Kindern. Eine Ausweitung des Konsums des verschmutzenden Gutes verschlechtert direkt die Situation der Kinder. Da der Nutzen der Kinder ein Element der Nutzenfunktion der Eltern ist, geht dieser Effekt, gewichtet mit dem Grad des Altruismus, in den Nutzen der Eltern ein. Ein Haushalt, der also ein weiteres Kind zeugt, das in der Folgeperiode x_{1*} des verschmutzenden Gutes konsumiert, schädigt damit auf diese indirekte Weise die anderen $(N_0 - 1)$ Mitglieder der Elterngeneration. Die Steuer auf Kinder, so Harford (1998:264) ist damit ein Preis für die externen Kosten, die ein weiteres Kind den Kindern der anderen Eltern auferlegt.

Zusammenfassend zeigt Harford (1998) mit seinem dynamischen Modell, daß ein Pareto-Optimum in einer Ökonomie, in der die Zahl der Kinder endogen bestimmt wird und in der durch den Konsum von Gütern ein 'public-bad' entsteht, mit Hilfe zweier Steuern gestützt werden muß. Wir benötigen eine Pigou-Steuer, die den negativen externen Effekt des Konsums des verschmutzenden Gutes kompensiert. Darüber hinaus muß aber noch eine Steuer auf Kinder eingeführt werden, die es erlaubt, die Wirkungen zu kompensieren, die ein zusätzliches Kind mit seinem verschmutzenden Konsum auf die Kinder der anderen Eltern ausübt. Das Erreichen eines pareto-optimalen Zustandes erfordert also die Kontrolle des Pro-Kopf-Konsums, die hier über die Pigou-Steuer erfolgt und die Kontrolle der absoluten Bevölkerungsgröße, die über die Steuer auf Kinder vorgenommen werden kann.

6.4 Schlußfolgerungen

Wir haben in den vorangegangenen Abschnitten die wichtigsten Modelle dargestellt, mit deren Hilfe in der ökonomischen Literatur der Zusammenhang von Umweltnutzung und Bevölkerungsentwicklung untersucht wird. Dabei ist deutlich geworden, daß Probleme auftreten können, wenn man Aussagen über die Beziehung zwischen Umweltnutzung und Bevölkerungsentwicklung formulieren will und dabei die Notwendigkeit einer Kontrolle des Bevölkerungswachstums aufgrund ökonomischer Überlegungen rechtfertigen will.

Allen Modellen gemeinsam ist, daß jeweils von wichtigen Aspekten der realen Zusammenhänge abstrahiert wurde. Dies gilt insbesondere im Hinblick auf die Modellierung des Zusammenhanges von Bevölkerungsentwicklung und Umweltnutzung. Da die Beeinträchtigung der Umwelt durch die Bevölkerung in der Regel indirekt geschieht und vor allem über die Produktionstechnik vermittelt wird, kommt der Abbildung dieses Zusammenhangs eine zentrale Bedeutung zu. Detailliert wurde dies nur in dem Modell von Cronshaw, Requate (1997) vorgenommen. Dabei handelt es sich allerdings um ein statisches Modell, in dem die Bevölkerungsgröße exogen gegeben ist und die Schlußfolgerungen bezüglich Umweltnutzung und Bevölkerungsgröße im Rahmen komparativ-statischer Analysen abgeleitet werden.

Die Modelle endogener Fertilität, wie sie oben vorgestellt wurden, bilden die Produktionsseite nur unzureichend ab. Insbesondere Nerlove (1991:1346) weist darauf hin, daß sein Ansatz Bevölkerung und Umwelt direkt miteinander in Beziehung setzt, und daß es damit innerhalb dieses Modellrahmens keine Möglichkeit gibt, diese Beziehung durch die Modellierung von Investitionen in physisches Kapital zur Verbesserung der Umweltqualität oder Investitionen in Humankapital zur Verbesserung der Qualität des Lebens der Kinder genauer abzubilden. Um solche Elemente müßten die Modelle erweitert werden, um zu weitergehenden Einsichten über die Wechselwirkungen zwischen Umweltnutzung und Bevölkerungsentwicklung zu gelangen. Wie dieses aussehen könnte und welche Probleme dabei zu erwarten sind, wollen wir in dem nachfolgenden Kapitel 7 diskutieren. Zuvor wollen wir aber die wichtigsten Ergebnisse in einer zusammenfassenden Betrachtung der oben vorgestellten Modelle festhalten.

Es ist zu erwarten, daß das Ergebnis individueller Entscheidungen über die Zahl der Kinder kaum zu einer Bevölkerungsgröße führt, die aus der Perspektive der ganzen Gesellschaft optimal ist. Fehlende Institutionen, wie z.B. die unzureichende Definition von Eigentumsrechten bei Allmende-Resourcen können dazu beitragen, daß zu viele Kinder geboren und die Ressourcen übernutzt werden. Dies ist insbesondere ein Problem in ländlichen Regionen von Entwicklungsländern. Eine allgemeine Betrachtung des Zusammenhangs von Umweltnutzung und Bevölkerungsentwicklung, wie sie z.B. von Harford (1998) vorgenommen wurde, zeigt, auf welche Weise, die individuellen Entscheidungen über die Kinderzahl, die Wohlfahrt der anderen Gesellschaftsmitglieder beeinträchtigen, ohne daß diese Beeinflussung bei den eigenen Entscheidungen berücksichtigt wird. Diese Beeinträchtigung kann z.B. von negativen Externalitäten durch Emissionen im Konsum ausgeübt werden, die ein weiteres Kind auf die Kinder der anderen Eltern ausübt. Wie stark dieser Effekt ist, wird durch den Grad des Altruismus der Eltern bestimmt. Daß dieser für den Regulator von zentraler Bedeutung ist, wenn die Umweltexternalitäten, die durch Bevölkerungswachstum entstehen, internalisiert werden sollen, zeigt auch die Arbeit von Nerlove (1991). Damit bestehen aber für den Regulator erhebliche Probleme, wenn die Intervention von dem Wissen über die Liebe der Eltern zu ihren Kindern abhängt. Ob vor diesem Hintergrund eine wissenschaftlich fundierte Aussage über ein anzustrebendes Reduktionsziel und eine dazugehörige optimale Bevölkerungsgröße überhaupt möglich ist, scheint angesichts der skizzierten Probleme fraglich. Damit treten auch bei der Interpretation der Probleme der Umweltnutzung die gleichen Schwierigkeiten auf, die wir bereits im Zusammenhang mit der Frage nach einer aus der ökonomischen Perspektive optimalen Bevölkerungsgröße in Abschnitt 5.4 diskutiert haben.

Trotz dieser gerade geschilderten grundsätzlichen Probleme liefern die Modelle Erkenntnisse für die Umsetzung umwelt-, bzw. bevölkerungspolitischer Maßnahmen, auch wenn eine operationale Festlegung der Ziele nicht möglich ist. Beispielsweise zeigt die Arbeit von Harford (1998) daß es zweier Instrumente bedarf, um die Umweltprobleme bei einer wachsenden Bevölkerung zu lösen: einer Pigou-Steuer zur Internalisierung der Umweltprobleme bei gegebener Bevölkerungsgröße und einer Steuer auf die Kinder, die die künftigen Umwelteffekte eines weiteren Kindes internalisiert. Das Ergebnis scheint plausibel, da die Umweltwirkung das Ergebnis des Produktes aus dem Pro-Kopf-Einfluß auf die Umwelt und der absoluten Bevölkerungsgröße ist. Ein angestrebtes Umweltziel wird in diesem Kontext sinnvollerweise über die Kontrolle der Bevölkerungsgröße und der Umweltwirkungen erfolgen können. Der Versuch, die Umweltwirkung alleine über den Pro-Kopf-Konsum zu begrenzen, würde bei einer stetig wachsenden Bevölkerung zu einer permanenten Verschlechterung der Lebensbedingungen führen, deshalb muß auch die Bevölkerungsgröße kontrolliert werden.

Wie bereits erwähnt, wurde in den bisher vorgestellten Modellen stark von den realen komplexen Wechselwirkungen zwischen Umweltnutzung und Bevölkerungsentwicklung abstrahiert. Dadurch wurde die Ableitung der Ergebnisse wesentlich vereinfacht, bzw. erst ermöglicht. Allerdings gehen hierdurch auch wichtige Elemente verloren, die die Entwicklung von Bevölkerung, Wirtschaft und Umweltnutzung bestimmen. Mit den Möglichkeiten und Grenzen einer umfassenden Modellierung der Wechselwirkungen zwischen Umweltnutzung und Bevölkerungsentwicklung wollen wir uns im nächsten Kapitel beschäftigen.

7. Endogene Fertilität, Umweltprobleme und wirtschaftliche Entwicklung

Wir haben in dem vorangegangenen Kapitel Modelle vorgestellt, in denen die Beziehungen zwischen Umweltnutzung und Bevölkerungsentwicklung untersucht werden.[1] Diese Modelle bilden jeweils nur Teile der vielfältigen Wechselwirkungen zwischen Umweltnutzung und Bevölkerungsentwicklung ab. Dies ist aufgrund der Komplexität der Beziehungen zwischen der Inanspruchnahme der Umwelt als Schadstoffempfänger und als Rohstofflieferant nicht überraschend. Die vielfältigen Wechselwirkungen zwischen Umweltnutzung, Bevölkerungsentwicklung und wirtschaftlicher Aktivitäten führen zu Schwierigkeiten auf zwei Ebenen: (i) auf der normativen Ebene und (ii) auf der positiven Ebene. Da wir uns mit den Problemen normativer Theoriebildung bereits ausführlich in Kapitel 5.4 beschäftigt haben, wollen wir diese hier nur kurz behandeln. Der Schwerpunkt in diesem Kapitel wird bei der Darstellung der Probleme auf der Ebene der positiven Theorie liegen.

7.1 Probleme normativer und positiver Theoriebildung

Wir haben gesehen, daß die Beurteilung gesellschaftlicher Zustände ausschließlich anhand des Pareto-Kriteriums bei einer variablen Bevölkerungsgröße problematisch ist. Eine sinnvolle Anwendung des Pareto-Kriteriums setzt voraus, daß man die Allokationen der Güter über die Zeit und die dabei simultan bestimmte Bevölkerungsgröße aus der Perspektive der heute lebenden Generation beurteilt. Bei der Annahme altruistischer Haushalte, für die das Wohlergehen ihrer Kinder ein Argument ihrer Nutzenfunktion ist, ist nicht der tatsächliche Nutzen der Kinder, sondern der von den Eltern erwartete Nutzen ihrer Kinder Gegenstand der Haushaltsentscheidung. Wenn dieser - wie im Modell von Nerlove angenommen - vom Umweltzustand und dem Konsum abhängt und der Einfluß eines Individuums auf den künftigen Umweltzustand klein ist, dann ist die Laissez-faire Allokation nicht paretooptimal. Eine Internalisierung der Externalität setzt aber voraus, daß man den künftigen Umwelteffekt kennt und die Erwartungen bekannt sind, die El-

[1] Für wertvolle Hinweise und Formulierungshilfen in diesem Kapitel danke ich Johannes Schiller. Weitere kritische Anmerkungen verdanke ich Herrn Prof. C. Bell.

tern bezüglich des Nutzens ihrer Kinder haben; dabei hängt letzterer wiederum von dem Umweltzustand ab (Nerlove 1991:1345). Ein sozialer Planer, der diese Externalität internalisieren will, braucht also nicht nur Kenntnisse über die zukünftigen Umweltzustände, sondern auch über die Erwartungen der Eltern bezüglich des Nutzens ihrer Kinder. Aus der Sicht von Nerlove (1991: 1336) kann man nur in einem stationären Gleichgewicht davon ausgehen, daß die Erwartungsbildung der Eltern die tatsächliche Entwicklung richtig wiedergeben. Aus dieser Sicht ist ein Wohlfahrtsvergleich daher nur zwischen verschiedenen stationären Zuständen bei unterschiedlicher Umweltqualität sinnvoll. Dies garantiert allerdings nicht, daß die stationären Gleichgewichtssituation für die Mitglieder der gegenwärtigen Generation auch besser sind als Ungleichgewichte.

Auch in der positiven Analyse sind wir mit zahlreichen Problemen konfrontiert, wenn die Wechselwirkungen zwischen Umweltnutzung und Bevölkerungsentwicklung untersucht werden sollen. Wir haben in der Einführung in Abschnitt 1.3 das Bild konzentrischer Kreise verwendet, um zu illustrieren, daß Bevölkerung und Wirtschaft in die natürliche Umwelt eingebettet sind. Darüber hinaus wurde dargelegt, daß die Beziehung zwischen Bevölkerung und Umwelt in der Regel indirekter Natur sind. Sie wird vermittelt durch wirtschaftliche und soziale Aktivitäten der Menschen und damit (i) durch die Art und Weise, wie die Mittel zur Bedürfnisbefriedigung bereitgestellt werden, (ii) durch die Art der Bedürfnisse und (iii) durch die Wertvorstellungen und Institutionen innerhalb derer der Austausch zwischen Mensch und Natur organisiert wird.

Die Geschichte zeigt, daß die Herstellungsweise von Gütern und Dienstleistungen sowie die Zahl und Art der Konsumgüter einem stetigen Wandel unterliegen. Das gleiche gilt für die Wertvorstellungen und Institutionen von Gesellschaften im Laufe ihrer Entwicklung. Dadurch hat sich auch die Beziehung zwischen den Teilsystemen Umwelt, Wirtschaft und Gesellschaft und Bevölkerung immer wieder verändert. Da diese Veränderungen unterschiedlich schnell erfolgen und sich gegenseitig bedingen, ist es häufig nur schwer möglich, eindeutige Ursachen zur Erklärung der Bevölkerungsentwicklung, der Umweltnutzung und der Veränderungen in der Wirtschaft zu identifizieren. Dies ist aber eine wesentliche Voraussetzung für die Formulierung von Modellen in denen die Beziehung zwischen den drei Teilsystemen erklärt, bzw. untersucht werden soll. Mit der notwendigen Abstraktion von der komplexen Realität und der damit verbundenen Auswahl der zu betrachtenden Variablen enthält ein Modell implizite Aussagen über die wichtigen Determinanten des Problems; mit der Entscheidung über exogene und endogene Größen enthält es eine Vorentscheidung über die Kausalitäten.

Darüber hinaus wird man darauf achten eine möglichst einfache Modellstruktur zu wählen, so daß das Modell übersichtlich und die Ergebnisse interpretiert werden können. Jedes Modell stellt somit einen Kompromiß zwischen der beobachteten Komplexität des realen Phänomens und den notwendigen

Vereinfachungen dar. Dies gilt in besonderem Maße für dynamische Modelle, in denen die Wechselwirkungen zwischen Umweltnutzung, Bevölkerungswachstum und wirtschaftlicher Entwicklung untersucht werden. Aufgrund der Komplexität der Beziehungen zwischen den drei Teilsystemen Umwelt, Wirtschaft und Gesellschaft sowie Bevölkerung ist es nicht überraschend, daß, wie wir im vorherigen Kapitel gezeigt haben, sich in der Literatur bislang nur wenige Ansätze finden, diese zu integrieren. Wir wollen uns daher im folgenden Abschnitt mit den spezifischen Problemen dieser Modelle beschäftigen. Hierzu werden wir (i) die Struktur dynamischer Modelle skizzieren, (ii) eine abstrakte Beschreibung der Wechselwirkungen zwischen Umweltnutzung, wirtschaftlicher Entwicklung und Bevölkerungswachstum geben und (iii) die Probleme ökonomischer Modellbildung anhand des Entwurfes eines dynamischen Modells diskutieren, das die als wesentlich identifizierten Elemente unserer Problemanalyse enthält.

7.2 Modellrahmen für die Analyse

Dynamische Systeme lassen sich anhand ihr Zustände und deren Veränderung beschreiben, wobei sich die Entwicklung der Zustände unter der Voraussetzung der Kenntnis der Zustandsbedingungen und der betreffenden Gesetzmäßigkeiten im Zeitverlauf durch äußere Eingriffe kontrollieren laßsen (vgl. Faber, Proops 1998:19). Solche Systeme werden häufig mit Blick auf die Frage untersucht, wie ein Eingriff in das System gestaltet werden sollte, damit sich das betrachtete System optimal über die Zeit hinweg entwickelt. Hierzu müssen Kriterien festgelegt werden, die es erlauben, zu entscheiden, welcher Entwicklungspfad optimal ist.[2] In dieser Struktur werden auch dynamische Modelle in der Ökonomik formuliert. Der Zustand des ökonomischen Systems wird dabei durch Bestandsgrößen und deren Änderung über die Zeit hinweg beschrieben. Die Entwicklung der Bestandsgrößen läßt sich mit Hilfe von Kontrollvariablen beeinflussen, wobei die optimale Kontrolle durch die Maximierung einer Zielfunktion, die von den Kontroll- oder Zustandsvariablen abhängt, unter der Nebenbedingung der zeitlichen Entwicklung der Bestandsgrößen des Modells ermittelt wird. Dies ist ein geeigneter Modellrahmen, um den Zusammenhang zwischen Umweltnutzung und Bevölkerungsentwicklung zu untersuchen.[3] Es treten allerdings beträchtliche Probleme auf, wenn die Beziehung zwischen Bevölkerung, Umwelt und Wirtschaft in diesem Kontext untersucht werden soll.

[2] Eine allgemeine Darstellung dynamischer Entscheidungsprozesse und zahlreiche Anwendungsbeispiele finden sich in Feichtinger, Hartl (1986).

[3] Es finden sich in der Literatur auch dynamische Modelle die zwar die Beziehungen zwischen Bevölkerungsgröße und veränderten Umweltbedingungen abbilden, denen aber ein wesentliches Element moderner ökonomischer Modelle fehlt: die Annahme eines Agenten, der durch seine Entscheidungen die Entwicklung des Systems steuert. Ein Beispiel für ein solches in der Tradition bio-ökonomischer Arbeiten stehendes Modell ist die Arbeit von Brandner, Taylor (1998).

Um diese Schwierigkeiten zu illustrieren, werden wir im folgenden ein dynamisches Modell, das Barro Sala-i-Martin (1995:311) zur Analyse der Wahl der Geburtenraten formuliert haben, so erweitern, daß damit die Wechselwirkungen und wesentliche Elemente der Dynamik von Bevölkerungsentwicklung, Wirtschaftsentwicklung und Umweltnutzung, wie sie in Kapitel 2 und 3 beschrieben wurden, abgebildet werden können. Ausgangspunkt der Überlegungen ist die These, daß die Beziehung zwischen Umwelt und Bevölkerung über wirtschaftliche Aktivitäten vermittelt wird. Haushalte befriedigen ihre Bedürfnisse und die ihrer Kinder, indem sie Güter nachfragen, die zum überwiegenden Teil produziert worden sind. Bei der Herstellung der Güter entstehen neben den erwünschten Endprodukten auch unerwünschte Nebenprodukte, die die Umweltqualität beeinträchtigen. Unterstellt man, daß die Hausalte nicht nur über ihre Konsumwünsche und die ihrer Kinder entscheiden, sondern auch die Zahl der Kinder und die Umweltqualität Entscheidungsvariablen der Haushalte sind, dann ergeben sich trade-offs zwischen der Nutzung der Umwelt als Rohstofflieferant und Schadstoffempfänger, den Konsumwünschen der Eltern und ihrer Kinder, sowie der Zahl der Kinder. Diese trade-offs sowie die Zeitstruktur des Bevölkerungswachstums, der Veränderung der Umweltqualität und der wirtschaftlichen Entwicklung soll in einem ökonomischen Modell erfaßt werden. Wie dies in einem Modell für die Teilsysteme Bevölkerung, Umwelt und Wirtschaft konkret formuliert werden könnte, wollen wir im folgenden erläutern.

1. *Bevölkerung.* Bevölkerungswachstum ist ein langfristiges Phänomen, dessen Dynamik von den Veränderungen in den Geburten- und Sterberaten bestimmt wird. Die künftige Entwicklung der Bevölkerung wird dabei nicht nur von der Veränderung dieser Größen bestimmt, sondern wesentlich von der Altersstruktur der Bevölkerung beeinflußt. Diese ist wiederum das Resultat vergangener Veränderungen in den Geburten- und Sterberaten. Eine angemessene Beschreibung der Dynamik der Bevölkerungsentwicklung erfordert also die Berücksichtigung der Altersstruktur der Bevölkerung. Neben der Dynamik der Entwicklung sollte berücksichtigt werden, daß die Veränderung der Geburten- und Sterberaten kein ausschließlich biologisch determinierter Prozeß ist. Insbesondere die Veränderungen in den Geburtenraten der modernen Industriestaaten zeigen, daß die Zahl der Kinder das Ergebnis individueller Entscheidungen von Haushalten darstellt.[4]
2. *Umwelt.* Die Nutzung der Umwelt als Rohstofflieferant und als Schadstoffempfän ger ist ebenfalls ein langfristiges Phänomen. Zahlreiche Rohstoffe, die für die gegenwärtige Wirtschaftsweise von zentraler Bedeutung sind, wie beispielsweise fossile Energieträger oder Edelmetalle, sind nicht regenerierbar. Die permanente Extraktion dieser Stoffe führt zu einer Verknappung, die durch technischen Fortschritt oder die Einführung ge-

[4] Vgl. zur Endogenität der Fertilitätsentscheidungen z.B. van de Kaa (1997:45) und unsere Darstellungen in den Kapiteln 2 und 5.

eigneter Substitute verhindert oder zumindest gebremst werden kann. Eine hierzu erforderliche Umstellung von Produktionstechniken läßt sich wiederum nur über längere Zeiträume realisieren. Die Emissionen, die bei der Herstellung von Gütern und Dienstleistungen entstehen und in die Umwelt gelangen, verbleiben dort über einen längeren Zeitraum, da der natürliche Abbau von vielen Substanzen langsam erfolgt. Wenn es nicht möglich ist, die sich in der Umwelt akkumulierenden Schadstoffe künstlich zu entsorgen, wird die Dynamik der Umweltnutzung alleine durch die Kontrolle der Emissionen und durch deren natürliche Abbauraten bestimmt. Diese Eigenschaft zeichnet beispielsweise das Problem des Treibhauseffektes aus.

3. *Wirtschaft.* Die Entwicklung der Wirtschaft hängt wesentlich von den vorhandenen Technologien und von dem Aufbau von Kapitalgütern ab, also von den Entscheidungen darüber, wieviel der produzierten Güter konsumiert und wieviel in welche Technik investiert wird. Gleichzeitig wird die Entwicklung der Ökonomie bestimmt durch die zur Verfügung stehenden Rohstoffe und die technischen Möglichkeiten, diese zu nutzen, bzw. neue Ressourcen zu erschließen. Ist zudem die Umweltqualität, die durch die Produktion beeinträchtigt wird, Gegenstand der Entscheidungen von Haushalten oder beeinträchtigt der Umweltzustand direkt die Qualität der Produktionsinputs, wird die Entwicklung der Wirtschaft auch durch die Möglichkeit, Emissionen zu vermeiden oder zu entsorgen, bestimmt.

Die drei Teilsysteme lassen sich anhand der für sie charakteristischen Bestandsgrößen und deren Entwicklung über die Zeit beschreiben. Für das Teilsystem Bevölkerung ist dies die Bevölkerungsgröße und ihre Altersstruktur sowie die dazugehörigen altersabhängigen Geburten- und Sterberaten. Solch eine Abbildung der Bevölkerungsdynamik in einem ökonomischen Modell findet sich bei Arthur, McNicoll (1977).[5] Abstrahiert man von der Altersstruktur der Bevölkerung und geht davon aus, daß die Geburtenrate n, und die vom Alter unabhängige Sterberate d, nicht von den Ausgaben für das Gesundheitswesen usw. abhängen, dann läßt sich die Dynamik des Wachstums der Bevölkerung N durch die folgende einfache Differentialgleichung beschreiben (vgl. Barro, Sala-i-Martin 1995:312):

$$\dot{N} = (n - d)N. \qquad (7.1)$$

Rechtfertigen läßt sich diese Beschreibung der Bevölkerungsentwicklung, wenn die Altersstruktur der betrachteten Population konstant ist. Dies ist dann der Fall, wenn die altersspezifischen Geburten- und Sterberaten über

[5] In einem dynamischen Optimierungsmodell würde die Berücksichtigung der Altersstruktur bedeuten, daß wir Integralgleichungen als Nebenbedingungen haben. Dies ist zwar grundsätzlich möglich, wie Kamien, Müller (1976) zeigen. Die Anwendung dieser Techniken durch Arthur, McNicoll (1977) zeigt aber auch, wie kompliziert die Analyse solcher Modell ist.

einen sehr langen Zeitraum konstant sind. Auf die Problematik dieser Annahme wollen wir in 7.4 ausführlich eingehen.

Für die Entwicklung des Teilsystems Umwelt läßt sich eine ähnliche Vereinfachung vornehmen, wie für die Entwicklung der Bevölkerung. Dabei soll die Umwelt nur in ihrer Funktion als Schadstoffempfänger betrachtet werden; von der Rohstofflieferantenfunktion wird abstrahiert. Der Zustand der Umwelt wird durch die Menge an Schadstoffen bestimmt, die in der Umwelt verbleiben. Diese ergeben sich aus den Emissionen, die nicht entsorgt wurden und somit in die Umwelt gelangen, und der Fähigkeit des Ökosystems diese Schadstoffe abzubauen. Für den Fall eines Schadstoffes läßt sich die Änderung des Bestandes wie folgt angeben:

$$\dot{S} = E - \delta S \tag{7.2}$$

Hier bezeichnet S den Bestand an Schadstoffen, E sind die Gesamtemissionen und δ die Abbaurate. Es wird unterstellt, daß der natürliche Abbau proportional zum Schadstoffbestand ist und sich im Zeitablauf nicht verändert. Hieraus kann man den Schadstoffbestand zu einem bestimmten Zeitpunkt berechnen. Dieser errechnet sich aus der Summe der vergangenen Emissionen, abzüglich dessen, was sich davon bis zum Zeitpunkt t abgebaut hat. Die Lösung der Differentialgleichung (7.2) lautet:

$$S(t) = \left(S(0) + \int_0^t E(\tau) \exp^{\delta\tau} d\tau \right) \exp^{-\delta t} . \tag{7.3}$$

Die Immissionen schädigen die Umwelt, was wiederum die Lebensqualität der Menschen beeinträchtigt. Der Zusammenhang zwischen den Umweltschäden und den Immissionen wird durch eine sogenannte Schadensfunktion abgebildet. Diese läßt sich mit D(S(t)) bezeichnen und es wird in der Regel für sie unterstellt, daß $\partial D/\partial S := D_S > 0$ und die Grenzschäden nicht abnehmend in S sind, d.h. $\partial^2 D/(\partial S)^2 := D_{SS} \geq 0$.

Nachdem die Dynamik des Bevölkerungssystems und des Umweltsystems sowie die Umweltschäden formal beschrieben wurde, wollen wir uns dem ökonomischen System zuwenden, da hierdurch die Verbindung zwischen der Bevölkerungsentwicklung und der Umweltnutzung hergestellt wird.

Das ökonomische System läßt sich durch (i) die Präferenzen der Haushalte und (ii) durch die Produktionstechnologie beschreiben. Die Nachfrageseite kann durch einen repräsentativen Haushalt abgebildet werden, dessen Nutzen von seinem Konsum, der Zahl seiner Kinder sowie dem Schadstoffbestand in der Umwelt abhängt. Um eine möglichst einfache Struktur zu erhalten, sei unterstellt, daß die Nutzenfunktion additiv in dem Pro-Kopf-Konsum $c[t]$ und der Kinderzahl $n[t]$ einerseits und den Schäden $D(S[t])$, die durch die Immissionen entstehen, andererseits ist. Wir verwenden also eine quasilineare Nutzenfunktion, dies bedeutet, daß der Grenznutzen des Konsums und der Kinder unabhängig von der Beeinträchtigung der Umweltqualität ist. Für einen unendlichen Zeithorizont hat die Funktion dann die allgemeine Form:

$$W(c[t], n[t], S[t]) = \int_0^\infty [V(c[t], n[t]) - D(S[t])] \exp^{-\rho t} dt.$$

Als konkrete Form für die Funktion $V(c[t], n[t])$ bietet sich die Nutzenfunktion des Modells von Barro, Sala-i-Martin (1995:311-312) an. Diese verwenden eine stetige Version des überlappenden Generationen Modells, das von Becker, Barro (1999, 1989) formuliert wurde, und das wir in Abschnitt 5.3 ausführlich diskutiert haben. Diese Modelle wurden entwickelt, um die individuellen Entscheidungen von Haushalten über die Zahl ihrer Kinder zu analysieren. In diesem Zusammenhang hat der Ansatz überlappender Generationen in diskreter Zeit, so Barro, Sala-i-Martin (1995:311), seine Berechtigung, da die betrachteten Perioden als durchschnittlicher Abstand zwischen Eltern und Kindergeneration interpretiert werden können. Für eine aggregierte Analyse ist diese Interpretation allerdings nicht mehr sinnvoll, da Familien zu einem bestimmten Zeitpunkt Kinder unterschiedlichen Alters haben. Dieses Problem läßt sich lösen, in dem man über die Haushalte aggregiert, oder indem man die Existenz eines repräsentativen Haushaltes annimmt und dessen Verhalten über die Zeit hinweg in einem stetigen Modell untersucht. Letztere Vorgehensweise, der wir uns anschließen, wählen Barro, Sala-i-Martin (1995:312) für ihre Untersuchung. Unter Vernachlässigung der Zeitabhängigkeit der Variablen und unter Berücksichtigung der Schadensfunktion erhalten wir für unser Modell die folgende Nutzenfunktion:

$$W(e, n, S) = \int_0^\infty \{\frac{1}{1-\theta}[(N^{\psi} c(n-d)^{\phi})^{1-\theta}] - D(S[t])\} \exp^{-\rho t} dt. \quad (7.4)$$

Diese Funktion zeichnet sich durch positive und abnehmende Grenznutzen bezüglich c und n sowie konstante Elastizitäten der Grenznutzen bezüglich c und der Nettogeburtenrate $n - d$ aus. Für die Parameter gilt: $\theta > 0, \phi > 0$. Darüber hinaus soll $\phi(1 - \theta) < 1$ sein, damit der Grenznutzen bezüglich n abnimmt. Der Parameter ψ ist definiert als $\psi := (1 - \epsilon)/(1 - \theta)$ mit $\epsilon > 0$. Die Variable ρ entspricht der Diskontrate, die hier als Grad des intergenerationalen Altruismus interpretiert werden kann. In dieser Nutzenfunktion ist unterstellt, daß der Nutzen eines repräsentativen Haushalts vom Pro-Kopf-Konsum c und der Nettowachstumsrate $n - d$ abhängt. Die Aufnahme der Nettowachstumsrate $n - d$ der Bevölkerung an Stelle der Bruttogeburtenrate n wird von Barro, Sala-i-Martin (1995:312) vorgeschlagen. Diese interpretieren d als die Kindersterblichkeit und rechtfertigen damit die Abhängigkeit des Nutzens der Eltern von der Zahl ihrer überlebenden Kinder. Die Aufnahme der Nettogeburtenrate in die Nutzenfunktion und die oben unterstellte konkrete Form der Nutzenfunktion führt bei der Analyse der Beziehungen zwischen Umweltnutzung und Bevölkerungsentwicklung allerdings zu Problemen, die wir in Abschnitt (7.3) diskutieren.

Auf der Produktionsseite soll berücksichtigt werden, daß bei der Herstellung von Gütern Emissionen entstehen, die wiederum durch den Einsatz von Inputs reduziert werden können. Dies wird üblicherweise in die

Modelle integriert, indem man Emissionen als Produktionsinputs betrachtet.[6] Nimmt man darüber hinaus an, daß zur Produktion noch Arbeit und Kapital benötigt wird, und daß konstante Skalenerträge vorliegen, läßt sich der Pro-Kopf-Output in Abhängigkeit vom Pro-Kopf-Kapital (k) und den Pro-Kopf-Emissionen (z) darstellen. Es gilt:$y = f(k, z)$. Die Gesamtemissionen der Ökonomie lassen sich als Produkt der Pro-Kopf Emissionen z und der Bevölkerungsgröße N bestimmen. Damit gilt für die Gesamtemissionen $E = zN$.

Der Kapitalstock, bzw. der Pro-Kopf-Kapitalstock ist die Zustandsvariable zur Beschreibung des ökonomischen Systems. Unterstellt man, daß der Produktionsoutput homogen ist und für den Konsum[7] des Haushaltes, die Versorgung der Kinder oder für die Erweiterung des Kapitalstocks verwendet werden kann, läßt sich die zeitliche Entwicklung des ökonomischen Systems mit Hilfe einer Differentialgleichung beschreiben.

Bevor wir diese Gleichung angeben, wollen wir uns mit den Kosten der Kindererziehung beschäftigen, die sich im Laufe der Entwicklung einer Volkswirtschaft ändern können. Denn mit der Entwicklung einer Wirtschaft steigen die Opportunitätskosten der Kindererziehung, da z.B. alternative Arbeitsmöglichkeiten für Frauen zunehmen, die sonst überwiegend für die Kinder da sind. Im Modell läßt sich dies berücksichtigen, in dem man annimmt, daß die Kosten der Kinder mit dem Pro-Kopf-Kapitalbestand k steigen. Dies ist möglich, da man einen weiten Kapitalbegriff zu Grunde legt, der nicht nur physisches, sondern auch Humankapital umfaßt. Ein höheres k aufgrund des gestiegenen Humankapital bedeutet, daß sich während der Entwicklung einer Ökonomie die Ausbildung der Frauen verbessert hat, was wiederum für die Frauen die Möglichkeiten eröffnet, höhere Löhne zu erzielen. Bei einer gegeben Zeit, die zum Arbeiten oder zur Kindererziehung zur Verfügung steht, sind die Opportunitätskosten eines weiteren Kindes bei höherem k größer (vgl. Barro, Sala-I-Martin 1995:311). Vor dem Hintergrund dieser Überlegungen erhalten wir für die Entwicklung des Kapitalbestandes die folgende Differentialgleichung:

$$\dot{k} = f(k, z) - c - (n - d)k - bnk; \tag{7.5}$$

b ist eine positive Konstante und damit sind bk die Kosten der Kindererziehung, die in k steigen.

Die Entwicklung der Ökonomie läßt sich anhand der drei Differentialgleichungen (7.1), (7.2) und (7.5) beschreiben. Die Gleichungen geben die zeitliche Entwicklung der Zustandsvariablen (Bestandsgrößen) der drei Teilsysteme an. Dies sind der Bestand der Bevölkerung N, der Bestand der Immissionen S und der Pro-Kopf-Kapitalbestand k. Die drei Kontrollvariablen,

[6] Vergleiche dazu Siebert (1995). Eine interessante Alternative hierzu stellt Stokey (1998) vor. Ihre Vorgehensweise erlaubt es, die Reduktion der Emissionen als Ergebnis der Technikwahl zu interpretieren.

[7] Die zeitliche Struktur der Produktion und die Ablösung von Techniken wird in Faber, Proops, Speck 1999 untersucht.

die der Haushalt wählt, sind die Zahl der Kinder n, die Höhe der Emissionen z und der Pro-Kopf-Konsum c. Die optimale Kontrolle läßt sich nun durch das Lösen eines dynamischen Optimierungsproblems charakterisieren. Hierbei wird die Zielfunktion (7.4) unter der Beachtung der drei Differentialgleichungen (7.1), (7.2) und (7.5) maximiert. Diese Vorgehensweise führt zu einem System, das aus sechs Differentialgleichungen besteht, den Gleichungen (7.1), (7.2) und (7.5) und jeweils drei Differentialgleichungen für die zeitliche Entwicklung der Kontrollvariablen c, n, z. Üblicherweise wird man für dieses System einen steady-state suchen, das heißt ein Zustand, bei dem alle Größen mit der gleichen Rate wachsen. Dabei kann das Wachstum auch Null sein. Dann liegt ein stationärer Zustand vor, der für uns gerade im Hinblick auf den Immissionsbestand und die Bevölkerungsgröße von Interesse ist. Denn, der Schadstoffbestand und die Bevölkerung wird nicht stetig wachsen können, ohne daß dadurch die Tragfähigkeit der Erde überfordert wird. Im Anschluß an die Diskussion der Existenz eines steady-state wäre zu untersuchen, ob ein solcher Zustand stabil ist.

Eine solche Analyse ist für das hier skizzierte Modell analytisch kaum durchzuführen. Stattdessen ist zu erwarten, daß eine Untersuchung nur mit numerischen Methoden erfolgen kann. Aufgrund der Komplexität des Modells ist es auch fraglich, ob überhaupt ein stabiler steady-state existiert. Wir haben in Kapitel 6 das Problem der Existenz eines steady-state bei wachsender Bevölkerung bereits angesprochen. Wie bereits die weniger komplexen Arbeiten von Keeler, Spence, Zeckhauser (1971) und Gradus, Smulders (1993) als das von uns entwickelte Modell zeigen, wird diese Frage in dynamischen Modellen mit exogen wachsender Bevölkerung kontrovers diskutiert.

Keeler, Spence, Zeckhauser (1971:33) formulieren ein Modell mit nur zwei Bestandsgrößen, Kapital und Immissionen, die in die Nutzenfunktion des repräsentativen Haushalts eingehen. Ferner wird angenommen, daß ein Teil des Outputs zur Reinigung der Emissionen verwendet werden kann. Die Autoren argumentieren, daß bei einer wachsenden Bevölkerung, die Gesamtemissionen permanent steigen, während der Pro-Kopf-Konsum aufgrund abnehmender Grenzprodukte in der Produktion beschränkt ist. Folglich existiert kein steady-state. Im Modell von Gradus, Smulders (1993) hingegen hängt die Höhe der Emissionen vom Kapitalstock ab, und die Emissionen können durch geeignete Maßnahmen entsorgt werden. In die Nutzenfunktion gehen die gesamten Emissionen als ein 'public-bad' ein. Die Schäden entstehen durch den Fluß an Emissionen und nicht durch den Bestand an Schadstoffen in der Natur. Für dieses Modell existiert unter geeigneten Annahmen über den Zusammenhang zwischen Kapitaleinsatz und Entsorgungsmöglichkeiten ein steady-state. In diesem Gleichgewicht ist der Output groß genug, um auch die bei seiner Herstellung entstehenden Emissionen zu entsorgen. Ein ähnlich strukturiertes Modell wie Gradus, Smulders (1993), allerdings mit endogener Fertilität, untersucht Heer (1996, 1997). Auch er zeigt, daß für ein Modell, in dem Umweltschäden durch Emissionen entstehen, Haushalte über ihren

Konsum und die Zahl ihrer Kinder entscheiden, ein steady-state existiert. Da neben physischem Kapital, auch Humankapital durch die Arbeiter gebildet werden kann, hängt die Existenz eines steady-state in diesem Modell von der Produktivität des Ausbildungssektors ab. Die Emissionen werden langfristig auf jeden Fall mit der Rate des Wirtschafts- und Bevölkerungswachstums steigen.

Die Modelle von Gradus, Smulders (1993) und Heer (1996, 1997) sind Beispiele für dynamische Modelle für die sich Bedingungen angeben lassen, unter denen ein steady-state bei einer wachsenden Bevölkerung existiert. Die Existenz eines steady-states hängt allerdings entscheidend von den im Modell verwendeten Annahmen über die Parameter der Funktionen ab. Damit ist es letztlich eine empirische Frage, ob die für die Existenz und Stabilität des steady-state notwendigen Parameterkonstellationen zu rechtfertigen sind. Die analytischen und konzeptionellen Schwierigkeiten, die bereits in den Modellen mit nur zwei Bestandsgrößen auftreten, werden bei dem von uns skizzierten Modell mit drei Bestandsgrößen zunehmen. Darüber hinaus sind die spezifischen Modellannahmen von Barro, Sala-i-Martin (1995:311ff), deren Modell wir erweitert haben, um die Umweltnutzung zu berücksichtigen, problematisch, wie wir im folgenden Abschnitt darlegen werden.

7.3 Probleme der Modellierung

Wenn wir die Wechselwirkungen von Bevölkerung und Umweltnutzung untersuchen, sind wir vor allem daran interessiert, zu klären, unter welchen Bedingungen ein steady-state und insbesondere ein stationärer Zustand, bei dem sich weder die Bevölkerungsgröße noch die Umweltqualität verändert. Dies heißt in unserem Fall, daß wir an Zuständen interessiert sind, in denen die Bevölkerung und der Bestand an Schadstoffen in der Umwelt konstant sind. Es sind vor allem zwei Modellannahmen, die für die Existenz eines solchen stationären Gleichgewichtes kritisch sind: (i) die Unterstellung, daß Emissionen in der Umwelt akkumulieren und von den Immissionsbeständen Umweltschäden ausgehen und (ii) die unterstellte Nutzenfunktion, für die der Grenznutzen eines weiteren Kindes gegen unendlich geht, wenn die Geburtenrate der Sterberate entspricht.

Die Annahme über die Nutzenfunktion, die dem Modell von Barro, Sala-i-Martin (1995:311ff) zugrunde liegt, führt dazu, daß im Optimum immer mehr Kinder geboren werden als sterben; damit ist die Nettowachstumsrate der Bevölkerung positiv, und der Bestand der Bevölkerung N wird immer wachsen. Damit besteht auch für den Immissionsbestand die Tendenz zu wachsen. Ob der Schadstoffbestand permanent wächst, oder gegen eine konstante Größe konvergiert, hängt von der zeitlichen Entwicklung der Emissionen ab. Eine Analyse der Lösung der Differentialgleichung für den Schadstoffbestand (7.3) zeigt, daß bei konstanten Emissionen für $t \to \infty$ der Bestand an

Immissionen gegen einen konstanten Wert konvergiert; für linear wachsende Emissionen ist dagegen mit stetig wachsenden Immissionen zu rechnen. In unserem Modell sind die Gesamtemissionen das Produkt aus Pro-Kopf-Emissionen und Bevölkerungsgröße. Damit bei wachsender Gesamtbevölkerung der Schadstoffbestand gegen einen konstanten Wert konvergiert, müßten die Pro- Kopf-Emissionen derart sinken, daß die Gesamtemissionen konstant bleiben. Ein Rückgang der Pro- Kopf-Emissionen erforderte allerdings einen höheren Kapitaleinsatz in der Produktion mit vielfältigen Rückwirkungen auf das Wachstum des Pro-Kopf-Konsums und die Zahl der Kinder. Eine genaue Charakterisierung dieser Rückwirkungen ist ohne eine Lösung des Modells und eine genaue Analyse des Differentialgleichungssystems nicht möglich. Es ist allerdings fraglich, ob für dieses Modell ein stationärer Zustand existiert, bei dem die Bevölkerung nicht mehr wächst und die Umweltqualität sich nicht mehr ändert. Wir betrachten zwar ein Modell mit endogener Fertilität, aber aufgrund der Annahmen über die Nutzenfunktion ist die Nettowachstumsrate der Bevölkerung positiv. Abgesehen von dieser im Modell bestimmten Bevölkerungswachstumsrate unterscheidet sich das Modell nicht von dem, das Keeler, Spence, Zeckhauser (1971) formulieren und für das sich zeigen läßt, daß bei einer wachsenden Bevölkerung kein steady-state existiert.

Die oben geschilderten Probleme der Existenz eines stationären Zustandes, so läßt sich einwenden, ist zunächst ein Artefakt der Modellierung. Denn die Annahmen über die Nutzenfunktion führen dazu, daß die Wachstumsrate der Bevölkerung stets positiv ist. Im Optimum wird der repräsentative Haushalt die Zahl der Kinder stets so wählen, daß diese größer als die Sterberate ist. Dieses Problem ließe sich lösen, wenn man statt der Nettowachstumsrate der Bevölkerung, $(n - d)$ die Geburtenrate, n, in die Nutzenfunktion des repräsentativen Haushaltes aufnimmt. Dies kann auf eine Art und Weise geschehen, die sicherstellt, daß im Optimum die Zahl der Kinder positiv ist. Eine solche Variante des Modells haben wir in Jöst, Quaas, Schiller (2001) formuliert. Dort wird eine Nutzenfunktion verwendet, die additiv separabel im Pro-Kopf-Konsum, der Zahl der Kinder und in den Immissionen ist. Für solch ein Modell läßt sich zeigen, daß ein steady-state existiert, für den gilt, daß die Geburtenrate n gerade der Sterberate d entspricht. Wir erhalten also einen stationären Zustand, bei dem keine der Modellgrößen wächst.

Auch dieses Ergebnis ist abhängig vom verwendeten Modellrahmen. Eine Änderung der Modellparameter bzw. der verwendeten formalen Strukturen wird auch die Ergebnisse ändern. So könnten beispielsweise bei Aufgabe der Annahme der Separabilität der Nutzenfunktion in allen Argumenten die oben angesprochenen Probleme durchaus wieder auftreten. Eine analytische Lösung eines so veränderten Modells, ist dann aber kaum noch zu erwarten.

Neben einer geänderten Modellierung der Entscheidung über die Zahl der Kinder, könnten andere Annahmen über die Technologie und die Fähigkeit, auftretende Umweltprobleme zu lösen, zu anderen Ergebnissen führen. Wenn sich beispielsweise die Möglichkeit Emissionen zu vermeiden, durch technischen Fortschritt oder die Akkumulation von Humankapital verbessert, dann müssen die Gesamtemissionen auch bei steigender Gesamtbevölkerung nicht zwangsläufig wachsen. Durch geeignete Annahmen wird es also unter Umständen möglich sein, ein Modell zu formulieren, das Wechselwirkungen zwischen Umweltnutzung, Bevölkerungswachstum und wirtschaftlicher Entwicklung abbildet und für das ein stabiler steady-state existiert. Ob die so gesetzten Annahmen aber die tatsächlichen realen Zusammenhänge wiedergeben, ist eine offene Frage.

7.4 Grenzen der Aussagekraft von steady-state Analysen

Wir haben in den beiden vorangegangen Abschnitten die Probleme der Modellierung von Wechselwirkungen zwischen Umweltnutzung, Bevölkerungswachstum und wirtschaftlicher Entwicklung diskutiert. Hierzu haben wir ein dynamisches Modell skizziert, das die wichtigsten Charakteristika der Beziehungen zwischen diesen Teilsystemen abbildet. Unsere Diskussion hat gezeigt, daß die Erweiterung des Modells von Barro, Sala-i-Martin (1995:311ff) aufgrund der im Modell getroffenen Annahmen problematisch ist. Selbst wenn sich diese Schwierigkeiten durch eine Modifikation der getroffenen Annahmen bzw. durch andere Funktionen lösen lassen, bleibt die Analyse der Wechselwirkungen zwischen Bevölkerung, Wirtschaft und Umwelt aufgrund der Komplexität der Fragestellung schwierig. Die Probleme entstehen durch den trade-off zwischen der Realitätsnähe des Modells und der Handhabbarkeit und Interpretierbarbeit der Modellergebnisse. Für den Wissenschaftler, der die Beziehungen zwischen Bevölkerung, Wirtschaft und Umweltnutzung in einem Modell abbilden will, stellt sich das Problem, einerseits die Struktur so weit zu vereinfachen, daß das Modell gelöst werden kann und die Ergebnisse interpretierbar bleiben. Andererseits muß das Modell die tatsächlichen Beziehungen zwischen Bevölkerung, Wirtschaft und Umwelt weitgehend wiedergeben, da sonst der Erklärungsgehalt für die realen Zusammenhänge verloren geht. Denn auf der Basis zu stark vereinfachter Modellannahmen lassen sich keine sinnvollen Politikempfehlungen mehr ableiten.

Wir wollen abschließend die Probleme einer möglichst einfachen Modellstruktur am Beispiel der Bevölkerungsdynamik in den Zusammenhang mit den Möglichkeiten und Grenzen der steady–state Analyse stellen. In der Demographie wird häufig das Modell einer stabilen Bevölkerung verwendet, um Bevölkerungsprozesse zu untersuchen. Stabil meint in diesem Kontext, daß die altersspezifischen Geburten- und Sterberaten langfristig, d.h. über einen Zeitraum von mindestens 100 Jahren, konstant sind. Eine Bevölkerung, die sich hierdurch auszeichnet, kann nun in Abhängigkeit von den konkreten Werten für die altersspezifischen Geburten- und Sterberaten mit einer konstanten Rate wachsen oder schrumpfen, bzw. stationär sein (Dinkel 1989:73). Eine solche Bevölkerung ist durch eine konstante Altersstruktur charakterisiert und ihre Wachstumsrate kann als Differenz von Geburten- und Sterberate berechnet werden. Ergeben sich in einer solchen Bevölkerung nun Änderungen in den altersspezifischen Geburten- oder Sterberaten, werden hierdurch über einen langen Zeitraum hinweg Schwankungen in allen demographischen Parametern auftreten. Zwar wird im Falle, daß es sich um einmalige Änderungen handelt, wiederum eine neue stabile Bevölkerungsentwicklung erreicht. Es kann allerdings lange dauern, bis ein solcher Zustand erreicht wird.[8]

Dieses Charakteristikum demographischer Prozesse hat Folgen für die ökonomische Modellierung: Die Diskussion des Modells der stabilen Bevölkerung von Dinkel (1989:150) zeigt, daß erst nach mehr als 100 Jahren der neue stabile Zustand nach einer einmaligen Parametervariation erreicht wird. Da bei solch langen Anpassungszeiträumen, die Wahrscheinlichkeit zunimmt, daß zwischenzeitlich neue Störungen auftreten, stellt sich die Frage, inwiefern die Analyse von steady-states in diesem Zusammenhang zu Erkenntnissen führt, die für die Beurteilung realer Entwicklungen von Bedeutung sind. Denn steady-state Betrachtungen sind nur dann aussagekräftig, wenn die Übergangsdynamik schnell erfolgt.

Wir haben die Probleme einer vereinfachten Modellierung realer Phänomene am Beispiel des Teilsystems Bevölkerung diskutiert. Ähnliche Probleme ließen sich auch für die Modellierung des Teilsystems Umwelt formulieren. Gerade im Hinblick auf das Umweltproblem Treibhauseffekt, ist damit zu rechnen, daß eine Beeinflussung des Klimasystems nur über lange Zeiträume hinweg möglich ist, da hier ein Teil der Dynamik durch natürliche Prozesse bestimmt wird und mit langen Übergangszeiten an ein neues Gleichgewicht gerechnet werden muß. Einzig für die isolierte Modellierung ökonomischer Prozesse scheint die Annahme einer kurzfristigen Kontrollierbarkeit der Variablen und die Annahme einer schnellen Anpassung an einen steady-state gerechtfertigt. Wird aber die Veränderung des ökonomischen Systems durch Veränderung anderer Teilsysteme, die ein anderes dynamisches Verhalten aufzeigen wesentlich mitbestimmt, dann treten auch hier Probleme auf, wenn die Ergebnisse von steady-state Analysen zur Beurteilung realer Phänomene verwendet werden sollen. Es kommt also darauf an, den möglichen Entwicklungen eines Systems außerhalb des steady-state stärkere Aufmerksamkeit zu widmen, als dies bisher der Fall war. Hier besteht erheblicher Forschungsbedarf.

[8] Da die Analyse des Konvergenzverhaltens der stabilen Bevölkerung kompliziert ist, wollen wir an dieser Stelle auf eine ausführliche Darstellung verzichten. Der interessierte Leser sei auf die Arbeiten von Coale (1972) und Feichtinger (1979:268ff) verwiesen.

8. Rückblick und offene Fragen

Wir haben aus unterschiedlichen Perspektiven den Zusammenhang zwischen Bevölkerungswachstum und Umweltnutzung untersucht. Abschließend wollen wir die Ergebnisse der Analyse zusammenfassen und Schlußfolgerungen für die Umwelt- und Bevölkerungspolitik sowie für die weitere Forschung formulieren. Die abschließenden Ausführungen orientieren sich an zwei Fragen.

1. Was wissen wir über die Bevölkerungsentwicklung und deren Zusammenhang zur Umweltnutzung ?
2. Auf welcher Basis lassen sich Maßnahmen für eine Bevölkerungspolitik empfehlen, die zu geringerem Umweltverbrauch führt?

Was wissen wir über die Bevölkerungsentwicklung und deren Zusammenhang zur Umweltnutzung?

Die deskriptiv - empirische Analyse der Bevölkerungsentwicklung in Kapitel 2 belegt, daß seit dem Zweiten Weltkrieg die Sterberaten in allen Staaten der Welt sinken und daß spätestens mit dem Beginn der achtziger Jahre ein deutlicher Rückgang der Geburtenraten auch in den ärmsten Staaten der Welt eingesetzt hat, der bis heute anhält. Damit folgt die Entwicklung in den Dritte- Welt-Staaten dem Muster des demographischen Übergangs, wie er in der Geschichte der Industriestaaten stattgefunden hat. Einen wichtigen Beitrag zu Erklärung des demographischen Übergangs liefert, wie in Kapitel 5 gezeigt wurde, die ökonomische Theorie der Fertilität. Auf der Basis der üblichen Verhaltensannahmen wird gezeigt, daß nutzenmaximierende Haushalte bei steigenden Einkommen eine geringere Zahl an Kindern wählen. Die reale Entwicklung bestätigt diese Theorie im allgemeinen, auch wenn der demographische Übergang in einzelnen Staaten unterschiedlich verlaufen ist bzw. verläuft.

Der Rückgang der Fertilitätsraten ist der historischen Erfahrung nach irreversibel. Trotzdem wird die Weltbevölkerung nach wie vor wachsen. Ursache hierfür ist die Altersstruktur der Bevölkerung, die wiederum ein Resultat des vergangenen hohen Wachstums darstellt. Aufgrund dieser Eigendynamik der Bevölkerungsentwicklung ist deren künftiger Verlauf nur langfristig und in begrenztem Maße zu beeinflussen.

Welcher Zusammenhang besteht nun zwischen Bevölkerungswachstum und der Umweltnutzung? Diese Frage wird in der wissenschaftlichen Literatur kontrovers diskutiert. So ist es strittig, ob und in welchem Maße das Bevölkerungswachstum zur Zerstörung globaler Ökosysteme beiträgt. Denn die Inanspruchnahme der Umwelt als Rohstofflieferant und als Schadstoffempfänger hängt nicht nur von der Zahl der Menschen ab, die in dem jeweiligen Land leben. Sie wird auch durch die Menge und Art der Güter bestimmt, die ein einzelner zur Befriedigung seiner Bedürfnisse nachfragt und durch die Art und Weise, wie die Güter zur Bedürfnisbefriedigung hergestellt werden. Unstrittig ist jedoch, wie wir in Abschnitt 1.2 gesehen haben, daß ein hohes Bevölkerungswachstum in den Entwicklungsländern bei einer gleichzeitigen Angleichung der Produktionsweise und Konsummuster an den Standard westlicher Gesellschaften zu einer erheblichen Belastung der Ökosysteme führt.

Am Beispiel der Veränderung der CO_2-Emissionen haben wir dieses Problem mit Hilfe einer Zerlegung der CO_2-Emissionen in drei Anteile, den Struktur- und Technologieeffekt, den Effekt des Pro-Kopf-Sozialprodukts und dem Bevölkerungswachstum, untersucht (vgl. Kapitel 3). Unter der Annahme, daß die Wahl dieser Variablen hinsichtlich unserer Fragestellung sinnvoll ist, wurde gezeigt, daß dem Bevölkerungswachstum in den Entwicklungsländern ein wesentlicher Anteil der Erhöhung dieser Emissionen zugerechnet werden kann. Es gilt jedoch weiterhin, daß auch Veränderungen in der Produktionstechnologie und in der Höhe des Pro-Kopf-Sozialprodukts einen wichtigen Beitrag zur Veränderung der CO_2-Emissionen leisten. Dieser Beitrag kann positiv oder negativ sein. Was die Veränderung der Produktionstechnologie und der Wirtschaftsstruktur angeht, hat unsere empirische Untersuchung in Kapitel 3 gezeigt, daß Änderungen in der Technologie und der Wirtschaftsstruktur in den Entwicklungsländern zu einem Anstieg der Emissionen führte. So haben der Strukturwandel und der Technologiewechsel in Afrika und in Lateinamerika zum Wachstum der CO_2-Emissionen zwischen 1965 und 1989 beigetragen. Im Gegensatz hierzu hat die Änderung der Technologie und der Wirtschaftsstruktur in den Industrieländern ceteris paribus zu einem Rückgang der CO_2-Emissionen geführt.

Wie lassen sich nun Beziehungen zwischen Bevölkerungsentwicklung und Umweltnutzung modellieren? Die Integration der wichtigsten Zusammenhänge zwischen Bevölkerung, Umwelt und Wirtschaft in einem mathematischen Modell ist aufgrund der Zeitstruktur der Entwicklung der Bevölkerung und der Umweltnutzung mit einem erheblichen formalen Aufwand verbunden. Dies wurde anhand der ökonomischen und demographischen Literatur zu diesem Thema in den Kapiteln 4 bis 7 ausführlich gezeigt. Denn für derartige komplexe dynamische Modelle ist es schwierig, die Existenz und Stabilität von Gleichgewichten nachzuweisen. Es zeigt sich, daß diese entscheidend von Annahmen über die zugrundeliegenden Funktionen abhängen können. Insbesondere gilt: Aufgrund der komplexen Dynamik demographischer Prozesse muß man davon ausgehen, daß die tatsächliche globale Bevölkerungsentwicklung in der Regel nicht im Gleichgewicht verläuft. Es ist auch nicht zu erwarten, daß ein Gleichgewicht innerhalb von Zeiträumen in der Größenordnung von einem Jahrhundert erreicht wird. In diesem Zusammenhang ist es fraglich, ob Politikempfehlungen, die auf der Grundlage von steady-state Analysen in dynamischen Modellen mit endogener Bevölkerungsgröße abgeleitet werden, auf einem adäquaten Bild der tatsächlichen Entwicklung beruhen.

Als Resultat läßt sich festhalten, daß die Ursache-Wirkungszusammenhänge zwischen Bevölkerungswachstum und Umweltnutzung so kompliziert sind, daß sich eindeutige Aussagen darüber gegenwärtig noch nicht formulieren lassen. In dieser Arbeit wurde ein Versuch gemacht über dieses unbefriedigende Ergebnis einen Schritt hinauszugehen. Die Wechselwirkungen zwischen Umwelt, Wirtschaft und Bevölkerung wurden in Abschnitt 1.2 unter der einheitlichen Perspektive der typischen Zeitstruktur der Entwicklung in den jeweiligen Systemen beschrieben. Dieses Vorgehen ermöglicht es, daß die heterogenen Probleme unter einem umfassenden Gesichtspunkt integriert werden können. Die Analyse der Zeitstrukturen innerhalb der Teilsysteme Umwelt, Wirtschaft und Bevölkerung und ihre wechselseitigen Beeinflussungen könnte eine wichtige Basis abgeben für die Entwicklung von Forschungsansätzen bis hin zur später möglichen Modellbildung.

Auf welcher Basis lassen sich Maßnahmen für eine Bevölkerungspolitik empfehlen, die zu geringerem Umweltverbrauch führt?

Angesichts der ungeklärten Probleme bei der Beschreibung des Zusammenhangs zwischen Bevölkerungsentwicklung und Umweltnutzung kann man fragen, ob sich überhaupt Empfehlungen für eine Bevölkerungspolitik sinnvoll begründen lassen. Für solche Empfehlungen braucht man eine möglichst klare Diagnose des Ist-Zustandes und eine eindeutige Vorstellung des zu erreichenden Soll-Zustandes. Bevor wir die Frage nach möglichen Empfehlungen abschließend beantworten, wollen wir uns dem Problem zuwenden, wie auf der Basis ökonomischer Überlegungen ein Soll-Zustand formuliert werden kann. Im Rahmen der ökonomischen Theorie ist, wie in Kapitel 5 gezeigt wurde, der Versuch unternommen worden, eine solche Zielgröße für die Bevölkerung, sei es in einem Land, sei es weltweit anzugeben und wissenschaftlich zu begründen. Mit dieser Frage beschäftigt sich die Theorie der optimalen Bevölkerungsgröße. Dabei wurde deutlich, daß sich schon auf der rein theoretischen Ebene Schwierigkeiten ergeben, ein eindeutiges Kriterium für die optimale Bevölkerungsgröße festzulegen. Denn die Orientierung an der Gesamtwohlfahrt (Bentham) oder an der Pro-Kopf-Wohlfahrt (Mill) oder an dem in der Gesellschaft am schlechtesten gestellten Individuum (Rawls) führt zu jeweils unterschiedlichen Ergebnissen über die jeweils optimale Bevölkerungsgröße im Vergleich zur Laissez-faire Lösung. In der gegenwärtigen Forschung besteht kein Konsens darüber, welches der drei Kriterien bei der Bestimmung der optimalen Bevölkerungsgröße zur Anwendung gelangen sollte.

Es ist somit aus der Perspektive der ökonomischen Theorie schwierig, auf der wohlfahrtsökonomischen Ebene für Maßnahmen, die auf eine Reduktion des Bevölkerungswachstums gerichtet sind, zu plädieren. Allerdings kann man aus der ökonomischen Theorie genau dann konkretere Empfehlungen herleiten, wenn man externe Effekte des Bevölkerungswachstums in die Betrachtung mit einschließt. Wenn ein eindeutiger Zusammenhang nachzuweisen wäre zwischen Bevölkerungswachstum und zunehmender Umweltnutzung, läßt sich die Theorie der optimalen Bevölkerungsgröße so formulieren, daß sie Maßnahmen zur Beschränkung des Wachstums rechtfertigt.

Zu Beginn dieser Abhandlung wurde darauf hingewiesen, daß die Zerstörung globaler Ökosysteme und das hohe Bevölkerungswachstum zu den dringlichsten Problemen der internationalen Politik zu zählen sind. Die Staatengemeinschaft geht, wie in dem Abschlußprotokoll der Weltbevölkerungskonferenz deutlich wird, davon aus, daß das Bevölkerungswachstum ein wichtiger Faktor der voranschreitenden Umweltzerstörung ist. Vor dem Hintergrund der vorausgegangenen Untersuchung ist zu fragen, welche Empfehlungen bezüglich von Maßnahmen zur Steuerung der Bevölkerungsentwicklung sowie zur Verringerung der Umweltzerstörung gegeben werden können, bzw. ob es möglich ist, mit Maßnahmen auf der einen Seite günstige Wirkungen auf der anderen Seite zu erreichen.

Angesichts der Schwierigkeiten, die Ursache-Wirkungszusammenhänge zwischen Umweltnutzung und Bevölkerungsentwicklung anzugeben, kann als sicher gelten, daß mit bevölkerungspolitischen Maßnahmen allein keine deutliche Reduktion der Umweltbelastung zu erreichen sein dürfte. Was den Erfolg einer solchen Bevölkerungspolitik angeht, kommt erschwerend hinzu, daß die Implementierung von Maßnahmen der Bevölkerungskontrolle umstritten und aufgrund der Eingriffe in die Intimsphäre der Menschen schwer durchsetzbar ist. Daraus folgt nicht, daß Bevölkerungspolitik keinen Beitrag zur Lösung von Umweltproblemen leisten kann. Zwar wird, wie in Abschnitt 1.2 erläutert wurde, von manchen Ökonomen die Position vertreten, daß die Gesetzmäßigkeiten wirtschaftlicher Dynamik von selber dazu führen, daß das Bevölkerungswachstum sich verlangsamt oder gar zum Stillstand kommt, und daß die damit verbundenen Umweltprobleme gelöst werden. Aber diese Position ist nicht zwingend. Da nämlich ceteris paribus eine geringere Bevölkerungsgröße auch einem geringeren Umweltverbrauch bedeutet, kann es durchaus sinnvoll sein, auf ein möglichst geringes Bevölkerungswachstum oder eine stationäre Bevölkerung hinzuwirken.

Die demographische Forschung zeigt, daß Aufklärungs- und Bildungsmaßnahmen, die dazu beitragen, daß die Entscheidung über die Zahl der Kinder als bewußte Wahl getroffen wird und niedrigere Fertilität als Vorteil wahrgenommen wird, einen Beitrag zur Beschleunigung des demographischen Übergangs leisten. Der Erfolg solcher Maßnahmen kann verstärkt werden, wenn einer großen Anzahl von Menschen wirksame Verhütungsmethoden verfügbar gemacht werden. Aufgrund der durch die Altersstruktur bedingten Eigendynamik des Bevölkerungswachstums sind die Möglichkeiten, auf die Entwicklung der Weltbevölkerung Einfluß zu nehmen, jedoch begrenzt.

Vor den Hintergrund der Schwierigkeiten, die sowohl bei der Diagnose des Zusammenhangs zwischen Umweltnutzung und Bevölkerungsentwicklung als auch bei einer auf bevölkerungspolitische Maßnahmen konzentrierten Therapie auftreten, läßt sich im Zusammenhang unserer Fragestellung eine eindeutige Empfehlung herleiten: Im Zweifelsfall sollte man immer umweltpolitische Maßnahmen zur Reduktion des Umweltverbrauches durchführen. Denn diese Maßnahmen sind, wie gezeigt wurde, kurzfristig wirksamer und auch leichter durchzusetzen als eine Regulierung der Bevölkerungsentwicklung.

Literaturverzeichnis

Ahlberg, D.A., A.C. Kelley, K. Oppenheim-Mason (1996) The Impact of Population Growth on Well-being in Developing Countries, Springer Verlag, Berlin, Heidelberg.

Ang, B W. (1993) "Sector disaggregation, structural effect and industrial energy use: an approach to analyse the interrelationships", in: Energy 18 (19):1033-1044.

Aristoteles, Politik, Herausgegeben von B. König, Rowolts Enzyklopädie, Hamburg, 1994.

Aristoteles, Nikomachische Ethik, übersetzt v. Rolfes, E., Meiner Verlag 1921.

Arrow, K. (1963) Social Choice and Individual Values, Wiley, New York.

Arrow, K., B. Bolin, B. Costanza, P. Dasgupta, C. Folke, C.S. Holling, B.O. Jansson, S. Levin, K.G. Mähler, Ch. Perrings, D. Pimmentel (1995) "Economic growth, carrying capacity, and the environment, in: Ecological Economics, Vol.15:91-95.

Arroyo, C.R., J. Zhang (1997) "Dynamic microeconomic models of fertility choice: a survey", in: Journal of Population Economics, 10:23-65.

Arthur, W. B., G. McNicoll, (1977) "Optimal time path with age-dependence: a theory of population policy", in: Review of Economic Studies, Vol. 44:111-123.

Atkinson, A. B., J. Stiglitz (1980) Lectures on Public Economics, McGraw Hill, New York.

Barro, R.J., X. Sala-I-Martin (1995) Economic Growth, McGraw-Hill, New York.

Becker, G.S. (1960) "An economic analysis of fertility", in: Demographic and Economic Change in developed Countries, NBER, Princeton:209-231.

Becker, G.S. (1996) "Fertilität und Wirtschaft", in: G.S. Becker, Familie, Gesellschaft und Politik - die ökonomische Perspektive, übers. Von M. Streissler, Mohr(Siebeck), Tübingen:137-160.

Becker, G.S., R.J. Barro (1988) "A reformulation of the economic theory of fertility", in: Quarterly Journal of Economics, Vol. CIII: 1-25.

Becker, G.S., R.J. Barro (1989) "Fertility choice in a model of economic growth", in: Econometrica 57:481-501.

Becker, G.S., G.H. Lewis (1973) " On the interaction between the quality and quantity of children", in: Journal of Political Economy 81:279-288.

Becker, G.S., K.M. Murphy, R. Tamura (1990) "Human capital, fertility and economic growth", in: Journal of Political Economy, 98:S12-S37.

Ben-Porath, Y. (1976) "Fertility response to child mortality: micro data from Israel", in: Journal of Political Economy, 84:S163-S178.

Bergstrom, Th. C. (1997) "A survey of theories of the family", in: Rosenzweig, M. R., O. Stark, (eds.), Handbook of Population and Family Economics, Vol. 1 A, Elsevier, Amsterdam, Lausanne, New York, Oxford, Shannon, Tokyo:21-79.

Bilsborrow, R., M. Geores (1994) "Population, land-use and the environment in developing countries: what can we learn from cross.national data", in: Brown, K., D. Pearce (eds.) The Causes of Tropical Deforestation, UCL, London: 106-133.

Birdsall, N. (1994) "Another look at population and global warming", in: Population, Environment, and Development, Proccedings of the United Nations Expert Group Meeting on Population, Environment, and development, January 1992, United Nations, New York:117-134.

Birg , H. (1986) "Demographie und Ethik - Das Werk von Johann Peter Süßmilch mit einem Blick auf David Hume und Thomas Malthus", in: Birg, H., Die Ursprünge der Demographie in Deutschland. Leben und Werk Johan Peter Süßmilchs (1707-1767), Frankfurt: 9-28.

Birg, H. (1995) World Population Projections for the 21st Century. Theoretical Interpretations and Quantitative Simulations, Campus Verlag, Frankfurt.

Blackorby, Ch., D. Donaldson (1991) "Normative Population Theory. A Comment", in: Social Choice and Welfare, 8:261-267.

Blackorby, Ch., D. Donaldson (1984) "Social criteria for evaluating population change", in: Journal of Public Economics 25:13-33.

Boadway, R. W., E. Wildasin (1984) Public Sector Economics, Brown, Boston.

Bongaarts, J. (1992) "Population growth and global warming", in: Population and Development Review 18(2): 229-319.

Boserup, E. (1981) Population and technological Change. A Study of Long-Term Trends, The University of Chicago Press, Chicago.

Bossert, W. (1990) "Maximin welfare orderings with variable population size", in: Social Choice and Welfare, 7:39-45.

Boyd, G, J.F. McDonald, M. Ross, D.A. Hanson (1987) "Seperating the changing composition of US manufacturing production from energy efficiency improvements: a Divisa index approach", in: The Energy Journal 8(2):77-96.

Brandner, J.A., M. S. Taylor (1998) "The simple economics of easter island: a Ricardo- Malthus model of renewable resource use", in: American Economic Review, Vol. 88, 1:119-138.

Brentano, L. (1909) Die Malthussche Lehre und die Bevölkerungsbewegung der letzten Dezennien, Verlag der K. B. Akademie der Wissenschaften, München.

Burton, P.S. (1993) "Intertemporal preferences and intergenerational equity. Considerations in optimal resource harvesting", in: Journal of Environmental Economics and Management, 24: 119-132.

Caldwell, J. C. C. (1976) "Toward a restatement of demographic transition theory", in: Population and Development Review, Vol. 2, No. 3/4.

Caldwell, J. C. C. (1978) "A theory of fertility: from high plateau to destabilization, in: Population and Development Review, Vol. 4, No. 4.

Chesnais J-C. (1992) The Demographic Transition. Stages Patterns and Economic Implications. A Longitudional Study of Sixty-Seven Countries Covering the Period 1720-1984, Clarendon Press, Oxford.

Cigno, A. (1998) "Fertility decisions when infant survival is enogenous", in: Journal of Population Economics, Vol. 11:21-28.

Clarke, H. und Y. K. Ng (1993) Immigration and economic welfare: resource and environmental aspects, in: Economic Record, Vol. 69, No. 206:259-273.

Coale, A.J. (1973) "The demographic transition reconsidered", in: International Population Conference, 1973, Lüttich.

Coale, A.J. (1972) The Growth and Structure of Human Populations. A Mathematical Investigation, Princeton.

Cohen, J. (1995) How Many People Can the Earth Support?, Norton, New York.

Condorcet, M. (1795) Sketch for a Historical Picture of the Progress of Human Mind, trans. J. Barraclough, London (1955).

Cowen, T, (1989) "Normative population theory", in: Social Choice and Welfare, Vol. 6:33-43.

Cronshaw, M. B., T. Requate (1997) "Population size and environmental quality", in: Journal of Population Economics, 10:229-316.

Dasgupta, P. (1993) An Inquiry into Well-Being and Destitution, Clarendon Press, Oxford.

Dasgupta, P. (1994) "Savings and fertility: ethical issues, in: Philosophy and Public Affairs 23:99-127.

Dasgupta, P. (1995) "The population problem: theory and evidence", in: Journal of Economic Literature, Vol. 33:1879-1902.

Dasgupta, P. (1998) "Population, consumption and resources: ethical issues", in: Ecological Economics, 24: 139-152.

Davies, J.B., J. Zhang (1997) "The effects of gender control on fertility and children's consumption", in: Journal of Population Economics, 10:67-85.

Davis, K. (1991) "Population and resources: fact and interpretation", in: Davis, K., Bernstam, M.S. (eds.) Resources, Environment, and Population, Present Knowledge, Future Options, Oxford University Press, Oxford:1-21.

Diewert, W.E. (1993a) "The early history of price index research", in: Diewert, W.E., A.O. Nakamura (eds.) Essays in Index Number Theory, Vol. 1, Contribution to Economic Analysis No. 217, North-Holland, Amsterdam:33-66.

Diewert, W.E. (1993b) "The economic theory of index numbers: a survey", in: Diewert, W.E., A.O. Nakamura (eds.) Essays in Index Number Theory, Vol. 1, Contribution to Economic Analysis No. 217, North-Holland, Amsterdam:177-222.

Dinkel, R. (1989) Demographie, Band 1: Bevölkerungsdynamik, Verlag Vahlen München.

Dreizel, H. (1986) "J.P. Süßmilchs Beitrag zur politischen Diskussion der Deutschen Aufklärung", in: Birg, H., Die Ursprünge der Demographie in Deutschland. Leben und Werk Johan Peter Süßmilchs (1707-1767), Frankfurt:29-141.

Eckstein, Z., S. Stern, K.I. Wolpin (1989) "On the Malthusian hypothesis and the dynamics of population and income in an equilibrium growth model with endogenous fertility", in: Zimmermann, K.F. (Ed) Economic Theory of Optimal Population, Springer-Verlag, Berlin, Heidelberg:105-115.

Eckstein, Z., S. Stern, K.I. Wolpin (1988) "Fertility choice, land, and the Malthusian hypothesis", in: International Economic Review 29:353-361.

Ehrlich, P, J. Holdren (1971) "Impact of population growth", in: Science 171:1212-1217.

Ehrlich, P.R (1968) The Population Bomb, New York.

Ehrlich, P.R., A.E. Ehrlich (1990) The Population Explosion, New York.

Elsner, E. (1986) "Kurzer Überblick über das Leben und Wirken Johann Peter Süßmilchs (1707-1767)", in: Birg, H., Die Ursprünge der Demographie in Deutschland. Leben und Werk Johan Peter Süßmilchs (1707-1767), Frankfurt:143-151.

Faber, M., F. Jöst, R. Manstetten (1995) "Limits and perspectives of the concept of sustainable development", in: Economie Appliquee 48:233-251.

Faber, M., R. Manstetten, J. Proops (1996) "Evolution in biology, physics and economics: a conceptual analysis", in: Faber, M., R. Manstetten, J. Proops, Ecological Economics. Concepts and Methods, Edward Elgar, Cheltenham:136-167.

Faber, M., J. Proops with the cooperation of R. Manstetten (1998) Evolution, Time, Production and the Environment, 3. Auflage, Springer Verlag, Heidelberg.

Faber, M., J. Proops, S. Speck with Frank Jöst (1999) Capital and Time in Ecological Economics. A Neoaustrian Modelling, Edward Elgar, Cheltenham.

Feichtinger, G. R.F. Hartl (1986) Optimale Kontrolle ökonomischer Prozesse. Anwendungen des Maximumprinzips in den Wirtschaftswissenschaften, Walter de Gruyter, Berlin, New York.

Feichtinger, G. (1979) Demographische Analyse und populationsdynamische Modelle. Grundzüge der Bevölkerungsmathematik, Springer Verlag, Heidelberg, Wien.

Fogel, R.W. (1994) "Economic growth, population theory, and physiology: the bearing of long-term processes on the making of economic policy", in: American Economic Review, Vol. 84, 3: 369-395.

Fogel, R. W. (1997) "New findings on secular trends in nutrition and mortality: some implications for population theory", in: Rosenzweig, M. R., Stark, O. (eds.), Handbook of Population and Family Economics, Vol. 1 A, Elsevier, Amsterdam, Lausanne, New York, Oxford, Shannon, Tokyo: 433-481.

Freijka, T. (1996) "Long-range global population projections: lessons learned", in: Lutz, W.E. (ed.) The Future of the World Population. What can we Assume Today, Revised 1996 Edition, Earthscan Publications, London:3-13.

Galor, O., D.N. Weil (1996) "Gender gap, fertility, and growth", in: American Economic Review, 86:374-387.

Godwin, W. (1798) An Enquiry Concerning Political Justice, and its Influence on General Virtue and Happiness, 3. Auflage, London.

Gradus, R., S. Smulders (1993) "The trade-off between environmental care and long-term growth - pollution in three prototype growth models", in: Journal of Economics - Zeitschrift für Nationalökonomie, Vol. 58, 1:25-51.

Grossman, G. M. (1995) "Pollution and growth: what do we know?", in: Goldin, I., L.A. Winters (eds.) The Economics of Sustainable Development, Cambridge, Cambridge University Press:19- 47.

Grossman, G. M., A.B. Krueger (1995) "Economic growth and the environment", in: Quarterly Journal of Economics Vol. 110 (2):353-377.

Grossman, G. M., A.B. Krueger (1993) "Environmental impacts of a North American Free Trade Agreement", in: Garber, P. (ed.) The US-Mexico Free Trade Agreement, MIT Press, Cambridge.:165- 177.

Haford, J.D. (1998) "The ultimate externality", in: American Economic Review, Vol. 88, 1:260-265.

Hale, M. (1677) The Primitive Origination of Mankind, London.

Hanson, I., Ch. Stuart, (1989) "Social security as trade among living generations", in: American Economic Review, Vol.75:1182-1195.

Harrison, P. (1992) The Third Revolution: Environment, Population and a Sustainable World, I.D. Tauris & Co, London.

Harsanyi, J.C. (1955) "Cardinal welfare, individualistic ethics, and interpersonal comparisons of utility", in: Journal of Political Economy, Vol. 63:309-321.

Hauser, J.A. (1990a) Bevölkerungs- und Umweltprobleme der Dritten Welt, Band 1, UTB Haupt, Bern.

Hauser, J.A. (1990b) Bevölkerungs- und Umweltprobleme der Dritten Welt, Band 2, UTB Haupt, Bern.

Heer, B. (1996) "Income and emission taxation in a model of economic development, population growth and the environment", in: Jahrbücher für Nationalökonomie und Statistik, Bd. 47,1:166- 178.

Heer, B. (1997) Umwelt, Bevölkerungsdruck und Wirtschaftswachstum in den Entwicklungsländern, Physika Verlag, Heidelberg.

Heilig, G.K. (1996) "How many people can be fed on earth?", in: Lutz, W. (ed.) The Future Population of the World. What can we Assume Today, Revised and Updated Edition, Earthscan, London:196-250.

Holdren, J. (1991) "Population and the energy problem", in: Population and Environment 12(3):231-255.

Holling, C.S. (1994) "An ecologist view of the Malthusian conflict", in: K. Lindahl- Kiessling, H. Landberg (Eds) Population, Economic Development, and the Environment, Oxford University Press, New York: 79-104.

Hotz, V. J., J. A Klerman,. R. J Willis (1997) "The economics of fertility in developed countries", in: Rosenzweig, M. R., Stark, O. (ed.), Handbook of Population and Family Economics, Vol. 1 A, Elsevier, Amsterdam, Lausanne, New York, Oxford, Shannon, Tokyo: 275-347.

Hurka, T. (1983) "Value and population size", in: Ethics 93:496-507.

IPCC (1990) Climate Change. The Scientific Assessment. Interngovernmental Panel on Climate Change, edited by J. T. Houghton, G. J. Jenkins, J. J. Ephraums, Cambridge University Press, Cambridge.

Jorgenson, D.W., Z. Grilichs (1967) "The explanation of productivity change", in: Review of Economic Studies, Vol. 34:249-283.

Jöst, F. (1994) Klimaänderungen, Rohstoffkanppheit und wirtschaftliche Entwicklung, Physika-Verlag, Heidelberg.

Jöst, F. (1999) "An evolutionary perspective of structural change and the role of technology", erscheint in: M. Jänicke (ed.) Green Industrial Restucturing: Driving forces of Structural Change and Preconditions for Industrial Policy, Springer Verlag, Heidelberg.

Jöst, F., M. Quaas, J. Schiller (2001) Population growth, economy, and the natural environment: a dynamic model with endogenous fertility, Discussion Paper Nr. 344, Wirtschaftwissenschaftliche Fakultät, Universität Heidelberg, Februar 2001.

Judge, G.G., R.C. Hill, W.E. Griffiths, H. Lütkepohl, T.-C. Lee (1987) Introduction to the Theory and Practice of Econometrics, second edition, John Wiley & Sons, New York.

Kaa, v. de, D. (1997) "Verankerte Geschichten: Ein halbes Jahrhundert Forschung über die Determinanten der Fertilität - Geschichte und Ergebnisse", in: Zeitschrift für Bevölkerungswissenschaft, 22. Jahrgang, 1: 3-57.

Kamien, M. I., E. Müller (1976) "Optimal control with integral equations", in: Review of Economic Studies,Vol. 43:469-473.

Kautsky, K. (1880) Der Einfluß der Volksvermehrung auf den Fortschritt der Gesellschaft, Bloch und Hasbach, Wien.

Keeler, E., M. Spence, R. Zeckhauser (1971) "The optimal control of pollution", Journal of Economic Theory, 4:19-34.

Kennedy, J.O.S (1995) "Changes in optimal pollution taxes as population increases", in: Journal of Environmental Economics and Management, 28:19-33.

Keyfitz, N. (1996) "Population growth, development and the environment", in: Population Studies, Vol. 50:335-359.

Kirk, D. (1996) "Demographic transition theory", in: Population Studies, Vol. 50:361- 387.

Knapp, T. , R. Mookerjee (1996) "Population growth and global CO_2-emissions. a secular perspective", in: Energy Policy, Vol. 24, 1:31-37.

Kollmann, R. (1997) "Endogenous fertility in a model with non-dynastic parental altruism", in: Journal of Population Economics, 10:87-95.

Krehbiel, Th. C., R. F. Gorman, O. H. Erkson, O. L. Louchs, P., C. Johnson (1999) "Advancing ecology and economics through a business-science sythesis", in: Ecological Economics, Vol. 28:183- 196.

Leibenstein, H. (1954) A Theory of Economic-Demographic Development, Princeton University Press, Princeton.

Lele, U. S.W. Stone (1989) Population Pressure, the Environment and Agricultural Intensifications. Variations on the Boserup Hypothesis. MADIA Discussion Paper 4, The World Bank.

Lindahl-Kiessling, K. , H. Landberg (1994) Population, Economic Development, and the Environment, Oxford University Press, Oxford.

Lutz W. (1993) "Population and environment, what do we need more urgently: better data, better models or better questions", in: J. Clark und B. Zaba (eds) Environment and Population Change, Ordina, Liege, Belgien.

Lutz, W. (Ed.) (1994a) Population - Development - Environment. Understanding their Interactions in Mauritius, Springer, Berlin, Heidelberg, New York, Tokyo.

Lutz, W. (1994b) "Philosopy of the PDE approach", in Lutz, W. (ed.) Population - Development - Environment. Understanding their Interactions in Mauritius, Springer, Berlin, Heidelberg, New York, Tokyo: 209-220.

Lutz W., C. Prinz, J. Langgasser (1993) "World population projections and possible ecological feedbacks", in: Popnet 23 (Summer), International Institute for Applied Systems Analysis, Laxenburg.

Mackenroth, G. (1953) Bevölkerungslehre, Theorie, Soziologie und Statistik der Bevölkerung, Springer Verlag, Berlin.

Maddison, A. (1995) Monotoring the World Economy, 1820-1992, Development Centre Studies, OECD, Paris.

Malthus, Th. R. (1905a) Bevölkerungsgesetz, Band 1, Fischer Verlag, Jena.

Malthus, Th. R. (1905a) Bevölkerungsgesetz, Band 1, Fischer Verlag, Jena.

Manstetten, R. (1995) "Die Einheit und Unvereinbarkeit von Ökologie und Ökonomie", in: GAIA,4, No.1:40-51.

Marchetti, C. (1978) On 10^{12}: A Check on Earth Carrying Capacity for Man, RR-87-7, International Institute for Applied System Analysis, Laxenburg, Austria.

Marland G., R.M. Rotty (1984) "Carbon dioxide emissions from fossile fuels: a procedure for estimation and results for 1950-1982", in: TELLUS 36B(4):232-261.

Marland G., T. Boden, B. Andres, C. Johnston (1998) Revised National CO_2-Emissions from Fossil-Fuel Burning, Cement Manufacture, and Gas Flaring: 1751-1995, Carbon Dioxide Information Analysis Center, Oak Ridge National Laboratory, Institute of Northern Engineering School of Engineering, University of Alaska-Fairbanks, Chemical Engineering Department, University of Tennessee, im Internet unter http://cdiac.esd.ornl.gov/ftp/ndp-30.

Mas-Collel, A., M.D. Whinsten, J.R. Green (1995): Microeconomic Theory, Oxford University Press, New York.

McKellar, L.F. W. Lutz, Ch. Prinz, A, Goujon (1995) "Population, households, and CO_2emissions", in: Population and Debvelopment Review, Vol 21, No.4:849-865.

Miller, F.D. (1991) "Aristotele on natural law and justice", in: Keydt, D. Miller, F.D. (eds.) A Companion to Aristotele's Politics, Oxford, Cambridge:279-306.

Mitchel, B.R. (1988) British historical statistics, Cambridge University Press, Cambridge.

Nerlove, M. (1991) "Population and the environment: a parable of firewood and other tales", in: American Journal of Agricultural Economics, Vol. 73:1334-1347.

Nerlove, M., A. Meyer (1997) "Endogenous fertility and the environment: a parable of firewood", in: Dasgupta, P., K.G. Mäler (eds.) The Environment and Emerging Development Issues, Vol. 2, Clarendon Press, Oxford: 259-282.

Nerlove, M., A. Razin, E. Sadka (1987) Household and Economy. Welfare Economics of Endogenous Fertility, Academic Press, Boston.

Nerlove, M., A. Razin, E. Sadka (1986) , "Some welfare theoretic implications of endogenous fertility", in: International Economic Review 27:3-31.

Nerlove, M., A. Razin, E. Sadka (1989) "Socially optimal population size and individual choice", in: Zimmermann, K.F. (ed.) Economic Theory of Optimal Population, Springer- Verlag, Berlin, Heidelberg, 1989:19-38.

Nerlove, M., L.K. Raut (1997) "Growth models with endogenous population: a general framework", in: Rosenzweig, M. R., Stark, O. (eds.), Handbook of Population and Family Economics, Vol. 1 B, Elsevier, Amsterdam, Lausanne, New York, Oxford, Shannon, Tokyo: 117-1174.

Ness, G.D., W.D. Drake, S.R. Brechin (eds.) (1993) Population-Environment Dynamics - Ideas and Observations, zweite revidierte Auflage, University of Michigan Press, Ann Arbor.

Notstein, F.W. (1945) "Population - the long view", in: Schulz, T.W. (ed) Food for the World, Chicago University Press, Chicago:37-57.

Overbeek, J. (1972) History of Population Theories, Rotterdam University Press, Rotterdam.

Parfit, D. (1984) Reasons and Persons, Oxford University Press, Oxford.

Pearson, F.A., F.A. Haper (1945) The World's Hunger, Cornell University Press, Oxford.

Pestieau, P. (1989) "Endogenous population and fixed input in a growth model with altruism", in: Zimmermann, K.F. (ed.) Economic Theory of Optimal Population, Springer-Verlag, Berlin, Heidelberg, 1989:91-104.

Preston, S. (1996) "The effect of population growth on environmental quality", in: Population Research and Policy Review 15:101-107.

Proops, J.L.R., M. Faber, G. Wagenhals (1993) Reducing CO2 Springer-Verlag, Heidelberg.

Raskin, P. (1995) "Methods for estimating the population contribution to environmental change", in: Ecological Economics 15:225-223.

Rawls, J (1971) A Theory of Justice, Harvard University Press, Cambridge.

Razin A., E. Sadka (1995) Population Economics, MIT Press, Cambridge, Massachusetts.

Razin, A., Chi-Wa Yuen (1995) Utilitarian trade-off between population growth and income growth", in: Journal of Population Economics, 8:81-87.

Robinson, J. A., T.N. Srinivasan (1997) "Long-term consequences of population growth: technological change, natural resources, and the environment', in: Rosenzweig, M. R., Stark, O. (eds.), Handbook of Population and Family Economics, Vol. 1 B, Elsevier, Amsterdam, Lausanne, New York, Oxford, Shannon, Tokyo: 1175-1298.

Robinson, W.C. (1998) "Global population trends. The prospect for stabilization", in: Resources, Resource for the Future, Issue 191, Spring 1998:6-9.

Rosenzweig, M. R., Stark, O. (eds.) (1997) Handbook of Population and Family Economics, Vol. 1 A und 1B, Elsevier, Amsterdam, Lausanne, New York, Oxford, Shannon, Tokyo.

Rümlein G. (1875) "Über die Malthusschen Lehren", in: Rümlein, G. Reden und Aufsätze, Tübingen.

Sah, R.K. (1991) "The effects of child mortality changes on fertility choice and parental welfare", in: Journal of Political Economy 99:582-606.

Schumpeter, J. A. (1965) Geschichte der ökonomischen Analyse, Band 1, Vandenhoeck & Rupprecht, Göttingen, Zürich.

Schmitt-Rink, G. (1989) "Is there an optimal growth rate for population?", in: Zimmermann, K.F. (ed.) Economic Theory of Optimal Population, Springer-Verlag, Berlin, Heidelberg, 1989:51-66.

Schweizer, U. (1996) "Endogenous fertility and the Henry George theorem", in: Journal of Public Economics 61:209-228.

Seldon, T.M., D. Song (1994) "Environmental quality and development: is there a Kutznets curve for air pollution emissons", in: Journal of Economics and Management, 27:147-162.

Sen, A. (1970) Collective Choice and Social Welfare, Edinburgh.

Sen, A. (1994) "Population and reasoned agency: food, fertility, and economic development", in: K. Lindahl-Kiessling, H. Landberg (eds.) Population, Economic Development, and the Environment, Oxford University Press, New York: 51-78.

Sen, A. (1997) "Population policy: authoritanism vs cooperation", in: Journal of Population Economics, Vol. 10:3-22.

Shafik, N. (1994) "Economic development and environmental quality: an econometric analysis", in: Oxford Economic Papers, 46:757-773.

Shah, A. (1998) Ecology and the Crisis of Overpopulation. Future Prospects for Global Sustainability, Edward Elgar, Cheltenham, UK, Northampton, MA, USA.

Sickles, R. C., P. Taubman (1997) "Mortality and morbidity among adults and the elderly, in: Rosenzweig, M. R., Stark, O. (eds.), Handbook of Population and Family Economics, Vol. 1 A, Elsevier, Amsterdam, Lausanne, New York, Oxford, Shannon, Tokyo:559-643.

Sieferle, R.P. (1990) Bevölkerungswachstum und Naturhaushalt, Surkamp Verlag. Frankfurt.

Simon, J.L. (1981) The Ultimate Resource, Princeton University Press, Princeton.

Simon, J.L., G. Steinmann (1991) "Population growth, farmland, and the long-run standard of living", in: Journal of Population Economics, 4:37-51.

Spiegel, Y. (1993) "Rawlsian optimal population size", in: Journal of Population Economics, 6:363-373.

Stokey, N.L. (1998) "Are there limits to growth", in: International Economic Review, Vol. 39, No1:1-31.

Stycros, J.M. (1994) Population and the Environment: Polls, Policies, and Public Opinion, Department of Rural Sociology, Cornell University, Working Paper No. 15, September 1994.

Summers, R., A. Heston (1991) "The Penn Mark IV Data Table, an expanded set of international comparisons, 1959-1988", in: Quaterly Journal of Economics, 106:327-359.

Summers, R., A. Heston (1995), Penn World Table, Versin 5.6, im Internet unter http://www.nber.org abrufbar.

Sumner, L.W. (1978) "Classical utilitarianism and population optimum", in: R.I. Sikora, B. Barry (eds.), Obligations to Future Generations, Temple University Press, Philadelphia.

Süßmilch, J. P. (1761) Die göttliche Ordnung in den Veränderungen des menschlichen Geschlechts, 2 Bände, Berlin.

Todaro, M. P. (1993) Economic Development, 5. ed., Longman, New York.

Townsend, J. (1786) A Dissertation on the Poor Laws, London.
UN (1995) World Development Report, Oxford University Press, Oxford.
UN (1996) World Population Prospects - the 1996 Revision, New York.
UNHCR (1996) International Migration 1996 Conference Report Environmentally-Induced Population Displacements and Environmental Impacts From Mass Migration, Vol 34, No. 2, pp. 335-339.
UN-ICDP (1994) Programme of Action of the UN International Conference of Population and Development, Cairo.
Wallace, R (1753) A Dissertation on the Numbers of Mankind in Acient and Modern Times, 2. Auflage, Edinburgh.1809.
Wallace, R. (1761) Various Prospects of Mankind, Nature, and Providence, London.
Wexler, L. (1996) Decomposing models of demographic impact on the environment, Working Paper WP-96-85, International Institute for Applied Systems Analysis, Laxenburg, July 1996.
Willis, R. (1973) "A new approach to the economic theory of fertility behaviour", in: Journal of Political Economy, 81:S14-S64.
Yip, Ch.K., J. Zhang (1997) "A simple endogenous growth model with endogenous fertility: indeterminacy and uniqueness", in: Journal of Population Economics, 10:97-110.
Zimmermann, K.F. (1988) "Wurzeln der modernen ökonomischen Bevölkerungstheorie in der deutschen Forschung um 1900", in: Jahrbücher für Nationalökonomie und Statistik, 205:116-130.
Zimmermann, K.F. (Ed.) (1989) "Optimal population: an introduction", in: Zimmermann, K.F. (Ed) Economic Theory of Optimal Population, Springer-Verlag, Berlin, Heidelberg, 1989:1-18.

Wirtschaftswissenschaftliche Beiträge

Band 146: E. Lübke, Ersparnis und wirtschaftliche Entwicklung bei alternder Bevölkerung, 1997. ISBN 3-7908-1022-3

Band 147: F. Deser, Chaos und Ordnung im Unternehmen, 1997. ISBN 3-7908-1023-1

Band 148: J. Henkel, Standorte, Nachfrageexternalitäten und Preisankündigungen, 1997. ISBN 3-7908-1029-0

Band 149: R. Fenge, Effizienz der Alterssicherung, 1997. ISBN 3-7908-1036-3

Band 150: C. Graack, Telekommunikationswirtschaft in der Europäischen Union, 1997. ISBN 3-7908-1037-1

Band 151: C. Muth, Währungsdesintegration – Das Ende von Währungsunionen, 1997. ISBN 3-7908-1039-8

Band 152: H. Schmidt, Konvergenz wachsender Volkswirtschaften, 1997. ISBN 3-7908-1055-X

Band 153: R. Meyer, Hierarchische Produktionsplanung für die marktorientierte Serienfertigung, 1997. ISBN 3-7908-1058-4

Band 154: K. Wesche, Die Geldnachfrage in Europa, 1998. ISBN 3-7908-1059-2

Band 155: V. Meier, Theorie der Pflegeversicherung, 1998. ISBN 3-7908-1065-7

Band 156: J. Volkert, Existenzsicherung in der marktwirtschaftlichen Demokratie, 1998. ISBN 3-7908-1060-6

Band 157: Ch. Rieck, Märkte, Preise und Koordinationsspiele, 1998. ISBN 3-7908-1066-5

Band 158: Th. Bauer, Arbeitsmarkteffekte der Migration und Einwanderungspolitik, 1998. ISBN 3-7908-1071-1

Band 159: D. Klapper, Die Analyse von Wettbewerbsbeziehungen mit Scannerdaten, 1998. ISBN 3-7908-1072-X

Band 160: M. Bräuninger, Rentenversicherung und Kapitalbildung, 1998. ISBN 3-7908-1077-0

Band 161: S. Monissen, Monetäre Transmissionsmechanismen in realen Konjunkturmodellen, 1998. ISBN 3-7908-1082-7

Band 162: Th. Kötter, Entwicklung statistischer Software, 1998. ISBN 3-7908-1095-9

Band 163: C. Mazzoni, Die Integration der Schweizer Finanzmärkte, 1998. ISBN 3-7908-1099-1

Band 164: J. Schmude (Hrsg.) Neue Unternehmen in Ostdeutschland, 1998. ISBN 3-7908-1109-2

Band 165: A. Rudolph, Prognoseverfahren in der Praxis, 1998. ISBN 3-7908-1117-3

Band 166: J. Weidmann, Geldpolitik und europäische Währungsintegration, 1998. ISBN 3-7908-1126-2

Band 167: A. Drost, Politökonomische Theorie der Alterssicherung, 1998. ISBN 3-7908-1139-4

Band 168: J. Peters, Technologische Spillovers zwischen Zulieferer und Abnehmer, 1999. ISBN 3-7908-1151-3

Band 169: P.J.J. Welfens, K. Gloede, H.G. Strohe, D. Wagner (Hrsg.) Systemtransformation in Deutschland und Rußland, 1999. ISBN 3-7908-1157-2

Band 170: Th. Langer, Alternative Entscheidungskonzepte in der Banktheorie, 1999. ISBN 3-7908-1186-6

Band 171: H. Singer, Finanzmarktökonomie, 1999. ISBN 3-7908-1204-8

Band 172: P.J.J. Welfens, C. Graack (Hrsg.) Technologieorientierte Unternehmensgründungen und Mittelstandspolitik in Europa, 1999. ISBN 3-7908-1211-0

Band 173: T. Pitz, Recycling aus produktionstheoretischer Sicht, 2000. ISBN 3-7908-1267-6

Band 174: G. Bol, G. Nakhaeizadeh, K.-H. Vollmer (Hrsg.) Datamining und Computational Finance, 2000. ISBN 3-7908-1284-6

Band 175: D. Nautz, Die Geldmarktsteuerung der Europäischen Zentralbank und das Geldangebot der Banken, 2000. ISBN 3-7908-1296-X

Band 176: G. Buttler, H. Herrmann, W. Scheffler, K.-I. Voigt (Hrsg.) Existenzgründung, 2000. ISBN 3-7908-1312-5

Band 177: B. Hempelmann, Optimales Franchising, 2000. ISBN-3-7908-1316-8

Band 178: R.F. Pelzel, Deregulierte Telekommunikationsmärkte, 2001. ISBN 3-7908-1331-1

Band 179: N. Ott, Unsicherheit, Unschärfe und rationales Entscheiden, 2001. ISBN 3-7908-1337-0

Band 180: M. Göcke, Learning-by-doing und endogenes Wachstum, 2001. ISBN 3-7908-1343-5

Band 181: W. Schelkle, Monetäre Integration, 2001. ISBN 3-7908-1359-1

Band 182: U. Blien, Arbeitslosigkeit und Entlohnung auf regionalen Arbeitsmärkten, 2001. ISBN 3-7908-1377-X

Band 183: A. Belke, Wechselkursschwankungen, Außenhandel und Arbeitsmärkte, 2001. ISBN 3-7908-1386-9

GPSR Compliance

The European Union's (EU) General Product Safety Regulation (GPSR) is a set of rules that requires consumer products to be safe and our obligations to ensure this.

If you have any concerns about our products, you can contact us on ProductSafety@springernature.com

In case Publisher is established outside the EU, the EU authorized representative is:

Springer Nature Customer Service Center GmbH
Europaplatz 3
69115 Heidelberg, Germany

Batch number: 10815974

Printed by Printforce, the Netherlands